城市管理系列培训教材

城市管理与行政综合执法法规选编

王震国　王宇辰　编

中国建筑工业出版社

图书在版编目（CIP）数据

城市管理与行政综合执法法规选编/王震国，王宇辰编. —北京：
中国建筑工业出版社，2017.4
城市管理系列培训教材
ISBN 978-7-112-20653-7

Ⅰ.①城… Ⅱ.①王…②王… Ⅲ.①城市管理-行政执法-法规-
汇编-中国-技术培训-教材 Ⅳ.①D922.297.9

中国版本图书馆 CIP 数据核字 (2017) 第 076664 号

　　本书共 5 部分，主要收录了与现代城市管理和行政综合执法有关的中共中央、
国务院、全国人大、国务院各部委，以及部分省市颁发的各类文件、法律、条例、
办法等总计 69 篇（部）。从内涵类型上看，包括了现代城市发展与管理及行政综
合执法的指导思想、大政方针、改革举措，以及必须遵循的法律、法规、规章；
从结构形式上，所选文件、法律、法规、规章有全文，也有篇章节录。同时，限
于篇幅，另有 70 篇只附目录，供需要时查阅。
　　本书可作为城市管理与行政综合执法岗位工作者的工作参考读本和培训配套
用书，可供我国城市管理与行政综合执法类大专院校在校学生学习参阅。

责任编辑：朱首明　李　明　李　慧
责任设计：李志立
责任校对：焦　乐

城市管理系列培训教材
城市管理与行政综合执法法规选编
王震国　王宇辰　编
*
中国建筑工业出版社出版、发行（北京海淀三里河路 9 号）
各地新华书店、建筑书店经销
北京科地亚盟排版公司制版
北京富生印刷厂印刷
*
开本：787×1092 毫米　1/16　印张：11¼　字数：278 千字
2017 年 6 月第一版　2017 年 12 月第二次印刷
定价：**35.00 元**
ISBN 978-7-112-20653-7
(30313)

序　言

　　城市是人类社会一定发展阶段逐步形成的地理、经济与生存意义上的空间综合体。它根据人类的需要而创设——由物物交易渐成雏形；它顺应自然的地势而构筑——因交通便利集聚成城。

　　如果说，平衡、协调是自然循环的内在规律，智慧、文化是人类生存的心智密码的话，那么，敬畏、适应、有限地改造自然，就是人类尤其是现代城市永续发展的不变法则。践行这一法则，人类城市从无到有、从小到大、从少到多、从一般到现代的理性演化，无不遵循主观需求与客观可能的平衡逻辑，无不关注人文进化与经济发展的协调同步，无不恪守有序规范与法制约束的公序良俗。在这一过程中，人们不断地总结经验、理智地吸取教训，由建设为主到建管并举，直至以管理、法制来规范建设、稳定社会、提高效率、优化品质。

　　进入现代社会，不同规模和发展阶段的城市，面对无处不在的现实与虚拟的交往，面对变化莫测的个体与群体的关系，面对纵横交错的城市结构与事务变化，秩序、规范成为大众的共同期盼，而实现这一愿景的重要途径，就是现代城市管理及其适配的行政综合执法。对此，我们在国家治理体系与治理能力现代化的目标下，倡导城市管理与行政综合执法的法制化、规范化，因为管理与执法作为对他人行为的规范手段，首先必须自我规范、事出有据、行遵有律，由此人们才能服管、方会遵从，由此社会才有秩序、城市方可规范。

　　现代城市管理与行政综合执法的循规蹈矩，既要靠有法可依的体制机制，也要靠有法必依的平时践行，更要靠执法必严的行为规范。为此，本书从法律法规和规章自身的体系性、严谨性，以及现代城市管理与行政综合执法实践的需求性、可行性出发，全文收录或节选了 69 部（篇）文件、法律、法规和规章，以及 70 部其他可供参阅的法规目录。从结构层次分，包括党中央国务院颁发的重要文件、全国人大通过的相关法律、国务院颁布的专项条例、国务院各部委制定的针对性办法、部分省市出台的地方性规章；从涉及领域分，包括城市规划与土地、住房与建设、环保与水务、市政与交通、市容与园林、行政与执法、治安与工商管理等诸多方面；从内涵分，所选党中央国务院文件注重的是城市管理与行政综合执法的思想指导、方向把握，所选全国人大法律主要关注城市管理与行政综合执法的基本遵循、原则坚守，所选国务院法规意在提供城市管理与行政综合执法的行为约束、行业规范，所选省市地方规章寄望给予各地依法规范城市管理与行政综合执法更多的优化创新；从篇幅分，中央文件有 3 篇、人大法律有 13 部、国务院及部委法规有 20 部、地方规章有 33 部。

目　录

第一篇 国家相关重要文件

中共中央关于全面深化改革若干重大问题的决定（节选）

（2013 年 11 月 12 日中国共产党第十八届中央委员会第三次全体会议通过，11 月 15 日正式发布）

（11）建立城乡统一的建设用地市场。在符合规划和用途管制前提下，允许农村集体经营性建设用地出让、租赁、入股，实行与国有土地同等入市、同权同价。缩小征地范围，规范征地程序，完善对被征地农民合理、规范、多元保障机制。扩大国有土地有偿使用范围，减少非公益性用地划拨。建立兼顾国家、集体、个人的土地增值收益分配机制，合理提高个人收益。完善土地租赁、转让、抵押二级市场。

（22）推进城乡要素平等交换和公共资源均衡配置。维护农民生产要素权益，保障农民工同工同酬，保障农民公平分享土地增值收益，保障金融机构农村存款主要用于农业农村。健全农业支持保护体系，改革农业补贴制度，完善粮食主产区利益补偿机制。完善农业保险制度。鼓励社会资本投向农村建设，允许企业和社会组织在农村兴办各类事业。统筹城乡基础设施建设和社区建设，推进城乡基本公共服务均等化。

（23）完善城镇化健康发展体制机制。坚持走中国特色新型城镇化道路，推进以人为核心的城镇化，推动大中小城市和小城镇协调发展、产业和城镇融合发展，促进城镇化和新农村建设协调推进。优化城市空间结构和管理格局，增强城市综合承载能力。

推进城市建设管理创新。建立透明规范的城市建设投融资机制，允许地方政府通过发债等多种方式拓宽城市建设融资渠道，允许社会资本通过特许经营等方式参与城市基础设施投资和运营，研究建立城市基础设施、住宅政策性金融机构。完善设市标准，严格审批程序，对具备行政区划调整条件的县可有序改市。对吸纳人口多、经济实力强的镇，可赋予同人口和经济规模相适应的管理权。建立和完善跨区域城市发展协调机制。

推进农业转移人口市民化，逐步把符合条件的农业转移人口转为城镇居民。创新人口管理，加快户籍制度改革，全面放开建制镇和小城市落户限制，有序放开中等城市落户限制，合理确定大城市落户条件，严格控制特大城市人口规模。稳步推进城镇基本公共服务常住人口全覆盖，把进城落户农民完全纳入城镇住房和社会保障体系，在农村参加的养老保险和医疗保险规范接入城镇社保体系。建立财政转移支付同农业转移人口市民化挂钩机制，从严合理供给城市建设用地，提高城市土地利用率。

（31）深化行政执法体制改革。整合执法主体，相对集中执法权，推进综合执法，着力解决权责交叉、多头执法问题，建立权责统一、权威高效的行政执法体制。减少行政执法层级，加强食品药品、安全生产、环境保护、劳动保障、海域海岛等重点领域基层执法力量。理顺城管执法体制，提高执法和服务水平。

完善行政执法程序，规范执法自由裁量权，加强对行政执法的监督，全面落实行政执法责任制和执法经费由财政保障制度，做到严格规范公正文明执法。完善行政执法与刑事司法衔接机制。

（35）形成科学有效的权力制约和协调机制。完善党和国家领导体制，坚持民主集中制，充分发挥党的领导核心作用。规范各级党政主要领导干部职责权限，科学配置党政部门及内设机构权力和职能，明确职责定位和工作任务。

加强和改进对主要领导干部行使权力的制约和监督，加强行政监察和审计监督。

推行地方各级政府及其工作部门权力清单制度，依法公开权力运行流程。完善党务、政务和各领域办事公开制度，推进决策公开、管理公开、服务公开、结果公开。

（45）建立更加公平可持续的社会保障制度。坚持社会统筹和个人账户相结合的基本养老保险制度，完善个人账户制度，健全多缴多得激励机制，确保参保人权益，实现基础养老金全国统筹，坚持精算平衡原则。推进机关事业单位养老保险制度改革。整合城乡居民基本养老保险制度、基本医疗保险制度。推进城乡最低生活保障制度统筹发展。建立健全合理兼顾各类人员的社会保障待遇确定和正常调整机制。完善社会保险关系转移接续政策，扩大参保缴费覆盖面，适时适当降低社会保险费率。研究制定渐进式延迟退休年龄政策。加快健全社会保障管理体制和经办服务体系。健全符合国情的住房保障和供应体系，建立公开规范的住房公积金制度，改进住房公积金提取、使用、监管机制。

健全社会保障财政投入制度，完善社会保障预算制度。加强社会保险基金投资管理和监督，推进基金市场化、多元化投资运营。制定实施免税、延期征税等优惠政策，加快发展企业年金、职业年金、商业保险，构建多层次社会保障体系。

积极应对人口老龄化，加快建立社会养老服务体系和发展老年服务产业。健全农村留守儿童、妇女、老年人关爱服务体系，健全残疾人权益保障、困境儿童分类保障制度。

（47）改进社会治理方式。坚持系统治理，加强党委领导，发挥政府主导作用，鼓励和支持社会各方面参与，实现政府治理和社会自我调节、居民自治良性互动。坚持依法治理，加强法治保障，运用法治思维和法治方式化解社会矛盾。坚持综合治理，强化道德约束，规范社会行为，调节利益关系，协调社会关系，解决社会问题。坚持源头治理，标本兼治、重在治本，以网格化管理、社会化服务为方向，健全基层综合服务管理平台，及时反映和协调人民群众各方面各层次利益诉求。

（48）激发社会组织活力。正确处理政府和社会关系，加快实施政社分开，推进社会组织明确权责、依法自治、发挥作用。适合由社会组织提供的公共服务和解决的事项，交由社会组织承担。支持和发展志愿服务组织。限期实现行业协会商会与行政机关真正脱钩，重点培育和优先发展行业协会商会类、科技类、公益慈善类、城乡社区服务类社会组织，成立时直接依法申请登记。加强对社会组织和在华境外非政府组织的管理，引导它们依法开展活动。

（49）创新有效预防和化解社会矛盾体制。健全重大决策社会稳定风险评估机制。建立畅通有序的诉求表达、心理干预、矛盾调处、权益保障机制，使群众问题能反映、矛盾能化解、权益有保障。

改革行政复议体制，健全行政复议案件审理机制，纠正违法或不当行政行为。完善人民调解、行政调解、司法调解联动工作体系，建立调处化解矛盾纠纷综合机制。

改革信访工作制度，实行网上受理信访制度，健全及时就地解决群众合理诉求机制。把涉法涉诉信访纳入法治轨道解决，建立涉法涉诉信访依法终结制度。

（50）健全公共安全体系。完善统一权威的食品药品安全监管机构，建立最严格的覆盖全过程的监管制度，建立食品原产地可追溯制度和质量标识制度，保障食品药品安全。深化安全生产管理体制改革，建立隐患排查治理体系和安全预防控制体系，遏制重特大安全事故。健全防灾减灾救灾体制。加强社会治安综合治理，创新立体化社会治安防控体系，依法严密防范和惩治各类违法犯罪活动。

坚持积极利用、科学发展、依法管理、确保安全的方针，加大依法管理网络力度，加快完善互联网管理领导体制，确保国家网络和信息安全。

设立国家安全委员会，完善国家安全体制和国家安全战略，确保国家安全。

（51）健全自然资源资产产权制度和用途管制制度。对水流、森林、山岭、草原、荒地、滩涂等自然生态空间进行统一确权登记，形成归属清晰、权责明确、监管有效的自然资源资产产权制度。建立空间规划体系，划定生产、生活、生态空间开发管制界限，落实用途管制。健全能源、水、土地节约集约使用制度。

健全国家自然资源资产管理体制，统一行使全民所有自然资源资产所有者职责。完善自然资源监管体制，统一行使所有国土空间用途管制职责。

（52）划定生态保护红线。坚定不移实施主体功能区制度，建立国土空间开发保护制度，严格按照主体功能区定位推动发展，建立国家公园体制。建立资源环境承载能力监测预警机制，对水土资源、环境容量和海洋资源超载区域实行限制性措施。对限制开发区域和生态脆弱的国家扶贫开发工作重点县取消地区生产总值考核。

探索编制自然资源资产负债表，对领导干部实行自然资源资产离任审计。建立生态环境损害责任终身追究制。

（53）实行资源有偿使用制度和生态补偿制度。加快自然资源及其产品价格改革，全面反映市场供求、资源稀缺程度、生态环境损害成本和修复效益。坚持使用资源付费和谁污染环境、谁破坏生态谁付费原则，逐步将资源税扩展到占用各种自然生态空间。稳定和扩大退耕还林、退牧还草范围，调整严重污染和地下水严重超采区耕地用途，有序实现耕地、河湖休养生息。建立有效调节工业用地和居住用地合理比价机制，提高工业用地价格。坚持谁受益、谁补偿原则，完善对重点生态功能区的生态补偿机制，推动地区间建立横向生态补偿制度。发展环保市场，推行节能量、碳排放权、排污权、水权交易制度，建立吸引社会资本投入生态环境保护的市场化机制，推行环境污染第三方治理。

（54）改革生态环境保护管理体制。建立和完善严格监管所有污染物排放的环境保护管理制度，独立进行环境监管和行政执法。建立陆海统筹的生态系统保护修复和污染防治区域联动机制。健全国有林区经营管理体制，完善集体林权制度改革。及时公布环境信息，健全举报制度，加强社会监督。完善污染物排放许可制，实行企事业单位污染物排放总量控制制度。对造成生态环境损害的责任者严格实行赔偿制度，依法追究刑事责任。

中央城市工作会议（2015年）（节选）

（2015 年 12 月 20～21 日）

一、我国城市工作的指导思想

全面贯彻党的十八大和十八届三中、四中、五中全会精神，以邓小平理论、"三个代表"重要思想、科学发展观为指导，贯彻创新、协调、绿色、开放、共享的发展理念，坚持以人为本、科学发展、改革创新、依法治市，转变城市发展方式，完善城市治理体系，提高城市治理能力，着力解决城市病等突出问题，不断提升城市环境质量、人民生活质量、城市竞争力，建设和谐宜居、富有活力、各具特色的现代化城市，提高新型城镇化水平，走出一条中国特色城市发展道路。

二、我国城市工作的基本方针

城市工作是一个系统工程。做好城市工作，要顺应城市工作新形势、改革发展新要求、人民群众新期待，坚持以人民为中心的发展思想，坚持人民城市为人民。这是我们做好城市工作的出发点和落脚点。同时，要坚持集约发展，框定总量、限定容量、盘活存量、做优增量、提高质量，立足国情，尊重自然、顺应自然、保护自然，改善城市生态环境，在统筹上下功夫，在重点上求突破，着力提高城市发展持续性、宜居性。

三、我国城市工作的尊重统筹

第一，尊重城市发展规律。

城市发展是一个自然历史过程，有其自身规律。城市和经济发展两者相辅相成、相互促进。城市发展是农村人口向城市集聚、农业用地按相应规模转化为城市建设用地的过程，人口和用地要匹配，城市规模要同资源环境承载能力相适应。必须认识、尊重、顺应城市发展规律，端正城市发展指导思想，切实做好城市工作。

第二，统筹空间、规模、产业三大结构，提高城市工作全局性。

要在《全国主体功能区规划》、《国家新型城镇化规划（2014～2020 年）》的基础上，结合实施"一带一路"建设、京津冀协同发展、长江经济带建设等战略，明确我国城市发展空间布局、功能定位。要以城市群为主体形态，科学规划城市空间布局，实现紧凑集约、高效绿色发展。要优化提升东部城市群，在中西部地区培育发展一批城市群、区域性中心城市，促进边疆中心城市、口岸城市联动发展，让中西部地区广大群众在家门口也能分享城镇化成果。各城市要结合资源禀赋和区位优势，明确主导产业和特色产业，强化大中小城市和小城镇产业协作协同，逐步形成横向错位发展、纵向分工协作的发展格局。要加强创新合作机制建设，构建开放高效的创新资源共享网络，以协同创新牵引城市协同发展。我国城镇化必须同农业现代化同步发展，城市工作必须同"三农"工作一起推动，形成城乡发展一体化的新格局。

第三，统筹规划、建设、管理三大环节，提高城市工作的系统性。

城市工作要树立系统思维，从构成城市诸多要素、结构、功能等方面入手，对事关城市发展的重大问题进行深入研究和周密部署，系统推进各方面工作。要综合考虑城市功能定位、文化特色、建设管理等多种因素来制定规划。规划编制要接地气，可邀请被规划企事业单位、建设方、管理方参与其中，还应该邀请市民共同参与。要在规划理念和方法上不断创新，增强规划科学性、指导性。要加强城市设计，提倡城市修补，加强控制性详细规划的公开性和强制性。要加强对城市的空间立体性、平面协调性、风貌整体性、文脉延续性等方面的规划和管控，留住城市特有的地域环境、文化特色、建筑风格等"基因"。规划经过批准后要严格执行，一茬接一茬干下去，防止出现换一届领导、改一次规划的现象。抓城市工作，一定要抓住城市管理和服务这个重点，不断完善城市管理和服务，彻底改变粗放型管理方式，让人民群众在城市生活得更方便、更舒心、更美好。要把安全放在第一位，把住安全关、质量关，并把安全工作落实到城市工作和城市发展各个环节各个领域。

第四，统筹改革、科技、文化三大动力，提高城市发展持续性。

城市发展需要依靠改革、科技、文化三轮驱动，增强城市持续发展能力。要推进规划、建设、管理、户籍等方面的改革，以主体功能区规划为基础统筹各类空间性规划，推进"多规合一"。要深化城市管理体制改革，确定管理范围、权力清单、责任主体。推进城镇化要把促进有能力在城镇稳定就业和生活的常住人口有序实现市民化作为首要任务。要加强对农业转移人口市民化的战略研究，统筹推进土地、财政、教育、就业、医疗、养老、住房保障等领域配套改革。要推进城市科技、文化等诸多领域改革，优化创新创业生态链，让创新成为城市发展的主动力，释放城市发展新动能。要加强城市管理数字化平台建设和功能整合，建设综合性城市管理数据库，发展民生服务智慧应用。要保护弘扬中华优秀传统文化，延续城市历史文脉，保护好前人留下的文化遗产。要结合自己的历史传承、区域文化、时代要求，打造自己的城市精神，对外树立形象，对内凝聚人心。

第五，统筹生产、生活、生态三大布局，提高城市发展的宜居性。

城市发展要把握好生产空间、生活空间、生态空间的内在联系，实现生产空间集约高效、生活空间宜居适度、生态空间山清水秀。城市工作要把创造优良人居环境作为中心目标，努力把城市建设成为人与人、人与自然和谐共处的美丽家园。要增强城市内部布局的合理性，提升城市的通透性和微循环能力。要深化城镇住房制度改革，继续完善住房保障体系，加快城镇棚户区和危房改造，加快老旧小区改造。要强化尊重自然、传承历史、绿色低碳等理念，将环境容量和城市综合承载能力作为确定城市定位和规模的基本依据。城市建设要以自然为美，把好山好水好风光融入城市。要大力开展生态修复，让城市再现绿水青山。要控制城市开发强度，划定水体保护线、绿地系统线、基础设施建设控制线、历史文化保护线、永久基本农田和生态保护红线，防止"摊大饼"式扩张，推动形成绿色低碳的生产生活方式和城市建设运营模式。要坚持集约发展，树立"精明增长"、"紧凑城市"理念，科学划定城市开发边界，推动城市发展由外延扩张式向内涵提升式转变。城市交通、能源、供排水、供热、污水、垃圾处理等基础设施，要按照绿色循环低碳的理念进行规划建设。

第六，统筹政府、社会、市民三大主体，提高各方推动城市发展的积极性。

城市发展要善于调动各方面的积极性、主动性、创造性，集聚促进城市发展正能量。要坚持协调协同，尽最大可能推动政府、社会、市民同心同向行动，使政府有形之手、市场无形之手、市民勤劳之手同向发力。政府要创新城市治理方式，特别是要注意加强城市精细化管理。要提高市民文明素质，尊重市民对城市发展决策的知情权、参与权、监督权，鼓励企业和市民通过各种方式参与城市建设、管理，真正实现城市共治共管、共建共享。

中共中央国务院关于深入推进
城市执法体制改革改进城市管理工作的指导意见（全文）

（2015 年 12 月 24 日）

改革开放以来，我国城镇化快速发展，城市规模不断扩大，建设水平逐步提高，保障城市健康运行的任务日益繁重，加强和改善城市管理的需求日益迫切，城市管理工作的地位和作用日益突出。各地区各有关方面适应社会发展形势，积极做好城市管理工作，探索提高城市管理执法和服务水平，对改善城市秩序、促进城市和谐、提升城市品质发挥了重要作用。但也要清醒看到，与新型城镇化发展要求和人民群众生产生活需要相比，我国多数地区在城市市政管理、交通运行、人居环境、应急处置、公共秩序等方面仍有较大差距，城市管理执法工作还存在管理体制不顺、职责边界不清、法律法规不健全、管理方式简单、服务意识不强、执法行为粗放等问题，社会各界反映较为强烈，在一定程度上制约了城市健康发展和新型城镇化的顺利推进。

深入推进城市管理执法体制改革，改进城市管理工作，是落实"四个全面"战略布局的内在要求，是提高政府治理能力的重要举措，是增进民生福祉的现实需要，是促进城市发展转型的必然选择。为理顺城市管理执法体制，解决城市管理面临的突出矛盾和问题，消除城市管理工作中的短板，进一步提高城市管理和公共服务水平，现提出以下意见。

一、总体要求

（一）指导思想

深入贯彻党的十八大和十八届二中、三中、四中、五中全会及中央城镇化工作会议、中央城市工作会议精神，以"四个全面"战略布局为引领，牢固树立创新、协调、绿色、开放、共享的发展理念，以城市管理现代化为指向，以理顺体制机制为途径，将城市管理执法体制改革作为推进城市发展方式转变的重要手段，与简政放权、放管结合、转变政府职能、规范行政权力运行等有机结合，构建权责明晰、服务为先、管理优化、执法规范、安全有序的城市管理体制，推动城市管理走向城市治理，促进城市运行高效有序，实现城市让生活更美好。

（二）基本原则

——坚持以人为本。牢固树立为人民管理城市的理念，强化宗旨意识和服务意识，落实惠民和便民措施，以群众满意为标准，切实解决社会各界最关心、最直接、最现实的问题，努力消除各种"城市病"。

——坚持依法治理。完善执法制度，改进执法方式，提高执法素养，把严格规范公正文明执法的要求落实到城市管理执法全过程。

——坚持源头治理。增强城市规划、建设、管理的科学性、系统性和协调性，综合考虑公共秩序管理和群众生产生活需要，合理安排各类公共设施和空间布局，加强对城市规划、建设实施情况的评估和反馈。变被动管理为主动服务，变末端执法为源头治理，从源头上预防和减少违法违规行为。

——坚持权责一致。明确城市管理和执法职责边界，制定权力清单，落实执法责任，权随事走、人随事调、费随事转，实现事权和支出相适应、权力和责任相统一。合理划分城市管理事权，实行属地管理，明确市、县政府在城市管理和执法中负主体责任，充实一线人员力量，落实执法运行经费，将工作重点放在基层。

——坚持协调创新。加强政策措施的配套衔接，强化部门联动配合，有序推进相关工作。以网格化管理、社会化服务为方向，以智慧城市建设为契机，充分发挥现代信息技术的优势，加快形成与经济社会发展相匹配的城市管理能力。

（三）总体目标

到2017年年底，实现市、县政府城市管理领域的机构综合设置。到2020年，城市管理法律法规和标准体系基本完善，执法体制基本理顺，机构和队伍建设明显加强，保障机制初步完善，服务便民高效，现代城市治理体系初步形成，城市管理效能大幅提高，人民群众满意度显著提升。

二、理顺管理体制

（四）框定管理职责

城市管理的主要职责是市政管理、环境管理、交通管理、应急管理和城市规划实施管理等。具体实施范围包括：市政公用设施运行管理、市容环境卫生管理、园林绿化管理等方面的全部工作；市、县政府依法确定的，与城市管理密切相关、需要纳入统一管理的公共空间秩序管理、违法建设治理、环境保护管理、交通管理、应急管理等方面的部分工作。城市管理执法即是在上述领域根据国家法律法规规定履行行政执法权力的行为。

（五）明确主管部门

国务院住房和城乡建设主管部门负责对全国城市管理工作的指导，研究拟定有关政策，制定基本规范，做好顶层设计，加强对省、自治区、直辖市城市管理工作的指导监督协调，积极推进地方各级政府城市管理事权法律化、规范化。各省、自治区、直辖市政府应当确立相应的城市管理主管部门，加强对辖区内城市管理工作的业务指导、组织协调、监督检查和考核评价。各地应科学划分城市管理部门与相关行政主管部门的工作职责，有关管理和执法职责划转城市管理部门后，原主管部门不再行使。

（六）综合设置机构

按照精简统一效能的原则，住房和城乡建设部会同中央编办指导地方整合归并省级执法队伍，推进市县两级政府城市管理领域大部门制改革，整合市政公用、市容环卫、园林绿化、城市管理执法等城市管理相关职能，实现管理执法机构综合设置。统筹解决好机构性质问题，具备条件的应当纳入政府机构序列。遵循城市运行规律，建立健全以城市良性运行为核心，地上地下设施建设运行统筹协调的城市管理体制机制。有条件的市和县应当建立规划、建设、管理一体化的行政管理体制，强化城市管理和执法工作。

（七）推进综合执法

重点在与群众生产生活密切相关、执法频率高、多头执法扰民问题突出、专业技术要求适宜、与城市管理密切相关且需要集中行使行政处罚权的领域推行综合执法。具体范围是：住房城乡建设领域法律法规规章规定的全部行政处罚权；环境保护管理方面社会生活噪声污染、建筑施工噪声污染、建筑施工扬尘污染、餐饮服务业油烟污染、露天烧烤污染、城市焚烧沥青塑料垃圾等烟尘和恶臭污染、露天焚烧秸秆落叶等烟尘污染、燃放烟花爆竹污染等的行政处罚权；工商管理方面户外公共场所无照经营、违规设置户外广告的行政处罚权；交通管理方面侵占城市道路、违法停放车辆等的行政处罚权；水务管理方面向城市河道倾倒废弃物和垃圾及违规取土、城市河道违法建筑物拆除等的行政处罚权；食品药品监管方面户外公共场所食品销售和餐饮摊点无证经营，以及违法回收贩卖药品等的行政处罚权。城市管理部门可以实施与上述范围内法律法规规定的行政处罚权有关的行政强制措施。到2017年年底，实现住房城乡建设领域行政处罚权的集中行使。上述范围以外需要集中行使的具体行政处罚权及相应的行政强制权，由市、县政府报所在省、自治区政府审批，直辖市政府可以自行确定。

（八）下移执法重心

按照属地管理、权责一致的原则，合理确定设区的市和市辖区城市管理部门的职责分工。市级城市管理部门主要负责城市管理和执法工作的指导、监督、考核，以及跨区域及重大复杂违法违规案件的查处。按照简政放权、放管结合、优化服务的要求，在设区的市推行市或区一级执法，市辖区能够承担的可以实行区一级执法，区级城市管理部门可以向街道派驻执法机构，推动执法事项属地化管理；市辖区不能承担的，市级城市管理部门可以向市辖区和街道派驻执法机构，开展综合执法工作。派驻机构业务工作接受市或市辖区城市管理部门的领导，日常管理以所在市辖区或街道为主，负责人的调整应当征求派驻地党（工）委的意见。逐步实现城市管理执法工作全覆盖，并向乡镇延伸，推进城乡一体化发展。

三、强化队伍建设

（九）优化执法力量

各地应当根据执法工作特点合理设置岗位，科学确定城市管理执法人员配备比例标准，统筹解决好执法人员身份编制问题，在核定的行政编制数额内，具备条件的应当使用行政编制。执法力量要向基层倾斜，适度提高一线人员的比例，通过调整结构优化执法力量，确保一线执法工作需要。区域面积大、流动人口多、管理执法任务重的地区，可以适度调高执法人员配备比例。

（十）严格队伍管理

建立符合职业特点的城市管理执法人员管理制度，优化干部任用和人才选拔机制，严格按照公务员法有关规定开展执法人员录用等有关工作，加大接收安置军转干部的力度，加强领导班子和干部队伍建设。根据执法工作需要，统一制式服装和标志标识，制定执法执勤用车、装备配备标准，到2017年年底，实现执法制式服装和标志标识统一。严格执法人员素质要求，加强思想道德和素质教育，着力提升执法人员业务能力，打造政治坚定、作风优良、纪律严明、廉洁务实的执法队伍。

（十一）注重人才培养

加强现有在编执法人员业务培训和考试，严格实行执法人员持证上岗和资格管理制度，到 2017 年年底，完成处级以上干部轮训和持证上岗工作。建立符合职业特点的职务晋升和交流制度，切实解决基层执法队伍基数大、职数少的问题，确保部门之间相对平衡、职业发展机会平等。完善基层执法人员工资政策。研究通过工伤保险、抚恤等政策提高风险保障水平。鼓励高等学校设置城市管理专业或开设城市管理课程，依托党校、行政学院、高等学校等开展岗位培训。

（十二）规范协管队伍

各地可以根据实际工作需要，采取招用或劳务派遣等形式配置城市管理执法协管人员。建立健全协管人员招聘、管理、奖惩、退出等制度。协管人员数量不得超过在编人员，并应当随城市管理执法体制改革逐步减少。协管人员只能配合执法人员从事宣传教育、巡查、信息收集、违法行为劝阻等辅助性事务，不得从事具体行政执法工作。协管人员从事执法辅助事务以及超越辅助事务所形成的后续责任，由本级城市管理部门承担。

四、提高执法水平

（十三）制定权责清单

各地要按照转变政府职能、规范行政权力运行的要求，全面清理调整现有城市管理和综合执法职责，优化权力运行流程。依法建立城市管理和综合执法部门的权力和责任清单，向社会公开职能职责、执法依据、处罚标准、运行流程、监督途径和问责机制。制定责任清单与权力清单工作要统筹推进，并实行动态管理和调整。到 2016 年年底，市、县两级城市管理部门要基本完成权力清单和责任清单的制定公布工作。

（十四）规范执法制度

各地城市管理部门应当切实履行城市管理执法职责，完善执法程序，规范办案流程，明确办案时限，提高办案效率。积极推行执法办案评议考核制度和执法公示制度。健全行政处罚适用规则和裁量基准制度、执法全过程记录制度。严格执行重大执法决定法制审核制度。杜绝粗暴执法和选择性执法，确保执法公信力，维护公共利益、人民权益和社会秩序。

（十五）改进执法方式

各地城市管理执法人员应当严格履行执法程序，做到着装整齐、用语规范、举止文明，依法规范行使行政检查权和行政强制权，严禁随意采取强制执法措施。坚持处罚与教育相结合的原则，根据违法行为的性质和危害后果，灵活运用不同执法方式，对情节较轻或危害后果能够及时消除的，应当多做说服沟通工作，加强教育、告诫、引导。综合运用行政指导、行政奖励、行政扶助、行政调解等非强制行政手段，引导当事人自觉遵守法律法规，及时化解矛盾纷争，促进社会和谐稳定。

（十六）完善监督机制

强化外部监督机制，畅通群众监督渠道、行政复议渠道，城市管理部门和执法人员要主动接受法律监督、行政监督、社会监督。强化内部监督机制，全面落实行政执法责任制，加强城市管理部门内部流程控制，健全责任追究机制、纠错问责机制。强化执法监督工作，坚决排除对执法活动的违规人为干预，防止和克服各种保护主义。

五、完善城市管理

（十七）加强市政管理

市政公用设施建设完成后，应当及时将管理信息移交城市管理部门，并建立完备的城建档案，实现档案信息共享。加强市政公用设施管护工作，保障安全高效运行。加强城市道路管理，严格控制道路开挖或占用道路行为。加强城市地下综合管廊、给排水和垃圾处理等基础设施管理，服务入廊单位生产运行和市民日常生活。

（十八）维护公共空间

加强城市公共空间规划，提升城市设计水平。加强建筑物立面管理和色调控制，规范报刊亭、公交候车亭等"城市家具"设置，加强户外广告、门店牌匾设置管理。加强城市街头流浪乞讨人员救助管理。严查食品无证摊贩、散发张贴小广告、街头非法回收药品、贩卖非法出版物等行为。及时制止、严肃查处擅自变更建设项目规划设计和用途、违规占用公共空间以及乱贴乱画乱挂等行为，严厉打击违法用地、违法建设行为。

（十九）优化城市交通

坚持公交优先战略，着力提升城市公共交通服务水平。加强不同交通工具之间的协调衔接，倡导步行、自行车等绿色出行方式。打造城市交通微循环系统，加大交通需求调控力度，优化交通出行结构，提高路网运行效率。加强城市交通基础设施和智能化交通指挥设施管理维护。整顿机动车交通秩序。加强城市出租客运市场管理。加强静态交通秩序管理，综合治理非法占道停车及非法挪用、占用停车设施，鼓励社会资本投入停车场建设，鼓励单位停车场错时对外开放，逐步缓解停车难问题。

（二十）改善人居环境

切实增加物质和人力投入，提高城市园林绿化、环卫保洁水平，加强大气、噪声、固体废物、河湖水系等环境管理，改善城市人居环境。规范建筑施工现场管理，严控噪声扰民、施工扬尘和渣土运输抛洒。推进垃圾减量化、资源化、无害化管理。加强废弃电器电子产品回收处理和医疗垃圾集中处理管理。大力开展爱国卫生运动，提高城市卫生水平。

（二十一）提高应急能力

提高城市防灾减灾能力，保持水、电、气、热、交通、通信、网络等城市生命线系统畅通。建立完善城市管理领域安全监管责任制，强化重大危险源监控，消除重大事故隐患。加强城市基础设施安全风险隐患排查，建立分级、分类、动态管理制度。完善城市管理应急响应机制，提高突发事件处置能力。强化应急避难场所、设施设备管理，加强各类应急物资储备。建立应急预案动态调整管理制度，经常性开展疏散转移、自救互救等综合演练。做好应对自然灾害等突发事件的军地协调工作。

（二十二）整合信息平台

积极推进城市管理数字化、精细化、智慧化，到 2017 年年底，所有市、县都要整合形成数字化城市管理平台。基于城市公共信息平台，综合运用物联网、云计算、大数据等现代信息技术，整合人口、交通、能源、建设等公共设施信息和公共基础服务，拓展数字化城市管理平台功能。加快数字化城市管理向智慧化升级，实现感知、分析、服务、指挥、监察"五位一体"。整合城市管理相关电话服务平台，形成全国统一的 12319 城市管理服务热线，并实现与 110 报警电话等的对接。综合利用各类监测监控手段，强化视频监控、环境监测、交通运行、供水供气供电、防洪防涝、生命线保障等城市运行数据的综合采集和管理分析，形成综合性城市管理数据库，重点推进城市建筑物数据库建设。强化行政许可、行政处罚、社会诚信等城市管理全要素数据的采集与整合，提升数据标准化程度，促进多部门公共数据资源互联互通和开放共享，建立用数据说话、用数据决策、用数据管理、用数据创新的新机制。

（二十三）构建智慧城市

加强城市基础设施智慧化管理与监控服务，加快市政公用设施智慧化改造升级，构建城市虚拟仿真系统，强化城镇重点应用工程建设。发展智慧水务，构建覆盖供水全过程、保障供水质量安全的智能供排水和污水处理系统。发展智慧管网，实现城市地下空间、地下综合管廊、地下管网管理信息化和运行智能化。发展智能建筑，实现建筑设施设备节能、安全的智能化管控。加快城市管理和综合执法档案信息化建设。依托信息化技术，综合利用视频一体化技术，探索快速处置、非现场执法等新型执法模式，提升执法效能。

六、创新治理方式

（二十四）引入市场机制

发挥市场作用，吸引社会力量和社会资本参与城市管理。鼓励地方通过政府和社会资本合作等方式，推进城市市政基础设施、市政公用事业、公共交通、便民服务设施等的市场化运营。推行环卫保洁、园林绿化管养作业、公共交通等由政府向社会购买服务，逐步加大购买服务力度。综合运用规划引导、市场运作、商户自治等方式，顺应历史沿革和群众需求，合理设置、有序管理方便生活的自由市场、摊点群、流动商贩疏导点等经营场所和服务网点，促创业、带就业、助发展、促和谐。

（二十五）推进网格管理

建立健全市、区（县）、街道（乡镇）、社区管理网络，科学划分网格单元，将城市管理、社会管理和公共服务事项纳入网格化管理。明确网格管理对象、管理标准和责任人，实施常态化、精细化、制度化管理。依托基层综合服务管理平台，全面加强对人口、房屋、证件、车辆、场所、社会组织等各类基础信息的实时采集、动态录入，准确掌握情况，及时发现和快速处置问题，有效实现政府对社会单元的公共管理和服务。

（二十六）发挥社区作用

加强社区服务型党组织建设，充分发挥党组织在基层社会治理中的领导核心作用，发挥政府在基层社会治理中的主导作用。依法建立社区公共事务准入制度，充分发挥社区居委会作用，增强社区自治功能。充分发挥社会工作者等专业人才的作用，培育社区社会组织，完善社区协商机制。推动制定社区居民公约，促进居民自治管理。建设完善社区公共服务设施，打造方便快捷生活圈。通过建立社区综合信息平台、编制城市管理服务图册、设置流动服务站等方式，提供惠民便民公共服务。

（二十七）动员公众参与

依法规范公众参与城市治理的范围、权利和途径，畅通公众有序参与城市治理的渠道。倡导城市管理志愿服务，建立健全城市管理志愿服务宣传动员、组织管理、激励扶持等制度和组织协调机制，引导志愿者与民间组织、慈善机构和非营利性社会团体之间的交流合作，组织开展多形式、常态化的志愿服务活动。依法支持和规范服务性、公益性、互助性社会组织发展。采取公众开放日、主题体验活动等方式，引导社会组织、市场中介机构和公民法人参与城市治理，形成多元共治、良性互动的城市治理模式。

(二十八）提高文明意识

把培育和践行社会主义核心价值观作为城市文明建设的根本任务，融入国民教育和精神文明创建全过程，广泛开展城市文明教育，大力弘扬社会公德。深化文明城市创建，不断提升市民文明素质和城市文明程度。积极开展新市民教育和培训，让新市民尽快融入城市生活，促进城市和谐稳定。充分发挥各级党组织和工会、共青团、妇联等群团组织的作用，广泛开展城市文明主题宣传教育和实践活动。加强社会诚信建设，坚持将公约引导、信用约束、法律规制相结合，以他律促自律。

七、完善保障机制

(二十九）健全法律法规

加强城市管理和执法方面的立法工作，完善配套法规和规章，实现深化改革与法治保障有机统一，发挥立法对改革的引领和规范作用。有立法权的城市要根据立法法的规定，加快制定城市管理执法方面的地方性法规、规章，明晰城市管理执法范围、程序等内容，规范城市管理执法的权力和责任。全面清理现行法律法规中与推进城市管理执法体制改革不相适应的内容，定期开展规章和规范性文件清理工作，并向社会公布清理结果，加强法律法规之间的衔接。加快制定修订一批城市管理和综合执法方面的标准，形成完备的标准体系。

(三十）保障经费投入

按照事权和支出责任相适应原则，健全责任明确、分类负担、收支脱钩、财政保障的城市管理经费保障机制，实现政府资产与预算管理有机结合，防止政府资产流失。城市政府要将城市管理经费列入同级财政预算，并与城市发展速度和规模相适应。严格执行罚缴分离、收支两条线制度，不得将城市管理经费与罚没收入挂钩。各地要因地制宜加大财政支持力度，统筹使用有关资金，增加对城市管理执法人员、装备、技术等方面的资金投入，保障执法工作需要。

(三十一）加强司法衔接

建立城市管理部门与公安机关、检察机关、审判机关信息共享、案情通报、案件移送等制度，实现行政处罚与刑事处罚无缝对接。公安机关要依法打击妨碍城市管理执法和暴力抗法行为，对涉嫌犯罪的，应当依照法定程序处理。检察机关、审判机关要加强法律指导，及时受理、审理涉及城市管理执法的案件。检察机关有权对城市管理部门在行政执法中发现涉嫌犯罪案件线索的移送情况进行监督，城市管理部门对于发现的涉嫌犯罪案件线索移送不畅的，可以向检察机关反映。加大城市管理执法行政处罚决定的行政和司法强制执行力度。

八、加强组织领导

(三十二）明确工作责任

加强党对城市管理工作的组织领导。各级党委和政府要充分认识推进城市管理执法体制改革、改进城市管理工作的重要性和紧迫性，把这项工作列入重要议事日程，按照有利于服务群众的原则，切实履行领导责任，研究重大问题，把握改革方向，分类分层推进。各省、自治区可以选择一个城市先行试点，直辖市可以全面启动改革工作。各省、自治区、直辖市政府要制定具体方案，明确时间步骤，细化政策措施，及时总结试点经验，稳妥有序推进改革。上级政府要加强对下级政府的指导和督促检查，重要事项及时向党委报告。中央和国家机关有关部门要增强大局意识、责任意识，加强协调配合，支持和指导地方推进改革工作。

（三十三）建立协调机制

建立全国城市管理工作部际联席会议制度，统筹协调解决制约城市管理工作的重大问题，以及相关部门职责衔接问题。各省、自治区政府应当建立相应的协调机制。市、县政府应当建立主要负责同志牵头的城市管理协调机制，加强对城市管理工作的组织协调、监督检查和考核奖惩。建立健全市、县相关部门之间信息互通、资源共享、协调联动的工作机制，形成管理和执法工作合力。

（三十四）健全考核制度

将城市管理执法工作纳入经济社会发展综合评价体系和领导干部政绩考核体系，推动地方党委、政府履职尽责。推广绩效管理和服务承诺制度，加快建立城市管理行政问责制度，健全社会公众满意度评价及第三方考评机制，形成公开、公平、公正的城市管理和综合执法工作考核奖惩制度体系。加强城市管理效能考核，将考核结果作为城市党政领导班子和领导干部综合考核评价的重要参考。

（三十五）严肃工作纪律

各级党委和政府要严格执行有关编制、人事、财经纪律，严禁在推进城市管理执法体制改革工作中超编进人、超职数配备领导干部、突击提拔干部。对违反规定的，要按规定追究有关单位和人员的责任。在职责划转、机构和人员编制整合调整过程中，应当按照有关规定衔接好人财物等要素，做好工作交接，保持工作的连续性和稳定性。涉及国有资产划转的，应做好资产清查工作，严格执行国有资产管理有关规定，确保国有资产安全完整。

（三十六）营造舆论环境

各级党委和政府要高度重视宣传和舆论引导工作，加强中央与地方的宣传联动，将改革实施与宣传工作协同推进，正确引导社会预期。加强对城市管理执法先进典型的正面宣传，营造理性、积极的舆论氛围，及时回应社会关切，凝聚改革共识。推进城市管理执法信息公开，保障市民的知情权、参与权、表达权、监督权。加强城市管理执法舆情监测、研判、预警和应急处置，提高舆情应对能力。住房城乡建设部、中央编办、国务院法制办要及时总结各地经验，切实强化对推进城市管理执法体制改革、提高城市管理水平相关工作的协调指导和监督检查。重大问题要及时报告党中央、国务院。中央将就贯彻落实情况适时组织开展专项监督检查。

第二篇　法　　律

第一章　行政执法管理类

中华人民共和国行政许可法（节选）

（2003 年 8 月 27 日第十届全国人民代表大会常务委员会第四次会议通过，自 2004 年 7 月 1 日起施行）

第二条　本法所称行政许可，是指行政机关根据公民、法人或者其他组织的申请，经依法审查，准予其从事特定活动的行为。

第十二条　下列事项可以设定行政许可：

（一）直接涉及国家安全、公共安全、经济宏观调控、生态环境保护以及直接关系人身健康、生命财产安全等特定活动，需要按照法定条件予以批准的事项；

（二）有限自然资源开发利用、公共资源配置以及直接关系公共利益的特定行业的市场准入等，需要赋予特定权利的事项；

（三）提供公众服务并且直接关系公共利益的职业、行业，需要确定具备特殊信誉、特殊条件或者特殊技能等资格、资质的事项；

（四）直接关系公共安全、人身健康、生命财产安全的重要设备、设施、产品、物品，需要按照技术标准、技术规范，通过检验、检测、检疫等方式进行审定的事项；

（五）企业或者其他组织的设立等，需要确定主体资格的事项；

（六）法律、行政法规规定可以设定行政许可的其他事项。

第十五条　本法第十二条所列事项，尚未制定法律、行政法规的，地方性法规可以设定行政许可；尚未制定法律、行政法规和地方性法规的，因行政管理的需要，确需立即实施行政许可的，省、自治区、直辖市人民政府规章可以设定临时性的行政许可。临时性的行政许可实施满一年需要继续实施的，应当提请本级人民代表大会及其常务委员会制定地方性法规。

地方性法规和省、自治区、直辖市人民政府规章，不得设定应当由国家统一确定的公民、法人或者其他组织的资格、资质的行政许可；不得设定企业或者其他组织的设立登记及其前置性行政许可。其设定的行政许可，不得限制其他地区的个人或者企业到本地区从事生产经营和提供服务，不得限制其他地区的商品进入本地区市场。

第十六条　行政法规可以在法律设定的行政许可事项范围内，对实施该行政许可作出具体规定。

地方性法规可以在法律、行政法规设定的行政许可事项范围内，对实施该行政许可作出具体规定。

规章可以在上位法设定的行政许可事项范围内，对实施该行政许可作出具体规定。

　　法规、规章对实施上位法设定的行政许可作出的具体规定，不得增设行政许可；对行政许可条件作出的具体规定，不得增设违反上位法的其他条件。

　　第二十二条　行政许可由具有行政许可权的行政机关在其法定职权范围内实施。

　　第二十三条　法律、法规授权的具有管理公共事务职能的组织，在法定授权范围内，以自己的名义实施行政许可。被授权的组织适用本法有关行政机关的规定。

　　第二十四条　行政机关在其法定职权范围内，依照法律、法规、规章的规定，可以委托其他行政机关实施行政许可。委托机关应当将受委托行政机关和受委托实施行政许可的内容予以公告。

　　委托行政机关对受委托行政机关实施行政许可的行为应当负责监督，并对该行为的后果承担法律责任。

　　受委托行政机关在委托范围内，以委托行政机关名义实施行政许可；不得再委托其他组织或者个人实施行政许可。

　　第二十五条　经国务院批准，省、自治区、直辖市人民政府根据精简、统一、效能的原则，可以决定一个行政机关行使有关行政机关的行政许可权。

　　第二十九条　公民、法人或者其他组织从事特定活动，依法需要取得行政许可的，应当向行政机关提出申请。申请书需要采用格式文本的，行政机关应当向申请人提供行政许可申请书格式文本。申请书格式文本中不得包含与申请行政许可事项没有直接关系的内容。

　　申请人可以委托代理人提出行政许可申请。但是，依法应当由申请人到行政机关办公场所提出行政许可申请的除外。

　　行政许可申请可以通过信函、电报、电传、传真、电子数据交换和电子邮件等方式提出。

　　第三十四条　行政机关应当对申请人提交的申请材料进行审查。

　　申请人提交的申请材料齐全、符合法定形式，行政机关能够当场作出决定的，应当当场作出书面的行政许可决定。

　　根据法定条件和程序，需要对申请材料的实质内容进行核实的，行政机关应当指派两名以上工作人员进行核查。

　　第三十八条　申请人的申请符合法定条件、标准的，行政机关应当依法作出准予行政许可的书面决定。

　　行政机关依法作出不予行政许可的书面决定的，应当说明理由，并告知申请人享有依法申请行政复议或者提起行政诉讼的权利。

　　第四十二条　除可以当场作出行政许可决定的外，行政机关应当自受理行政许可申请之日起二十日内作出行政许可决定。二十日内不能作出决定的，经本行政机关负责人批准，可以延长十日，并应当将延长期限的理由告知申请人。但是，法律、法规另有规定的，依照其规定。

　　依照本法第二十六条的规定，行政许可采取统一办理或者联合办理、集中办理的，办理的时间不得超过四十五日；四十五日内不能办结的，经本级人民政府负责人批准，可以延长十五日，并应当将延长期限的理由告知申请人。

　　第四十四条　行政机关作出准予行政许可的决定，应当自作出决定之日起十日内向申请人颁发、送达行政许可证件，或者加贴标签、加盖检验、检测、检疫印章。

第四十六条　法律、法规、规章规定实施行政许可应当听证的事项，或者行政机关认为需要听证的其他涉及公共利益的重大行政许可事项，行政机关应当向社会公告，并举行听证。

第八十一条　公民、法人或者其他组织未经行政许可，擅自从事依法应当取得行政许可的活动的，行政机关应当依法采取措施予以制止，并依法给予行政处罚；构成犯罪的，依法追究刑事责任。

中华人民共和国行政处罚法（全文）

（1996年3月17日第八届全国人民代表大会第四次会议通过，1996年3月17日中华人民共和国主席令第63号公布，自1996年10月1日起施行）

第一章　总　　则

第一条　为了规范行政处罚的设定和实施，保障和监督行政机关有效实施行政管理，维护公共利益和社会秩序，保护公民、法人或者其他组织的合法权益，根据宪法，制定本法。

第二条　行政处罚的设定和实施，适用本法。

第三条　公民、法人或者其他组织违反行政管理秩序的行为，应当给予行政处罚的，依照本法由法律、法规或者规章规定，并由行政机关依照本法规定的程序实施。

没有法定依据或者不遵守法定程序的，行政处罚无效。

第四条　行政处罚遵循公正、公开的原则。

设定和实施行政处罚必须以事实为依据，与违法行为的事实、性质、情节以及社会危害程度相当。

对违法行为给予行政处罚的规定必须公布；未经公布的，不得作为行政处罚的依据。

第五条　实施行政处罚，纠正违法行为，应当坚持处罚与教育相结合，教育公民、法人或者其他组织自觉守法。

第六条　公民、法人或者其他组织对行政机关所给予的行政处罚，享有陈述权、申辩权；对行政处罚不服的，有权依法申请行政复议或者提起行政诉讼。

公民、法人或者其他组织因行政机关违法给予行政处罚受到损害的，有权依法提出赔偿要求。

第七条　公民、法人或者其他组织因违法受到行政处罚，其违法行为对他人造成损害的，应当依法承担民事责任。

违法行为构成犯罪的，应当依法追究刑事责任，不得以行政处罚代替刑事处罚。

第二章　行政处罚的种类和设定

第八条　行政处罚的种类：

（一）警告；

（二）罚款；

（三）没收违法所得、没收非法财物；

（四）责令停产停业；

（五）暂扣或者吊销许可证、暂扣或者吊销执照；

（六）行政拘留；

（七）法律、行政法规规定的其他行政处罚。

第九条　法律可以设定各种行政处罚。

限制人身自由的行政处罚，只能由法律设定。

第十条　行政法规可以设定除限制人身自由以外的行政处罚。

法律对违法行为已经作出行政处罚规定，行政法规需要作出具体规定的，必须在法律规定的给予行政处罚的行为、种类和幅度的范围内规定。

第十一条　地方性法规可以设定除限制人身自由、吊销企业营业执照以外的行政处罚。

法律、行政法规对违法行为已经作出行政处罚规定，地方性法规需要作出具体规定的，必须在法律、行政法规规定的给予行政处罚的行为、种类和幅度的范围内规定。

第十二条　国务院部、委员会制定的规章可以在法律、行政法规规定的给予行政处罚的行为、种类和幅度的范围内作出具体规定。

尚未制定法律、行政法规的，前款规定的国务院部、委员会制定的规章对违反行政管理秩序的行为，可以设定警告或者一定数量罚款的行政处罚。罚款的限额由国务院规定。

国务院可以授权具有行政处罚权的直属机构依照本条第一款、第二款的规定，规定行政处罚。

第十三条　省、自治区、直辖市人民政府和省、自治区人民政府所在地的市人民政府以及经国务院批准的较大的市人民政府制定的规章可以在法律、法规规定的给予行政处罚的行为、种类和幅度的范围内作出具体规定。

尚未制定法律、法规的，前款规定的人民政府制定的规章对违反行政管理秩序的行为，可以设定警告或者一定数量罚款的行政处罚。罚款的限额由省、自治区、直辖市人民代表大会常务委员会规定。

第十四条　除本法第九条、第十条、第十一条、第十二条以及第十三条的规定外，其他规范性文件不得设定行政处罚。

第三章　行政处罚的实施机关

第十五条　行政处罚由具有行政处罚权的行政机关在法定职权范围内实施。

第十六条　国务院或者经国务院授权的省、自治区、直辖市人民政府可以决定一个行政机关行使有关行政机关的行政处罚权，但限制人身自由的行政处罚权只能由公安机关行使。

第十七条　法律、法规授权的具有管理公共事务职能的组织可以在法定授权范围内实施行政处罚。

第十八条　行政机关依照法律、法规或者规章的规定，可以在其法定权限内委托符合本法第十九条规定条件的组织实施行政处罚。行政机关不得委托其他组织或者个人实施行政处罚。

委托行政机关对受委托的组织实施行政处罚的行为应当负责监督，并对该行为的后果承担法律责任。

受委托组织在委托范围内，以委托行政机关名义实施行政处罚；不得再委托其他任何组织或者个人实施行政处罚。

第十九条　受委托组织必须符合以下条件：

（一）依法成立的管理公共事务的事业组织；

（二）具有熟悉有关法律、法规、规章和业务的工作人员；

（三）对违法行为需要进行技术检查或者技术鉴定的，应当有条件组织进行相应的技术检查或者技术鉴定。

第四章　行政处罚的管辖和适用

第二十条　行政处罚由违法行为发生地的县级以上地方人民政府具有行政处罚权的行政机关管辖。法律、行政法规另有规定的除外。

第二十一条　对管辖发生争议的，报请共同的上一级行政机关指定管辖。

第二十二条　违法行为构成犯罪的，行政机关必须将案件移送司法机关，依法追究刑事责任。

第二十三条　行政机关实施行政处罚时，应当责令当事人改正或者限期改正违法行为。

第二十四条　对当事人的同一个违法行为，不得给予两次以上罚款的行政处罚。

第二十五条　不满十四周岁的人有违法行为的，不予行政处罚，责令监护人加以管教；已满十四周岁不满十八周岁的人有违法行为的，从轻或者减轻行政处罚。

第二十六条　精神病人在不能辨认或者不能控制自己行为时有违法行为的，不予行政处罚，但应当责令其监护人严加看管和治疗。间歇性精神病人在精神正常时有违法行为的，应当给予行政处罚。

第二十七条　当事人有下列情形之一的，应当依法从轻或者减轻行政处罚：

（一）主动消除或者减轻违法行为危害后果的；

（二）受他人胁迫有违法行为的；

（三）配合行政机关查处违法行为有立功表现的；

（四）其他依法从轻或者减轻行政处罚的。

违法行为轻微并及时纠正，没有造成危害后果的，不予行政处罚。

第二十八条　违法行为构成犯罪，人民法院判处拘役或者有期徒刑时，行政机关已经给予当事人行政拘留的，应当依法折抵相应刑期。

违法行为构成犯罪，人民法院判处罚金时，行政机关已经给予当事人罚款的，应当折抵相应罚金。

第二十九条　违法行为在二年内未被发现的，不再给予行政处罚。法律另有规定的除外。

前款规定的期限，从违法行为发生之日起计算；违法行为有连续或者继续状态的，从行为终了之日起计算。

第五章　行政处罚的决定

第三十条　公民、法人或者其他组织违反行政管理秩序的行为，依法应当给予行政处罚的，行政机关必须查明事实；违法事实不清的，不得给予行政处罚。

第三十一条　行政机关在作出行政处罚决定之前，应当告知当事人作出行政处罚决定的事实、理由及依据，并告知当事人依法享有的权利。

第三十二条　当事人有权进行陈述和申辩。行政机关必须充分听取当事人的意见，对当事人提出的事实、理由和证据，应当进行复核；当事人提出的事实、理由或者证据成立的，行政机关应当采纳。

行政机关不得因当事人申辩而加重处罚。

第一节　简易程序

第三十三条　违法事实确凿并有法定依据，对公民处以五十元以下、对法人或者其他组织处以一千元以下罚款或者警告的行政处罚的，可以当场作出行政处罚决定。当事人应当依照本法第四十六条、第四十七条、第四十八条的规定履行行政处罚决定。

第三十四条　执法人员当场作出行政处罚决定的，应当向当事人出示执法身份证件，填写预定格式、编有号码的行政处罚决定书。行政处罚决定书应当当场交付当事人。

前款规定的行政处罚决定书应当载明当事人的违法行为、行政处罚依据、罚款数额、时间、地点以及行政机关名称，并由执法人员签名或者盖章。

执法人员当场作出的行政处罚决定，必须报所属行政机关备案。

第三十五条　当事人对当场作出的行政处罚决定不服的，可以依法申请行政复议或者提起行政诉讼。

第二节　一般程序

第三十六条　除本法第三十三条规定的可以当场作出的行政处罚外，行政机关发现公民、法人或者其他组织有依法应当给予行政处罚的行为的，必须全面、客观、公正地调查，收集有关证据；必要时，依照法律、法规的规定，可以进行检查。

第三十七条　行政机关在调查或者进行检查时，执法人员不得少于两人，并应当向当事人或者有关人员出示证件。当事人或者有关人员应当如实回答询问，并协助调查或者检查，不得阻挠。询问或者检查应当制作笔录。

行政机关在收集证据时，可以采取抽样取证的方法；在证据可能灭失或者以后难以取得的情况下，经行政机关负责人批准，可以先行登记保存，并应当在七日内及时作出处理决定，在此期间，当事人或者有关人员不得销毁或者转移证据。

执法人员与当事人有直接利害关系的，应当回避。

第三十八条　调查终结，行政机关负责人应当对调查结果进行审查，根据不同情况，分别作出如下决定：

（一）确有应受行政处罚的违法行为的，根据情节轻重及具体情况，作出行政处罚决定；

（二）违法行为轻微，依法可以不予行政处罚的，不予行政处罚；

（三）违法事实不能成立的，不得给予行政处罚；

（四）违法行为已构成犯罪的，移送司法机关。

对情节复杂或者重大违法行为给予较重的行政处罚，行政机关的负责人应当集体讨论决定。

第三十九条　行政机关依照本法第三十八条的规定给予行政处罚，应当制作行政处罚决定书。行政处罚决定书应当载明下列事项：

（一）当事人的姓名或者名称、地址；

（二）违反法律、法规或者规章的事实和证据；

（三）行政处罚的种类和依据；

（四）行政处罚的履行方式和期限；

（五）不服行政处罚决定，申请行政复议或者提起行政诉讼的途径和期限；

（六）作出行政处罚决定的行政机关名称和作出决定的日期。

行政处罚决定书必须盖有作出行政处罚决定的行政机关的印章。

第四十条　行政处罚决定书应当在宣告后当场交付当事人；当事人不在场的，行政机关应当在七日内依照民事诉讼法的有关规定，将行政处罚决定书送达当事人。

第四十一条　行政机关及其执法人员在作出行政处罚决定之前，不依照本法第三十一条、第三十二条的规定向当事人告知给予行政处罚的事实、理由和依据，或者拒绝听取当事人的陈述、申辩，行政处罚决定不能成立；当事人放弃陈述或者申辩权利的除外。

第三节　听证程序

第四十二条　行政机关作出责令停产停业、吊销许可证或者执照、较大数额罚款等行政处罚决定之前，应当告知当事人有要求举行听证的权利；当事人要求听证的，行政机关应当组织听证。当事人不承担行政机关组织听证的费用。听证依照以下程序组织：

（一）当事人要求听证的，应当在行政机关告知后三日内提出；

（二）行政机关应当在听证的七日前，通知当事人举行听证的时间、地点；

（三）除涉及国家秘密、商业秘密或者个人隐私外，听证公开举行；

（四）听证由行政机关指定的非本案调查人员主持；当事人认为主持人与本案有直接利害关系的，有权申请回避；

（五）当事人可以亲自参加听证，也可以委托一至二人代理；

（六）举行听证时，调查人员提出当事人违法的事实、证据和行政处罚建议；当事人进行申辩和质证；

（七）听证应当制作笔录；笔录应当交当事人审核无误后签字或者盖章。

当事人对限制人身自由的行政处罚有异议的，依照治安管理处罚条例有关规定执行。

第四十三条　听证结束后，行政机关依照本法第三十八条的规定，作出决定。

第六章　行政处罚的执行

第四十四条　行政处罚决定依法作出后，当事人应当在行政处罚决定的期限内，予以履行。

第四十五条　当事人对行政处罚决定不服申请行政复议或者提起行政诉讼的，行政处罚不停止执行，法律另有规定的除外。

第四十六条 作出罚款决定的行政机关应当与收缴罚款的机构分离。

除依照本法第四十七条、第四十八条的规定当场收缴的罚款外，作出行政处罚决定的行政机关及其执法人员不得自行收缴罚款。

当事人应当自收到行政处罚决定书之日起十五日内，到指定的银行缴纳罚款。银行应当收受罚款，并将罚款直接上缴国库。

第四十七条 依照本法第三十三条的规定当场作出行政处罚决定，有下列情形之一的，执法人员可以当场收缴罚款：

（一）依法给予二十元以下的罚款的；

（二）不当场收缴事后难以执行的。

第四十八条 在边远、水上、交通不便地区，行政机关及其执法人员依照本法第三十三条、第三十八条的规定作出罚款决定后，当事人向指定的银行缴纳罚款确有困难，经当事人提出，行政机关及其执法人员可以当场收缴罚款。

第四十九条 行政机关及其执法人员当场收缴罚款的，必须向当事人出具省、自治区、直辖市财政部门统一制发的罚款收据；不出具财政部门统一制发的罚款收缴的，当事人有权拒绝缴纳罚款。

第五十条 执法人员当场收缴的罚款，应当自收缴罚款之日起二日内，交至行政机关；在水上当场收缴的罚款，应当自抵岸之日起二日内交至行政机关；行政机关应当在二日内将罚款缴付指定的银行。

第五十一条 当事人逾期不履行行政处罚决定的，作出行政处罚决定的行政机关可以采取下列措施：

（一）到期不缴纳罚款的，每日按罚款数额的百分之三加处罚款；

（二）根据法律规定，将查封、扣押的财物拍卖或者将冻结的存款划拨抵缴罚款；

（三）申请人民法院强制执行。

第五十二条 当事人确有经济困难，需要延期或者分期缴纳罚款的，经当事人申请和行政机关批准，可以暂缓或者分期缴纳。

第五十三条 除依法应当予以销毁的物品外，依法没收的非法财物必须按照国家规定公开拍卖或者按照国家有关规定处理。

罚款、没收违法所得或者没收非法财物拍卖的款项，必须全部上缴国库，任何行政机关或者个人不得以任何形式截留、私分或者变相私分；财政部门不得以任何形式向作出行政处罚决定的行政机关返还罚款、没收的违法所得或者返还没收非法财物的拍卖款项。

第五十四条 行政机关应当建立健全对行政处罚的监督制度。县级以上人民政府应当加强对行政处罚的监督检查。

公民、法人或者其他组织对行政机关作出的行政处罚，有权申诉或者检举；行政机关应当认真审查，发现行政处罚有错误的，应当主动改正。

第七章 法 律 责 任

第五十五条 行政机关实施行政处罚，有下列情形之一的，由上级行政机关或者有关部门责令改正，可以对直接负责的主管人员和其他直接责任人员依法给予行政处分：

（一）没有法定的行政处罚依据的；

（二）擅自改变行政处罚种类、幅度的；

（三）违反法定的行政处罚程序的；

（四）违反本法第十八条关于委托处罚的规定的。

第五十六条　行政机关对当事人进行处罚不使用罚款、没收财物单据或者使用非法定部门制发的罚款、没收财物单据的，当事人有权拒绝处罚，并有权予以检举。上级行政机关或者有关部门对使用的非法单据予以收缴销毁，对直接负责的主管人员和其他直接责任人员依法给予行政处分。

第五十七条　行政机关违反本法第四十六条的规定自行收缴罚款的，财政部门违反本法第五十三条的规定向行政机关返还罚款或者拍卖款项的，由上级行政机关或者有关部门责令改正，对直接负责的主管人员和其他直接责任人员依法给予行政处分。

第五十八条　行政机关将罚款、没收的违法所得或者财物截留、私分或者变相私分的，由财政部门或者有关部门予以追缴，对直接负责的主管人员和其他直接责任人员依法给予行政处分；情节严重构成犯罪的，依法追究刑事责任。

执法人员利用职务上的便利，索取或者收受他人财物、收缴罚款据为己有，构成犯罪的，依法追究刑事责任；情节轻微不构成犯罪的，依法给予行政处分。

第五十九条　行政机关使用或者损毁扣押的财物，对当事人造成损失的，应当依法予以赔偿，对直接负责的主管人员和其他直接责任人员依法给予行政处分。

第六十条　行政机关违法实行检查措施或者执行措施，给公民人身或者财产造成损害、给法人或者其他组织造成损失的，应当依法予以赔偿，对直接负责的主管人员和其他直接责任人员依法给予行政处分；情节严重构成犯罪的，依法追究刑事责任。

第六十一条　行政机关为牟取本单位私利，对应当依法移交司法机关追究刑事责任的不移交，以行政处罚代替刑罚，由上级行政机关或者有关部门责令纠正；拒不纠正的，对直接负责的主管人员给予行政处分；徇私舞弊、包庇纵容违法行为的，比照刑法第一百八十八条的规定追究刑事责任。

第六十二条　执法人员玩忽职守，对应当予以制止和处罚的违法行为不予制止、处罚，致使公民、法人或者其他组织的合法权益、公共利益和社会秩序遭受损害的，对直接负责的主管人员和其他直接责任人员依法给予行政处分；情节严重构成犯罪的，依法追究刑事责任。

第八章　附　　则

第六十三条　本法第四十六条罚款决定与罚款收缴分离的规定，由国务院制定具体实施办法。

第六十四条　本法自 1996 年 10 月 1 日起施行。

本法公布前制定的法规和规章关于行政处罚的规定与本法不符合的，应当自本法公布之日起，依照本法规定予以修订，在 1997 年 12 月 31 日前修订完毕。

附：刑法有关条文

第一百八十八条　司法工作人员徇私舞弊，对明知是无罪的人而使他受追诉、对明知是有罪的人而故意包庇不使他受追诉，或者故意颠倒黑白做枉法裁判的，处五年以下有期徒刑、拘役或者剥夺政治权利；情节特别严重的，处五年以上有期徒刑。

中华人民共和国行政强制法（节选）

（2011 年 6 月 30 日第十一届全国人民代表大会常务委员会第二十一次会议通过，自 2012 年 1 月 1 日起施行）

第二条　本法所称行政强制，包括行政强制措施和行政强制执行。

行政强制措施，是指行政机关在行政管理过程中，为制止违法行为、防止证据损毁、避免危害发生、控制危险扩大等情形，依法对公民的人身自由实施暂时性限制，或者对公民、法人或者其他组织的财物实施暂时性控制的行为。

行政强制执行，是指行政机关或者行政机关申请人民法院，对不履行行政决定的公民、法人或者其他组织，依法强制履行义务的行为。

第九条　行政强制措施的种类：

（一）限制公民人身自由；

（二）查封场所、设施或者财物；

（三）扣押财物；

（四）冻结存款、汇款；

（五）其他行政强制措施。

第十二条　行政强制执行的方式：

（一）加处罚款或者滞纳金；

（二）划拨存款、汇款；

（三）拍卖或者依法处理查封、扣押的场所、设施或者财物；

（四）排除妨碍、恢复原状；

（五）代履行；

（六）其他强制执行方式。

第十六条　行政机关履行行政管理职责，依照法律、法规的规定，实施行政强制措施。

违法行为情节显著轻微或者没有明显社会危害的，可以不采取行政强制措施。

第十七条　行政强制措施由法律、法规规定的行政机关在法定职权范围内实施。行政强制措施权不得委托。

依据《中华人民共和国行政处罚法》的规定行使相对集中行政处罚权的行政机关，可以实施法律、法规规定的与行政处罚权有关的行政强制措施。

行政强制措施应当由行政机关具备资格的行政执法人员实施，其他人员不得实施。

第十八条　行政机关实施行政强制措施应当遵守下列规定：

（一）实施前须向行政机关负责人报告并经批准；

（二）由两名以上行政执法人员实施；

（三）出示执法身份证件；

（四）通知当事人到场；

（五）当场告知当事人采取行政强制措施的理由、依据以及当事人依法享有的权利、救济途径；

（六）听取当事人的陈述和申辩；

（七）制作现场笔录；

（八）现场笔录由当事人和行政执法人员签名或者盖章，当事人拒绝的，在笔录中予以注明；

（九）当事人不到场的，邀请见证人到场，由见证人和行政执法人员在现场笔录上签名或者盖章；

（十）法律、法规规定的其他程序。

第二十二条 查封、扣押应当由法律、法规规定的行政机关实施，其他任何行政机关或者组织不得实施。

第二十三条 查封、扣押限于涉案的场所、设施或者财物，不得查封、扣押与违法行为无关的场所、设施或者财物；不得查封、扣押公民个人及其所扶养家属的生活必需品。

当事人的场所、设施或者财物已被其他国家机关依法查封的，不得重复查封。

第四十三条 行政机关不得在夜间或者法定节假日实施行政强制执行。但是，情况紧急的除外。

行政机关不得对居民生活采取停止供水、供电、供热、供燃气等方式迫使当事人履行相关行政决定。

第四十四条 对违法的建筑物、构筑物、设施等需要强制拆除的，应当由行政机关予以公告，限期当事人自行拆除。当事人在法定期限内不申请行政复议或者提起行政诉讼，又不拆除的，行政机关可以依法强制拆除。

第四十五条 行政机关依法作出金钱给付义务的行政决定，当事人逾期不履行的，行政机关可以依法加处罚款或者滞纳金。加处罚款或者滞纳金的标准应当告知当事人。

加处罚款或者滞纳金的数额不得超出金钱给付义务的数额。

第四十六条第一款 行政机关依照本法第四十五条规定实施加处罚款或者滞纳金超过三十日，经催告当事人仍不履行的，具有行政强制执行权的行政机关可以强制执行。

第五十条 行政机关依法作出要求当事人履行排除妨碍、恢复原状等义务的行政决定，当事人逾期不履行，经催告仍不履行，其后果已经或者将危害交通安全、造成环境污染或者破坏自然资源的，行政机关可以代履行，或者委托没有利害关系的第三人代履行。

第五十二条 需要立即清除道路、河道、航道或者公共场所的遗洒物、障碍物或者污染物，当事人不能清除的，行政机关可以决定立即实施代履行；当事人不在场的，行政机关应当在事后立即通知当事人，并依法作出处理。

中华人民共和国广告法（节选）

（1994 年 10 月 27 日第八届全国人民代表大会常务委员会第十次会议通过，2015 年 9 月 1 日起施行；2015 年 4 月 24 日第十二届全国人民代表大会常务委员会第十四次会议修订）

第三条 广告应当真实、合法，以健康的表现形式表达广告内容，符合社会主义精神文明建设和弘扬中华民族优秀传统文化的要求。

第四条　广告不得含有虚假或者引人误解的内容，不得欺骗、误导消费者。

广告主应当对广告内容的真实性负责。

第五条　广告主、广告经营者、广告发布者从事广告活动，应当遵守法律、法规，诚实信用，公平竞争。

第六条　国务院工商行政管理部门主管全国的广告监督管理工作，国务院有关部门在各自的职责范围内负责广告管理相关工作。

县级以上地方工商行政管理部门主管本行政区域的广告监督管理工作，县级以上地方人民政府有关部门在各自的职责范围内负责广告管理相关工作。

第七条　广告行业组织依照法律、法规和章程的规定，制定行业规范，加强行业自律，促进行业发展，引导会员依法从事广告活动，推动广告行业诚信建设。

第八条　广告中对商品的性能、功能、产地、用途、质量、成分、价格、生产者、有效期限、允诺等或者对服务的内容、提供者、形式、质量、价格、允诺等有表示的，应当准确、清楚、明白。

广告中表明推销的商品或者服务附带赠送的，应当明示所附带赠送商品或者服务的品种、规格、数量、期限和方式。

法律、行政法规规定广告中应当明示的内容，应当显著、清晰表示。

第九条　广告不得有下列情形：

（一）使用或者变相使用中华人民共和国的国旗、国歌、国徽，军旗、军歌、军徽；

（二）使用或者变相使用国家机关、国家机关工作人员的名义或者形象；

（三）使用"国家级"、"最高级"、"最佳"等用语；

（四）损害国家的尊严或者利益，泄露国家秘密；

（五）妨碍社会安定，损害社会公共利益；

（六）危害人身、财产安全，泄露个人隐私；

（七）妨碍社会公共秩序或者违背社会良好风尚；

（八）含有淫秽、色情、赌博、迷信、恐怖、暴力的内容；

（九）含有民族、种族、宗教、性别歧视的内容；

（十）妨碍环境、自然资源或者文化遗产保护；

（十一）法律、行政法规规定禁止的其他情形。

第十一条　广告内容涉及的事项需要取得行政许可的，应当与许可的内容相符合。

广告使用数据、统计资料、调查结果、文摘、引用语等引证内容的，应当真实、准确，并表明出处。引证内容有适用范围和有效期限的，应当明确表示。

第十九条　广播电台、电视台、报刊音像出版单位、互联网信息服务提供者不得以介绍健康、养生知识等形式变相发布医疗、药品、医疗器械、保健食品广告。

第二十条　禁止在大众传播媒介或者公共场所发布声称全部或者部分替代母乳的婴儿乳制品、饮料和其他食品广告。

第二十二条第一款　禁止在大众传播媒介或者公共场所、公共交通工具、户外发布烟草广告。禁止向未成年人发送任何形式的烟草广告。

第二十三条　酒类广告不得含有下列内容：

（一）诱导、怂恿饮酒或者宣传无节制饮酒；

（二）出现饮酒的动作；

（三）表现驾驶车、船、飞机等活动；

（四）明示或者暗示饮酒有消除紧张和焦虑、增加体力等功效。

第二十六条 房地产广告，房源信息应当真实，面积应当表明为建筑面积或者套内建筑面积，并不得含有下列内容：

（一）升值或者投资回报的承诺；

（二）以项目到达某一具体参照物的所需时间表示项目位置；

（三）违反国家有关价格管理的规定；

（四）对规划或者建设中的交通、商业、文化教育设施以及其他市政条件作误导宣传。

第二十九条 广播电台、电视台、报刊出版单位从事广告发布业务的，应当设有专门从事广告业务的机构，配备必要的人员，具有与发布广告相适应的场所、设备，并向县级以上地方工商行政管理部门办理广告发布登记。

第四十一条 县级以上地方人民政府应当组织有关部门加强对利用户外场所、空间、设施等发布户外广告的监督管理，制定户外广告设置规划和安全要求。

户外广告的管理办法，由地方性法规、地方政府规章规定。

第四十二条 有下列情形之一的，不得设置户外广告：

（一）利用交通安全设施、交通标志的；

（二）影响市政公共设施、交通安全设施、交通标志、消防设施、消防安全标志使用的；

（三）妨碍生产或者人民生活，损害市容市貌的；

（四）在国家机关、文物保护单位、风景名胜区等的建筑控制地带，或者县级以上地方人民政府禁止设置户外广告的区域设置的。

第四十三条 任何单位或者个人未经当事人同意或者请求，不得向其住宅、交通工具等发送广告，也不得以电子信息方式向其发送广告。

以电子信息方式发送广告的，应当明示发送者的真实身份和联系方式，并向接收者提供拒绝继续接收的方式。

第五十三条 任何单位或者个人有权向工商行政管理部门和有关部门投诉、举报违反本法的行为。工商行政管理部门和有关部门应当向社会公开受理投诉、举报的电话、信箱或者电子邮件地址，接到投诉、举报的部门应当自收到投诉之日起七个工作日内，予以处理并告知投诉、举报人。

工商行政管理部门和有关部门不依法履行职责的，任何单位或者个人有权向其上级机关或者监察机关举报。接到举报的机关应当依法作出处理，并将处理结果及时告知举报人。

有关部门应当为投诉、举报人保密。

第二章　交通治安管理类

中华人民共和国治安管理处罚法（节选）

（2005 年 8 月 28 日第十届全国人民代表大会常务委员会第十七次会议通过，2006 年 3 月 1 日起施行；2012 年 10 月 26 日修改）

第二条　扰乱公共秩序，妨害公共安全，侵犯人身权利、财产权利，妨害社会管理，具有社会危害性，依照《中华人民共和国刑法》的规定构成犯罪的，依法追究刑事责任；尚不够刑事处罚的，由公安机关依照本法给予治安管理处罚。

第七条　国务院公安部门负责全国的治安管理工作。县级以上地方各级人民政府公安机关负责本行政区域内的治安管理工作。

第十条　治安管理处罚的种类分为：

（一）警告；

（二）罚款；

（三）行政拘留；

（四）吊销公安机关发放的许可证。

第二十三条　有下列行为之一的，处警告或者二百元以下罚款；情节较重的，处五日以上十日以下拘留，可以并处五百元以下罚款：

（一）扰乱机关、团体、企业、事业单位秩序，致使工作、生产、营业、医疗、教学、科研不能正常进行，尚未造成严重损失的；

（二）扰乱车站、港口、码头、机场、商场、公园、展览馆或者其他公共场所秩序的；

（三）扰乱公共汽车、电车、火车、船舶、航空器或者其他公共交通工具上的秩序的；

（四）非法拦截或者强登、扒乘机动车、船舶、航空器以及其他交通工具，影响交通工具正常行驶的；

（五）破坏依法进行的选举秩序的。

聚众实施前款行为的，对首要分子处十日以上十五日以下拘留，可以并处一千元以下罚款。

第三十条　违反国家规定，制造、买卖、储存、运输、邮寄、携带、使用、提供、处置爆炸性、毒害性、放射性、腐蚀性物质或者传染病病原体等危险物质的，处十日以上十五日以下拘留；情节较轻的，处五日以上十日以下拘留。

第三十三条　有下列行为之一的，处十日以上十五日以下拘留：

（一）盗窃、损毁油气管道设施、电力电信设施、广播电视设施、水利防汛工程设施或者水文监测、测量、气象测报、环境监测、地质监测、地震监测等公共设施的。

第三十五条　有下列行为之一的，处五日以上十日以下拘留，可以并处五百元以下罚款；情节较轻的，处五日以下拘留或者五百元以下罚款：

(一) 盗窃、损毁或者擅自移动铁路设施、设备、机车车辆配件或者安全标志的；

(二) 在铁路线路上放置障碍物，或者故意向列车投掷物品的；

(三) 在铁路线路、桥梁、涵洞处挖掘坑穴、采石取沙的；

(四) 在铁路线路上私设道口或者平交过道的。

第三十六条　擅自进入铁路防护网或者火车来临时在铁路线路上行走坐卧、抢越铁路，影响行车安全的，处警告或者二百元以下罚款。

第三十七条　有下列行为之一的，处五日以下拘留或者五百元以下罚款；情节严重的，处五日以上十日以下拘留，可以并处五百元以下罚款：

(一) 未经批准，安装、使用电网的，或者安装、使用电网不符合安全规定的；

(二) 在车辆、行人通行的地方施工，对沟井坎穴不设覆盖物、防围和警示标志的，或者故意损毁、移动覆盖物、防围和警示标志的；

(三) 盗窃、损毁路面井盖、照明等公共设施的。

第三十八条　举办文化、体育等大型群众性活动，违反有关规定，有发生安全事故危险的，责令停止活动，立即疏散；对组织者处五日以上十日以下拘留，并处二百元以上五百元以下罚款；情节较轻的，处五日以下拘留或者五百元以下罚款。

第三十九条　旅馆、饭店、影剧院、娱乐场、运动场、展览馆或者其他供社会公众活动的场所的经营管理人员，违反安全规定，致使该场所有发生安全事故危险，经公安机关责令改正，拒不改正的，处五日以下拘留。

第五十条　有下列行为之一的，处警告或者二百元以下罚款；情节严重的，处五日以上十日以下拘留，可以并处五百元以下罚款：

(一) 拒不执行人民政府在紧急状态情况下依法发布的决定、命令的；

(二) 阻碍国家机关工作人员依法执行职务的；

(三) 阻碍执行紧急任务的消防车、救护车、工程抢险车、警车等车辆通行的；

(四) 强行冲闯公安机关设置的警戒带、警戒区的。

阻碍人民警察依法执行职务的，从重处罚。

第五十一条　冒充国家机关工作人员或者以其他虚假身份招摇撞骗的，处五日以上十日以下拘留，可以并处五百元以下罚款；情节较轻的，处五日以下拘留或者五百元以下罚款。

冒充军警人员招摇撞骗的，从重处罚。

第五十二条　有下列行为之一的，处十日以上十五日以下拘留，可以并处一千元以下罚款；情节较轻的，处五日以上十日以下拘留，可以并处五百元以下罚款：

(三) 伪造、变造、倒卖车票、船票、航空客票、文艺演出票、体育比赛入场券或者其他有价票证、凭证的；

(四) 伪造、变造船舶户牌，买卖或者使用伪造、变造的船舶户牌，或者涂改船舶发动机号码的。

第五十三条　船舶擅自进入、停靠国家禁止、限制进入的水域或者岛屿的，对船舶负责人及有关责任人员处五百元以上一千元以下罚款；情节严重的，处五日以下拘留，并处五百元以上一千元以下罚款。

第五十七条　房屋出租人将房屋出租给无身份证件的人居住的，或者不按规定登记承租人姓名、身份证件种类和号码的，处二百元以上五百元以下罚款。

房屋出租人明知承租人利用出租房屋进行犯罪活动，不向公安机关报告的，处二百元以上五百元以下罚款；情节严重的，处五日以下拘留，可以并处五百元以下罚款。

第五十八条　违反关于社会生活噪声污染防治的法律规定，制造噪声干扰他人正常生活的，处警告；警告后不改正的，处二百元以上五百元以下罚款。

第五十九条　有下列行为之一的，处五百元以上一千元以下罚款；情节严重的，处五日以上十日以下拘留，并处五百元以上一千元以下罚款：

（二）违反国家规定，收购铁路、油田、供电、电信、矿山、水利、测量和城市公用设施等废旧专用器材的。

第六十三条　有下列行为之一的，处警告或者二百元以下罚款；情节较重的，处五日以上十日以下拘留，并处二百元以上五百元以下罚款：

（一）刻划、涂污或者以其他方式故意损坏国家保护的文物、名胜古迹的；

（二）违反国家规定，在文物保护单位附近进行爆破、挖掘等活动，危及文物安全的。

第六十四条　有下列行为之一的，处五百元以上一千元以下罚款；情节严重的，处十日以上十五日以下拘留，并处五百元以上一千元以下罚款：

（一）偷开他人机动车的；

（二）未取得驾驶证驾驶或者偷开他人航空器、机动船舶的。

第六十八条　制作、运输、复制、出售、出租淫秽的书刊、图片、影片、音像制品等淫秽物品或者利用计算机信息网络、电话以及其他通信工具传播淫秽信息的，处十日以上十五日以下拘留，可以并处三千元以下罚款；情节较轻的，处五日以下拘留或者五百元以下罚款。

第七十五条第一款　饲养动物，干扰他人正常生活的，处警告；警告后不改正的，或者放任动物恐吓他人的，处二百元以上五百元以下罚款。

中华人民共和国公路法（节选）

（1997年7月3日第八届全国人民代表大会常务委员会第二十六次会议通过，自1998年1月1日起施行；1999年10月31日第一次修正，2004年8月28日第二次修正）

第二条　在中华人民共和国境内从事公路的规划、建设、养护、经营、使用和管理，适用本法。

本法所称公路，包括公路桥梁、公路隧道和公路渡口。

第三条　公路的发展应当遵循全面规划、合理布局、确保质量、保障畅通、保护环境、建设改造与养护并重的原则。

第六条第一款　公路按其在公路路网中的地位分为国道、省道、县道和乡道，并按技术等级分为高速公路、一级公路、二级公路、三级公路和四级公路。具体划分标准由国务院交通主管部门规定。

第七条第一款　公路受国家保护，任何单位和个人不得破坏、损坏或者非法占用公路、公路用地及公路附属设施。

第八条　国务院交通主管部门主管全国公路工作。

县级以上地方人民政府交通主管部门主管本行政区域内的公路工作；但是，县级以上地方人民政府交通主管部门对国道、省道的管理、监督职责，由省、自治区、直辖市人民政府确定。

乡、民族乡、镇人民政府负责本行政区域内的乡道的建设和养护工作。

县级以上地方人民政府交通主管部门可以决定由公路管理机构依照本法规定行使公路行政管理职责。

第九条　禁止任何单位和个人在公路上非法设卡、收费、罚款和拦截车辆。

第十二条　公路规划应当根据国民经济和社会发展以及国防建设的需要编制，与城市建设发展规划和其他方式的交通运输发展规划相协调。

第十三条　公路建设用地规划应当符合土地利用总体规划，当年建设用地应当纳入年度建设用地计划。

第二十条　县级以上人民政府交通主管部门应当依据职责维护公路建设秩序，加强对公路建设的监督管理。

第二十二条　公路建设应当按照国家规定的基本建设程序和有关规定进行。

第二十四条第一款　公路建设单位应当根据公路建设工程的特点和技术要求，选择具有相应资格的勘察设计单位、施工单位和工程监理单位，并依照有关法律、法规、规章的规定和公路工程技术标准的要求，分别签订合同，明确双方的权利义务。

第二十六条第一款　公路建设必须符合公路工程技术标准。

第二十七条第一款　公路建设使用土地依照有关法律、行政法规的规定办理。

第三十条第一款　公路建设项目的设计和施工，应当符合依法保护环境、保护文物古迹和防止水土流失的要求。

第三十三条第一款　公路建设项目和公路修复项目竣工后，应当按照国家有关规定进行验收；未经验收或者验收不合格的，不得交付使用。

第三十五条　公路管理机构应当按照国务院交通主管部门规定的技术规范和操作规程对公路进行养护，保证公路经常处于良好的技术状态。

第四十三条　各级地方人民政府应当采取措施，加强对公路的保护。

县级以上地方人民政府交通主管部门应当认真履行职责，依法做好公路保护工作，并努力采用科学的管理方法和先进的技术手段，提高公路管理水平，逐步完善公路服务设施，保障公路的完好、安全和畅通。

第四十四条第一款　任何单位和个人不得擅自占用、挖掘公路。

第四十六条　任何单位和个人不得在公路上及公路用地范围内摆摊设点、堆放物品、倾倒垃圾、设置障碍、挖沟引水、利用公路边沟排放污物或者进行其他损坏、污染公路和影响公路畅通的活动。

第四十七条第一款　在大中型公路桥梁和渡口周围二百米、公路隧道上方和洞口外一百米范围内，以及在公路两侧一定距离内，不得挖砂、采石、取土、倾倒废弃物，不得进行爆破作业及其他危及公路、公路桥梁、公路隧道、公路渡口安全的活动。

第五十二条　任何单位和个人不得损坏、擅自移动、涂改公路附属设施。

前款公路附属设施，是指为保护、养护公路和保障公路安全畅通所设置的公路防护、排水、养护、管理、服务、交通安全、渡运、监控、通信、收费等设施、设备以及专用建筑物、构筑物等。

第五十九条　符合国务院交通主管部门规定的技术等级和规模的下列公路，可以依法收取车辆通行费：

（一）由县级以上地方人民政府交通主管部门利用贷款或者向企业、个人集资建成的公路；

（二）由国内外经济组织依法受让前项收费公路收费权的公路；

（三）由国内外经济组织依法投资建成的公路。

第六十条第一款　县级以上地方人民政府交通主管部门利用贷款或者集资建成的收费公路的收费期限，按照收费偿还贷款、集资款的原则，由省、自治区、直辖市人民政府依照国务院交通主管部门的规定确定。

第六十四条　收费公路设置车辆通行费的收费站，应当报经省、自治区、直辖市人民政府审查批准。跨省、自治区、直辖市的收费公路设置车辆通行费的收费站，由有关省、自治区、直辖市人民政府协商确定；协商不成的，由国务院交通主管部门决定。同一收费公路由不同的交通主管部门组织建设或者由不同的公路经营企业经营的，应当按照"统一收费、按比例分成"的原则，统筹规划，合理设置收费站。

两个收费站之间的距离，不得小于国务院交通主管部门规定的标准。

第七十条　交通主管部门、公路管理机构负有管理和保护公路的责任，有权检查、制止各种侵占、损坏公路、公路用地、公路附属设施及其他违反本法规定的行为。

第七十一条　公路监督检查人员依法在公路、建筑控制区、车辆停放场所、车辆所属单位等进行监督检查时，任何单位和个人不得阻挠。

公路经营者、使用者和其他有关单位、个人，应当接受公路监督检查人员依法实施的监督检查，并为其提供方便。

公路监督检查人员执行公务，应当佩戴标志，持证上岗。

第七十六条　有下列违法行为之一的，由交通主管部门责令停止违法行为，可以处三万元以下的罚款：

（一）违反本法第四十四条第一款规定，擅自占用、挖掘公路的；

（二）违反本法第四十五条规定，未经同意或者未按照公路工程技术标准的要求修建桥梁、渡槽或者架设、埋设管线、电缆等设施的；

（三）违反本法第四十七条规定，从事危及公路安全的作业的；

（四）违反本法第四十八条规定，铁轮车、履带车和其他可能损害路面的机具擅自在公路上行驶的；

（五）违反本法第五十条规定，车辆超限使用汽车渡船或者在公路上擅自超限行驶的；

（六）违反本法第五十二条、第五十六条规定，损坏、移动、涂改公路附属设施或者损坏、挪动建筑控制区的标桩、界桩，可能危及公路安全的。

中华人民共和国道路交通安全法（节选）

（2003 年 10 月 28 日第十届全国人民代表大会常务委员会第五次会议通过，2004 年 5 月 1 日起施行；2007 年 12 月 29 日第一次修正，2011 年 4 月 22 日第二次修正）

第二条　中华人民共和国境内的车辆驾驶人、行人、乘车人以及与道路交通活动有关的单位和个人，都应当遵守本法。

第四条　各级人民政府应当保障道路交通安全管理工作与经济建设和社会发展相适应。

县级以上地方各级人民政府应当适应道路交通发展的需要，依据道路交通安全法律、法规和国家有关政策，制定道路交通安全管理规划，并组织实施。

第五条　国务院公安部门负责全国道路交通安全管理工作。县级以上地方各级人民政府公安机关交通管理部门负责本行政区域内的道路交通安全管理工作。

县级以上各级人民政府交通、建设管理部门依据各自职责，负责有关的道路交通工作。

第八条　国家对机动车实行登记制度。机动车经公安机关交通管理部门登记后，方可上道路行驶。尚未登记的机动车，需要临时上道路行驶的，应当取得临时通行牌证。

第十六条　任何单位或者个人不得有下列行为：

（一）拼装机动车或者擅自改变机动车已登记的结构、构造或者特征；

（二）改变机动车型号、发动机号、车架号或者车辆识别代号；

（三）伪造、变造或者使用伪造、变造的机动车登记证书、号牌、行驶证、检验合格标志、保险标志；

（四）使用其他机动车的登记证书、号牌、行驶证、检验合格标志、保险标志。

第二十二条　机动车驾驶人应当遵守道路交通安全法律、法规的规定，按照操作规范安全驾驶、文明驾驶。

饮酒、服用国家管制的精神药品或者麻醉药品，或者患有妨碍安全驾驶机动车的疾病，或者过度疲劳影响安全驾驶的，不得驾驶机动车。

任何人不得强迫、指使、纵容驾驶人违反道路交通安全法律、法规和机动车安全驾驶要求驾驶机动车。

第二十八条　任何单位和个人不得擅自设置、移动、占用、损毁交通信号灯、交通标志、交通标线。

道路两侧及隔离带上种植的树木或者其他植物，设置的广告牌、管线等，应当与交通设施保持必要的距离，不得遮挡路灯、交通信号灯、交通标志，不得妨碍安全视距，不得影响通行。

第二十九条　道路、停车场和道路配套设施的规划、设计、建设，应当符合道路交通安全、畅通的要求，并根据交通需求及时调整。

公安机关交通管理部门发现已经投入使用的道路存在交通事故频发路段，或者停车场、道路配套设施存在交通安全严重隐患的，应当及时向当地人民政府报告，并提出防范交通事故、消除隐患的建议，当地人民政府应当及时作出处理决定。

第三十一条　未经许可，任何单位和个人不得占用道路从事非交通活动。

第三十二条　因工程建设需要占用、挖掘道路，或者跨越、穿越道路架设、增设管线设施，应当事先征得道路主管部门的同意；影响交通安全的，还应当征得公安机关交通管理部门的同意。

施工作业单位应当在经批准的路段和时间内施工作业，并在距离施工作业地点来车方向安全距离处设置明显的安全警示标志，采取防护措施；施工作业完毕，应当迅速清除道路上的障碍物，消除安全隐患，经道路主管部门和公安机关交通管理部门验收合格，符合通行要求后，方可恢复通行。

对未中断交通的施工作业道路，公安机关交通管理部门应当加强交通安全监督检查，维护道路交通秩序。

第三十三条　新建、改建、扩建的公共建筑、商业街区、居住区、大（中）型建筑等，应当配建、增建停车场；停车泊位不足的，应当及时改建或者扩建；投入使用的停车场不得擅自停止使用或者改作他用。

在城市道路范围内，在不影响行人、车辆通行的情况下，政府有关部门可以施划停车泊位。

第三十四条　学校、幼儿园、医院、养老院门前的道路没有行人过街设施的，应当施划人行横道线，设置提示标志。

城市主要道路的人行道，应当按照规划设置盲道。盲道的设置应当符合国家标准。

第三十五条　机动车、非机动车实行右侧通行。

第三十六条　根据道路条件和通行需要，道路划分为机动车道、非机动车道和人行道的，机动车、非机动车、行人实行分道通行。没有划分机动车道、非机动车道和人行道的，机动车在道路中间通行，非机动车和行人在道路两侧通行。

第三十七条　道路划设专用车道的，在专用车道内，只准许规定的车辆通行，其他车辆不得进入专用车道内行驶。

第三十八条　车辆、行人应当按照交通信号通行；遇有交通警察现场指挥时，应当按照交通警察的指挥通行；在没有交通信号的道路上，应当在确保安全、畅通的原则下通行。

第三十九条　公安机关交通管理部门根据道路和交通流量的具体情况，可以对机动车、非机动车、行人采取疏导、限制通行、禁止通行等措施。遇有大型群众性活动、大范围施工等情况，需要采取限制交通的措施，或者作出与公众的道路交通活动直接有关的决定，应当提前向社会公告。

第四十条　遇有自然灾害、恶劣气象条件或者重大交通事故等严重影响交通安全的情形，采取其他措施难以保证交通安全时，公安机关交通管理部门可以实行交通管制。

第六十七条　行人、非机动车、拖拉机、轮式专用机械车、铰接式客车、全挂拖斗车以及其他设计最高时速低于七十公里的机动车，不得进入高速公路。高速公路限速标志标明的最高时速不得超过一百二十公里。

第七十六条 机动车发生交通事故造成人身伤亡、财产损失的，由保险公司在机动车第三者责任强制保险责任限额范围内予以赔偿；不足的部分，按照下列规定承担赔偿责任：

（一）机动车之间发生交通事故的，由有过错的一方承担赔偿责任；双方都有过错的，按照各自过错的比例分担责任。

（二）机动车与非机动车驾驶人、行人之间发生交通事故，非机动车驾驶人、行人没有过错的，由机动车一方承担赔偿责任；有证据证明非机动车驾驶人、行人有过错的，根据过错程度适当减轻机动车一方的赔偿责任；机动车一方没有过错的，承担不超过百分之十的赔偿责任。

交通事故的损失是由非机动车驾驶人、行人故意碰撞机动车造成的，机动车一方不承担赔偿责任。

第八十八条 对道路交通安全违法行为的处罚种类包括：警告、罚款、暂扣或者吊销机动车驾驶证、拘留。

第九十条 机动车驾驶人违反道路交通安全法律、法规关于道路通行规定的，处警告或者二十元以上二百元以下罚款。本法另有规定的，依照规定处罚。

第九十一条 饮酒后驾驶机动车的，处暂扣一个月以上三个月以下机动车驾驶证，并处二百元以上五百元以下罚款；醉酒后驾驶机动车的，由公安机关交通管理部门约束至酒醒，处十五日以下拘留和暂扣三个月以上六个月以下机动车驾驶证，并处五百元以上二千元以下罚款。

饮酒后驾驶营运机动车的，处暂扣三个月机动车驾驶证，并处五百元罚款；醉酒后驾驶营运机动车的，由公安机关交通管理部门约束至酒醒，处十五日以下拘留和暂扣六个月机动车驾驶证，并处二千元罚款。

一年内有前两款规定醉酒后驾驶机动车的行为，被处罚两次以上的，吊销机动车驾驶证，五年内不得驾驶营运机动车。

第九十二条 公路客运车辆载客超过额定乘员的，处二百元以上五百元以下罚款；超过额定乘员百分之二十或者违反规定载货的，处五百元以上二千元以下罚款。

货运机动车超过核定载质量的，处二百元以上五百元以下罚款；超过核定载质量百分之三十或者违反规定载客的，处五百元以上二千元以下罚款。

有前两款行为的，由公安机关交通管理部门扣留机动车至违法状态消除。

运输单位的车辆有本条第一款、第二款规定的情形，经处罚不改的，对直接负责的主管人员处二千元以上五千元以下罚款。

第九十五条 上道路行驶的机动车未悬挂机动车号牌，未放置检验合格标志、保险标志，或者未随车携带行驶证、驾驶证的，公安机关交通管理部门应当扣留机动车，通知当事人提供相应的牌证、标志或者补办相应手续，并可以依照本法第九十条的规定予以处罚。当事人提供相应的牌证、标志或者补办相应手续的，应当及时退还机动车。

故意遮挡、污损或者不按规定安装机动车号牌的，依照本法第九十条的规定予以处罚。

第九十六条 伪造、变造或者使用伪造、变造的机动车登记证书、号牌、行驶证、检验合格标志、保险标志、驾驶证或者使用其他车辆的机动车登记证书、号牌、行驶证、检验合格标志、保险标志的，由公安机关交通管理部门予以收缴，扣留该机动车，并处二百元以上二千元以下罚款；构成犯罪的，依法追究刑事责任。

当事人提供相应的合法证明或者补办相应手续的，应当及时退还机动车。

第九十九条　有下列行为之一的，由公安机关交通管理部门处二百元以上二千元以下罚款：

（一）未取得机动车驾驶证、机动车驾驶证被吊销或者机动车驾驶证被暂扣期间驾驶机动车的；

（二）将机动车交由未取得机动车驾驶证或者机动车驾驶证被吊销、暂扣的人驾驶的；

（三）造成交通事故后逃逸，尚不构成犯罪的；

（四）机动车行驶超过规定时速百分之五十的；

（五）强迫机动车驾驶人违反道路交通安全法律、法规和机动车安全驾驶要求驾驶机动车，造成交通事故，尚不构成犯罪的；

（六）违反交通管制的规定强行通行，不听劝阻的；

（七）故意损毁、移动、涂改交通设施，造成危害后果，尚不构成犯罪的；

（八）非法拦截、扣留机动车辆，不听劝阻，造成交通严重阻塞或者较大财产损失的。

行为人有前款第二项、第四项情形之一的，可以并处吊销机动车驾驶证；有第一项、第三项、第五项至第八项情形之一的，可以并处十五日以下拘留。

第一百零一条　违反道路交通安全法律、法规的规定，发生重大交通事故，构成犯罪的，依法追究刑事责任，并由公安机关交通管理部门吊销机动车驾驶证。

造成交通事故后逃逸的，由公安机关交通管理部门吊销机动车驾驶证，且终生不得重新取得机动车驾驶证。

第一百零四条　未经批准，擅自挖掘道路、占用道路施工或者从事其他影响道路交通安全活动的，由道路主管部门责令停止违法行为，并恢复原状，可以依法给予罚款；致使通行的人员、车辆及其他财产遭受损失的，依法承担赔偿责任。

有前款行为，影响道路交通安全活动的，公安机关交通管理部门可以责令停止违法行为，迅速恢复交通。

第一百零五条　道路施工作业或者道路出现损毁，未及时设置警示标志、未采取防护措施，或者应当设置交通信号灯、交通标志、交通标线而没有设置或者应当及时变更交通信号灯、交通标志、交通标线而没有及时变更，致使通行的人员、车辆及其他财产遭受损失的，负有相关职责的单位应当依法承担赔偿责任。

第一百零六条　在道路两侧及隔离带上种植树木、其他植物或者设置广告牌、管线等，遮挡路灯、交通信号灯、交通标志，妨碍安全视距的，由公安机关交通管理部门责令行为人排除妨碍；拒不执行的，处二百元以上二千元以下罚款，并强制排除妨碍，所需费用由行为人负担。

第一百零九条　当事人逾期不履行行政处罚决定的，作出行政处罚决定的行政机关可以采取下列措施：

（一）到期不缴纳罚款的，每日按罚款数额的百分之三加处罚款；

（二）申请人民法院强制执行。

第三章　规划建设管理类

中华人民共和国城乡规划法（节选）

（中华人民共和国第十届全国人民代表大会常务委员会第三十次会议 2007 年 10 月 28 日通过，2008 年 1 月 1 日起施行。2015 年 4 月 24 日第十二届全国人民代表大会常务委员会第十四次会议修正）

第二条　制定和实施城乡规划，在规划区内进行建设活动，必须遵守本法。

本法所称城乡规划，包括城镇体系规划、城市规划、镇规划、乡规划和村庄规划。城市规划、镇规划分为总体规划和详细规划。详细规划分为控制性详细规划和修建性详细规划。

第四条　制定和实施城乡规划，应当遵循城乡统筹、合理布局、节约土地、集约发展和先规划后建设的原则，改善生态环境，促进资源、能源节约和综合利用，保护耕地等自然资源和历史文化遗产，保持地方特色、民族特色和传统风貌，防止污染和其他公害，并符合区域人口发展、国防建设、防灾减灾和公共卫生、公共安全的需要。

第十一条　国务院城乡规划主管部门负责全国的城乡规划管理工作。

县级以上地方人民政府城乡规划主管部门负责本行政区域内的城乡规划管理工作。

第十七条　城市总体规划、镇总体规划的内容应当包括：城市、镇的发展布局，功能分区，用地布局，综合交通体系，禁止、限制和适宜建设的地域范围，各类专项规划等。

规划区范围、规划区内建设用地规模、基础设施和公共服务设施用地、水源地和水系、基本农田和绿化用地、环境保护、自然与历史文化遗产保护以及防灾减灾等内容，应当作为城市总体规划、镇总体规划的强制性内容。

城市总体规划、镇总体规划的规划期限一般为二十年。城市总体规划还应当对城市更长远的发展作出预测性安排。

第三十条第一款　城市新区的开发和建设，应当合理确定建设规模和时序，充分利用现有市政基础设施和公共服务设施，严格保护自然资源和生态环境，体现地方特色。

第三十三条　城市地下空间的开发和利用，应当与经济和技术发展水平相适应，遵循统筹安排、综合开发、合理利用的原则，充分考虑防灾减灾、人民防空和通信等需要，并符合城市规划，履行规划审批手续。

第三十七条第一款　在城市、镇规划区内以划拨方式提供国有土地使用权的建设项目，经有关部门批准、核准、备案后，建设单位应当向城市、县人民政府城乡规划主管部门提出建设用地规划许可申请，由城市、县人民政府城乡规划主管部门依据控制性详细规划核定建设用地的位置、面积、允许建设的范围，核发建设用地规划许可证。

第三十八条第一款　在城市、镇规划区内以出让方式提供国有土地使用权的，在国有土地使用权出让前，城市、县人民政府城乡规划主管部门应当依据控制性详细规划，提出出让地块的位置、使用性质、开发强度等规划条件，作为国有土地使用权出让合同的组成部分。未确定规划条件的地块，不得出让国有土地使用权。

第四十条第一款　在城市、镇规划区内进行建筑物、构筑物、道路、管线和其他工程建设的，建设单位或者个人应当向城市、县人民政府城乡规划主管部门或者省、自治区、直辖市人民政府确定的镇人民政府申请办理建设工程规划许可证。

第四十三条　建设单位应当按照规划条件进行建设；确需变更的，必须向城市、县人民政府城乡规划主管部门提出申请。变更内容不符合控制性详细规划的，城乡规划主管部门不得批准。城市、县人民政府城乡规划主管部门应当及时将依法变更后的规划条件通报同级土地主管部门并公示。

建设单位应当及时将依法变更后的规划条件报有关人民政府土地主管部门备案。

第四十四条　在城市、镇规划区内进行临时建设的，应当经城市、县人民政府城乡规划主管部门批准。临时建设影响近期建设规划或者控制性详细规划的实施以及交通、市容、安全等的，不得批准。

第四十五条　县级以上地方人民政府城乡规划主管部门按照国务院规定对建设工程是否符合规划条件予以核实。未经核实或者经核实不符合规划条件的，建设单位不得组织竣工验收。

建设单位应当在竣工验收后六个月内向城乡规划主管部门报送有关竣工验收资料。

第六十四条　未取得建设工程规划许可证或者未按照建设工程规划许可证的规定进行建设的，由县级以上地方人民政府城乡规划主管部门责令停止建设；尚可采取改正措施消除对规划实施的影响的，限期改正，处建设工程造价百分之五以上百分之十以下的罚款；无法采取改正措施消除影响的，限期拆除，不能拆除的，没收实物或者违法收入，可以并处建设工程造价百分之十以下的罚款。

第六十六条　建设单位或者个人有下列行为之一的，由所在地城市、县人民政府城乡规划主管部门责令限期拆除，可以并处临时建设工程造价一倍以下的罚款：

（一）未经批准进行临时建设的；

（二）未按照批准内容进行临时建设的；

（三）临时建筑物、构筑物超过批准期限不拆除的。

第六十七条　建设单位未在建设工程竣工验收后六个月内向城乡规划主管部门报送有关竣工验收资料的，由所在地城市、县人民政府城乡规划主管部门责令限期补报；逾期不补报的，处一万元以上五万元以下的罚款。

第六十八条　城乡规划主管部门作出责令停止建设或者限期拆除的决定后，当事人不停止建设或者逾期不拆除的，建设工程所在地县级以上地方人民政府可以责成有关部门采取查封施工现场、强制拆除等措施。

第六十九条　违反本法规定，构成犯罪的，依法追究刑事责任。

中华人民共和国土地管理法（节选）

（1986 年 6 月 25 日第六届全国人民代表大会常务委员会第十六次会议通过，1988 年 12 月 29 日第一次修正，1998 年 8 月 29 日修订，1999 年 1 月 1 日起施行；2004 年 8 月 28 日第二次修正）

第二条 中华人民共和国实行土地的社会主义公有制，即全民所有制和劳动群众集体所有制。

全民所有，即国家所有土地的所有权由国务院代表国家行使。

任何单位和个人不得侵占、买卖或者以其他形式非法转让土地。土地使用权可以依法转让。

国家为了公共利益的需要，可以依法对土地实行征收或者征收并给予补偿。

国家依法实行国有土地有偿使用制度。但是，国家在法律规定的范围内划拨国有土地使用权的除外。

第五条 国务院土地行政主管部门统一负责全国土地的管理和监督工作。

县级以上地方人民政府土地行政主管部门的设置及其职责，由省、自治区、直辖市人民政府根据国务院有关规定确定。

第十九条 土地利用总体规划按照下列原则编制：

（一）严格保护基本农田，控制非农业建设占用农用地；

（二）提高土地利用率；

（三）统筹安排各类、各区域用地；

（四）保护和改善生态环境，保障土地的可持续利用；

（五）占用耕地与开发复垦耕地相平衡。

第二十二条 城市建设用地规模应当符合国家规定的标准，充分利用现有建设用地，不占或者尽量少占农用地。

城市总体规划、村庄和集镇规划，应当与土地利用总体规划相衔接，城市总体规划、村庄和集镇规划中建设用地规模不得超过土地利用总体规划确定的城市和村庄、集镇建设用地规模。

在城市规划区内、村庄和集镇规划区内，城市和村庄、集镇建设用地应当符合城市规划、村庄和集镇规划。

第二十四条第一款 各级人民政府应当加强土地利用计划管理，实行建设用地总量控制。

第三十三条 省、自治区、直辖市人民政府应当严格执行土地利用总体规划和土地利用年度计划，采取措施，确保本行政区域内耕地总量不减少；耕地总量减少的，由国务院责令在规定期限内组织开垦与所减少耕地的数量与质量相当的耕地，并由国务院土地行政主管部门会同农业行政主管部门验收。个别省、直辖市确因土地后备资源匮乏，新增建设用地后，新开垦耕地的数量不足以补偿所占用耕地的数量的，必须报经国务院批准减免本行政区域内开垦耕地的数量，进行易地开垦。

第五十三条　经批准的建设项目需要使用国有建设用地的，建设单位应当持法律、行政法规规定的有关文件，向有批准权的县级以上人民政府土地行政主管部门提出建设用地申请，经土地行政主管部门审查，报本级人民政府批准。

第五十四条　建设单位使用国有土地，应当以出让等有偿使用方式取得；但是，下列建设用地，经县级以上人民政府依法批准，可以以划拨方式取得：

（一）国家机关用地和军事用地；

（二）城市基础设施用地和公益事业用地；

（三）国家重点扶持的能源、交通、水利等基础设施用地；

（四）法律、行政法规规定的其他用地。

第五十五条　以出让等有偿使用方式取得国有土地使用权的建设单位，按照国务院规定的标准和办法，缴纳土地使用权出让金等土地有偿使用费和其他费用后，方可使用土地。

自本法施行之日起，新增建设用地的土地有偿使用费，百分之三十上缴中央财政，百分之七十留给有关地方人民政府，都专项用于耕地开发。

第五十六条　建设单位使用国有土地的，应当按照土地使用权出让等有偿使用合同的约定或者土地使用权划拨批准文件的规定使用土地；确需改变该幅土地建设用途的，应当经有关人民政府土地行政主管部门同意，报原批准用地的人民政府批准。其中，在城市规划区内改变土地用途的，在报批前，应当先经有关城市规划行政主管部门同意。

第六十六条　县级以上人民政府土地行政主管部门对违反土地管理法律、法规的行为进行监督检查。

土地管理监督检查人员应当熟悉土地管理法律、法规，忠于职守、秉公执法。

第六十七条　县级以上人民政府土地行政主管部门履行监督检查职责时，有权采取下列措施：

（一）要求被检查的单位或者个人提供有关土地权利的文件和资料，进行查阅或者予以复制；

（二）要求被检查的单位或者个人就有关土地权利的问题作出说明；

（三）进入被检查单位或者个人非法占用的土地现场进行勘测；

（四）责令非法占用土地的单位或者个人停止违反土地管理法律、法规的行为。

第六十九条　有关单位和个人对县级以上人民政府土地行政主管部门就土地违法行为进行的监督检查应当支持与配合，并提供工作方便，不得拒绝与阻碍土地管理监督检查人员依法执行职务。

第七十一条　县级以上人民政府土地行政主管部门在监督检查工作中发现土地违法行为构成犯罪的，应当将案件移送有关机关，依法追究刑事责任；不构成犯罪的，应当依法给予行政处罚。

第七十三条　买卖或者以其他形式非法转让土地的，由县级以上人民政府土地行政主管部门没收违法所得；对违反土地利用总体规划擅自将农用地改为建设用地的，限期拆除在非法转让的土地上新建的建筑物和其他设施，恢复土地原状，对符合土地利用总体规划的，没收在非法转让的土地上新建的建筑物和其他设施；可以并处罚款；对直接负责的主管人员和其他直接责任人员，依法给予行政处分；构成犯罪的，依法追究刑事责任。

第七十六条　未经批准或者采取欺骗手段骗取批准，非法占用土地的，由县级以上人民政府土地行政主管部门责令退还非法占用的土地，对违反土地利用总体规划擅自将农用地改为建设用地的，限期拆除在非法占用的土地上新建的建筑物和其他设施，恢复土地原状，对符合土地利用总体规划的，没收在非法占用的土地上新建的建筑物和其他设施，可以并处罚款；对非法占用土地单位的直接负责的主管人员和其他直接责任人员，依法给予行政处分；构成犯罪的，依法追究刑事责任。

超过批准的数量占用土地，多占的土地以非法占用土地论处。

第八十条　依法收回国有土地使用权当事人拒不交出土地的，临时使用土地期满拒不归还的，或者不按照批准的用途使用国有土地的，由县级以上人民政府土地行政主管部门责令交还土地，处以罚款。

第八十三条　依照本法规定，责令限期拆除在非法占用的土地上新建的建筑物和其他设施的，建设单位或者个人必须立即停止施工，自行拆除；对继续施工的，作出处罚决定的机关有权制止。建设单位或者个人对责令限期拆除的行政处罚决定不服的，可以在接到责令限期拆除决定之日起十五日内，向人民法院起诉；期满不起诉又不自行拆除的，由作出处罚决定的机关依法申请人民法院强制执行，费用由违法者承担。

中华人民共和国建筑法（节选）

（1997 年 11 月 1 日第八届全国人民代表大会常务委员会第二十八次会议通过，1998 年 3 月 1 日起施行；2011 年 4 月 22 日修正）

第二条　在中华人民共和国境内从事建筑活动，实施对建筑活动的监督管理，应当遵守本法。

本法所称建筑活动，是指各类房屋建筑及其附属设施的建造和与其配套的线路、管道、设备的安装活动。

第三条　建筑活动应当确保建筑工程质量和安全，符合国家的建筑工程安全标准。

第五条　从事建筑活动应当遵守法律、法规，不得损害社会公共利益和他人的合法权益。

任何单位和个人都不得妨碍和阻挠依法进行的建筑活动。

第六条　国务院建设行政主管部门对全国的建筑活动实施统一监督管理。

第七条第一款　建筑工程开工前，建设单位应当按照国家有关规定向工程所在地县级以上人民政府建设行政主管部门申请领取施工许可证；但是，国务院建设行政主管部门确定的限额以下的小型工程除外。

第十三条　从事建筑活动的建筑施工企业、勘察单位、设计单位和工程监理单位，按照其拥有的注册资本、专业技术人员、技术装备和已完成的建筑工程业绩等资质条件，划分为不同的资质等级，经资质审查合格，取得相应等级的资质证书后，方可在其资质等级许可的范围内从事建筑活动。

第十六条第一款　建筑工程发包与承包的招标投标活动，应当遵循公开、公正、平等竞争的原则，择优选择承包单位。

第二十四条　提倡对建筑工程实行总承包，禁止将建筑工程肢解发包。

建筑工程的发包单位可以将建筑工程的勘察、设计、施工、设备采购一并发包给一个工程总承包单位，也可以将建筑工程勘察、设计、施工、设备采购的一项或者多项发包给一个工程总承包单位；但是，不得将应当由一个承包单位完成的建筑工程肢解成若干部分发包给几个承包单位。

第二十六条　承包建筑工程的单位应当持有依法取得的资质证书，并在其资质等级许可的业务范围内承揽工程。

禁止建筑施工企业超越本企业资质等级许可的业务范围或者以任何形式用其他建筑施工企业的名义承揽工程。禁止建筑施工企业以任何形式允许其他单位或者个人使用本企业的资质证书、营业执照，以本企业的名义承揽工程。

第二十八条　禁止承包单位将其承包的全部建筑工程转包给他人，禁止承包单位将其承包的全部建筑工程肢解以后以分包的名义分别转包给他人。

第三十二条　建筑工程监理应当依照法律、行政法规及有关的技术标准、设计文件和建筑工程承包合同，对承包单位在施工质量、建设工期和建设资金使用等方面，代表建设单位实施监督。

工程监理人员认为工程施工不符合工程设计要求、施工技术标准和合同约定的，有权要求建筑施工企业改正。

工程监理人员发现工程设计不符合建筑工程质量标准或者合同约定的质量要求的，应当报告建设单位要求设计单位改正。

第三十六条　建筑工程安全生产管理必须坚持安全第一、预防为主的方针，建立健全安全生产的责任制度和群防群治制度。

第三十九条　建筑施工企业应当在施工现场采取维护安全、防范危险、预防火灾等措施；有条件的，应当对施工现场实行封闭管理。

施工现场对毗邻的建筑物、构筑物和特殊作业环境可能造成损害的，建筑施工企业应当采取安全防护措施。

第四十三条　建设行政主管部门负责建筑安全生产的管理，并依法接受劳动行政主管部门对建筑安全生产的指导和监督。

第四十四条　建筑施工企业必须依法加强对建筑安全生产的管理，执行安全生产责任制度，采取有效措施，防止伤亡和其他安全生产事故的发生。

第五十五条　建筑工程实行总承包的，工程质量由工程总承包单位负责，总承包单位将建筑工程分包给其他单位的，应当对分包工程的质量与分包单位承担连带责任。分包单位应当接受总承包单位的质量管理。

第五十六条　建筑工程的勘察、设计单位必须对其勘察、设计的质量负责。勘察、设计文件应当符合有关法律、行政法规的规定和建筑工程质量、安全标准、建筑工程勘察、设计技术规范以及合同的约定。设计文件选用的建筑材料、建筑构配件和设备，应当注明其规格、型号、性能等技术指标，其质量要求必须符合国家规定的标准。

第五十八条　建筑施工企业对工程的施工质量负责。

建筑施工企业必须按照工程设计图纸和施工技术标准施工，不得偷工减料。工程设计的修改由原设计单位负责，建筑施工企业不得擅自修改工程设计。

第六十一条 交付竣工验收的建筑工程，必须符合规定的建筑工程质量标准，有完整的工程技术经济资料和经签署的工程保修书，并具备国家规定的其他竣工条件。

建筑工程竣工经验收合格后，方可交付使用；未经验收或者验收不合格的，不得交付使用。

第六十二条 建筑工程实行质量保修制度。

建筑工程的保修范围应当包括地基基础工程、主体结构工程、屋面防水工程和其他土建工程，以及电气管线、上下水管线的安装工程，供热、供冷系统工程等项目；保修的期限应当按照保证建筑物合理寿命年限内正常使用，维护使用者合法权益的原则确定。具体的保修范围和最低保修期限由国务院规定。

第六十四条 违反本法规定，未取得施工许可证或者开工报告未经批准擅自施工的，责令改正，对不符合开工条件的责令停止施工，可以处以罚款。

第六十五条 发包单位将工程发包给不具有相应资质条件的承包单位的，或者违反本法规定将建筑工程肢解发包的，责令改正，处以罚款。

超越本单位资质等级承揽工程的，责令停止违法行为，处以罚款，可以责令停业整顿，降低资质等级；情节严重的，吊销资质证书；有违法所得的，予以没收。

未取得资质证书承揽工程的，予以取缔，并处罚款；有违法所得的，予以没收。

以欺骗手段取得资质证书的，吊销资质证书，处以罚款；构成犯罪的，依法追究刑事责任。

第六十七条 承包单位将承包的工程转包的，或者违反本法规定进行分包的，责令改正，没收违法所得，并处罚款，可以责令停业整顿，降低资质等级；情节严重的，吊销资质证书。

承包单位有前款规定的违法行为的，对因转包工程或者违法分包的工程不符合规定的质量标准造成的损失，与接受转包或者分包的单位承担连带赔偿责任。

第六十八条 在工程发包与承包中索贿、受贿、行贿，构成犯罪的，依法追究刑事责任；不构成犯罪的，分别处以罚款，没收贿赂的财物，对直接负责的主管人员和其他直接责任人员给予处分。

对在工程承包中行贿的承包单位，除依照前款规定处罚外，可以责令停业整顿，降低资质等级或者吊销资质证书。

第六十九条 工程监理单位与建设单位或者建筑施工企业串通，弄虚作假、降低工程质量的，责令改正，处以罚款，降低资质等级或者吊销资质证书；有违法所得的，予以没收；造成损失的，承担连带赔偿责任；构成犯罪的，依法追究刑事责任。

工程监理单位转让监理业务的，责令改正，没收违法所得，可以责令停业整顿，降低资质等级；情节严重的，吊销资质证书。

第七十二条 建设单位违反本法规定，要求建筑设计单位或者建筑施工企业违反建筑工程质量、安全标准，降低工程质量的，责令改正，可以处以罚款；构成犯罪的，依法追究刑事责任。

第七十四条 建筑施工企业在施工中偷工减料的，使用不合格的建筑材料、建筑构配件和设备的，或者有其他不按照工程设计图纸或者施工技术标准施工的行为的，责令改正，处以罚款；情节严重的，责令停业整顿，降低资质等级或者吊销资质证书；造成建筑工程质量不符合规定的质量标准的，负责返工、修理，并赔偿因此造成的损失；构成犯罪的，依法追究刑事责任。

第四章　环境保护管理类

中华人民共和国环境保护法（节选）

（1989 年 12 月 26 日第七届全国人民代表大会常务委员会第十一次会议通过，2014 年 4 月 24 日第十二届全国人民代表大会常务委员会第八次会议修订，2015 年 1 月 1 日起施行）

第二条　本法所称环境，是指影响人类生存和发展的各种天然的和经过人工改造的自然因素的总体，包括大气、水、海洋、土地、矿藏、森林、草原、湿地、野生生物、自然遗迹、人文遗迹、自然保护区、风景名胜区、城市和乡村等。

第四条　保护环境是国家的基本国策。

第五条　环境保护坚持保护优先、预防为主、综合治理、公众参与、损害担责的原则。

第六条　一切单位和个人都有保护环境的义务。

地方各级人民政府应当对本行政区域的环境质量负责。

企业事业单位和其他生产经营者应当防止、减少环境污染和生态破坏，对所造成的损害依法承担责任。

公民应当增强环境保护意识，采取低碳、节俭的生活方式，自觉履行环境保护义务。

第十条　国务院环境保护主管部门，对全国环境保护工作实施统一监督管理；县级以上地方人民政府环境保护主管部门，对本行政区域环境保护工作实施统一监督管理。

县级以上人民政府有关部门和军队环境保护部门，依照有关法律的规定对资源保护和污染防治等环境保护工作实施监督管理。

第十二条　每年 6 月 5 日为环境日。

第二十四条　县级以上人民政府环境保护主管部门及其委托的环境监察机构和其他负有环境保护监督管理职责的部门，有权对排放污染物的企业事业单位和其他生产经营者进行现场检查。被检查者应当如实反映情况，提供必要的资料。实施现场检查的部门、机构及其工作人员应当为被检查者保守商业秘密。

第二十五条　企业事业单位和其他生产经营者违反法律法规规定排放污染物，造成或者可能造成严重污染的，县级以上人民政府环境保护主管部门和其他负有环境保护监督管理职责的部门，可以查封、扣押造成污染物排放的设施、设备。

第二十八条第一款　地方各级人民政府应当根据环境保护目标和治理任务，采取有效措施，改善环境质量。

第二十九条　国家在重点生态功能区、生态环境敏感区和脆弱区等区域划定生态保护红线，实行严格保护。

各级人民政府对具有代表性的各种类型的自然生态系统区域，珍稀、濒危的野生动植物自然分布区域，重要的水源涵养区域，具有重大科学文化价值的地质构造、著名溶洞和化石分布区、冰川、火山、温泉等自然遗迹，以及人文遗迹、古树名木，应当采取措施予以保护，严禁破坏。

第三十条　开发利用自然资源，应当合理开发，保护生物多样性，保障生态安全，依法制定有关生态保护和恢复治理方案并予以实施。

引进外来物种以及研究、开发和利用生物技术，应当采取措施，防止对生物多样性的破坏。

第三十一条　国家建立、健全生态保护补偿制度。

国家加大对生态保护地区的财政转移支付力度。有关地方人民政府应当落实生态保护补偿资金，确保其用于生态保护补偿。

国家指导受益地区和生态保护地区人民政府通过协商或者按照市场规则进行生态保护补偿。

第三十二条　国家加强对大气、水、土壤等的保护，建立和完善相应的调查、监测、评估和修复制度。

第三十四条　国务院和沿海地方各级人民政府应当加强对海洋环境的保护。向海洋排放污染物、倾倒废弃物，进行海岸工程和海洋工程建设，应当符合法律法规规定和有关标准，防止和减少对海洋环境的污染损害。

第三十五条　城乡建设应当结合当地自然环境的特点，保护植被、水域和自然景观，加强城市园林、绿地和风景名胜区的建设与管理。

第三十六条　国家鼓励和引导公民、法人和其他组织使用有利于保护环境的产品和再生产品，减少废弃物的产生。

国家机关和使用财政资金的其他组织应当优先采购和使用节能、节水、节材等有利于保护环境的产品、设备和设施。

第三十七条　地方各级人民政府应当采取措施，组织对生活废弃物的分类处置、回收利用。

第三十八条　公民应当遵守环境保护法律法规，配合实施环境保护措施，按照规定对生活废弃物进行分类放置，减少日常生活对环境造成的损害。

第三十九条　国家建立、健全环境与健康监测、调查和风险评估制度；鼓励和组织开展环境质量对公众健康影响的研究，采取措施预防和控制与环境污染有关的疾病。

第四十条第一款　国家促进清洁生产和资源循环利用。

第四十条第四款　企业应当优先使用清洁能源，采用资源利用率高、污染物排放量少的工艺、设备以及废弃物综合利用技术和污染物无害化处理技术，减少污染物的产生。

第四十二条第一款　排放污染物的企业事业单位和其他生产经营者，应当采取措施，防治在生产建设或者其他活动中产生的废气、废水、废渣、医疗废物、粉尘、恶臭气体、放射性物质以及噪声、振动、光辐射、电磁辐射等对环境的污染和危害。

第四十二条第四款　严禁通过暗管、渗井、渗坑、灌注或者篡改、伪造监测数据，或者不正常运行防治污染设施等逃避监管的方式违法排放污染物。

第四十五条　国家依照法律规定实行排污许可管理制度。

实行排污许可管理的企业事业单位和其他生产经营者应当按照排污许可证的要求排放污染物；未取得排污许可证的，不得排放污染物。

第四十六条　国家对严重污染环境的工艺、设备和产品实行淘汰制度。任何单位和个人不得生产、销售或者转移、使用严重污染环境的工艺、设备和产品。

禁止引进不符合我国环境保护规定的技术、设备、材料和产品。

第四十七条　各级人民政府及其有关部门和企业事业单位，应当依照《中华人民共和国突发事件应对法》的规定，做好突发环境事件的风险控制、应急准备、应急处置和事后恢复等工作。

县级以上人民政府应当建立环境污染公共监测预警机制，组织制定预警方案；环境受到污染，可能影响公众健康和环境安全时，依法及时公布预警信息，启动应急措施。

第四十八条　生产、储存、运输、销售、使用、处置化学物品和含有放射性物质的物品，应当遵守国家有关规定，防止污染环境。

第五十一条　各级人民政府应当统筹城乡建设污水处理设施及配套管网，固体废物的收集、运输和处置等环境卫生设施，危险废物集中处置设施、场所以及其他环境保护公共设施，并保障其正常运行。

第五十九条　企业事业单位和其他生产经营者违法排放污染物，受到罚款处罚，被责令改正，拒不改正的，依法作出处罚决定的行政机关可以自责令改正之日的次日起，按照原处罚数额按日连续处罚。

第六十条　企业事业单位和其他生产经营者超过污染物排放标准或者超过重点污染物排放总量控制指标排放污染物的，县级以上人民政府环境保护主管部门可以责令其采取限制生产、停产整治等措施；情节严重的，报经有批准权的人民政府批准，责令停业、关闭。

第六十一条　建设单位未依法提交建设项目环境影响评价文件或者环境影响评价文件未经批准，擅自开工建设的，由负有环境保护监督管理职责的部门责令停止建设，处以罚款，并可以责令恢复原状。

第六十二条　违反本法规定，重点排污单位不公开或者不如实公开环境信息的，由县级以上地方人民政府环境保护主管部门责令公开，处以罚款，并予以公告。

第六十三条　企业事业单位和其他生产经营者有下列行为之一，尚不构成犯罪的，除依照有关法律法规规定予以处罚外，由县级以上人民政府环境保护主管部门或者其他有关部门将案件移送公安机关，对其直接负责的主管人员和其他直接责任人员，处十日以上十五日以下拘留；情节较轻的，处五日以上十日以下拘留：

（一）建设项目未依法进行环境影响评价，被责令停止建设，拒不执行的；

（二）违反法律规定，未取得排污许可证排放污染物，被责令停止排污，拒不执行的；

（三）通过暗管、渗井、渗坑、灌注或者篡改、伪造监测数据，或者不正常运行防治污染设施等逃避监管的方式违法排放污染物的；

（四）生产、使用国家明令禁止生产、使用的农药，被责令改正，拒不改正的。

中华人民共和国大气污染防治法（节选）

（1987 年 9 月 5 日第六届全国人民代表大会常务委员会第二十二次会议通过，1988 年 6 月 5 日起施行；1995 年 8 月 29 日修正，2000 年 4 月 29 日第一次修订，2015 年 8 月 29 日第二次修订）

第二条　防治大气污染，应当以改善大气环境质量为目标，坚持源头治理，规划先行，转变经济发展方式，优化产业结构和布局，调整能源结构。

防治大气污染，应当加强对燃煤、工业、机动车船、扬尘、农业等大气污染的综合防治，推行区域大气污染联合防治，对颗粒物、二氧化硫、氮氧化物、挥发性有机物、氨等大气污染物和温室气体实施协同控制。

第五条　县级以上人民政府环境保护主管部门对大气污染防治实施统一监督管理。

县级以上人民政府其他有关部门在各自职责范围内对大气污染防治实施监督管理。

第七条　企业事业单位和其他生产经营者应当采取有效措施，防止、减少大气污染，对所造成的损害依法承担责任。

公民应当增强大气环境保护意识，采取低碳、节俭的生活方式，自觉履行大气环境保护义务。

第十四条　未达到国家大气环境质量标准城市的人民政府应当及时编制大气环境质量限期达标规划，采取措施，按照国务院或者省级人民政府规定的期限达到大气环境质量标准。

编制城市大气环境质量限期达标规划，应当征求有关行业协会、企业事业单位、专家和公众等方面的意见。

第十七条　城市大气环境质量限期达标规划应当根据大气污染防治的要求和经济、技术条件适时进行评估、修订。

第十八条　企业事业单位和其他生产经营者建设对大气环境有影响的项目，应当依法进行环境影响评价、公开环境影响评价文件；向大气排放污染物的，应当符合大气污染物排放标准，遵守重点大气污染物排放总量控制要求。

第二十条　企业事业单位和其他生产经营者向大气排放污染物的，应当依照法律法规和国务院环境保护主管部门的规定设置大气污染物排放口。

禁止通过偷排、篡改或者伪造监测数据、以逃避现场检查为目的的临时停产、非紧急情况下开启应急排放通道、不正常运行大气污染防治设施等逃避监管的方式排放大气污染物。

第三十条　企业事业单位和其他生产经营者违反法律法规规定排放大气污染物，造成或者可能造成严重大气污染，或者有关证据可能灭失或者被隐匿的，县级以上人民政府环境保护主管部门和其他负有大气环境保护监督管理职责的部门，可以对有关设施、设备、物品采取查封、扣押等行政强制措施。

第三十二条　国务院有关部门和地方各级人民政府应当采取措施，调整能源结构，推广清洁能源的生产和使用；优化煤炭使用方式，推广煤炭清洁高效利用，逐步降低煤炭在一次能源消费中的比重，减少煤炭生产、使用、转化过程中的大气污染物排放。

第三十八条　城市人民政府可以划定并公布高污染燃料禁燃区，并根据大气环境质量改善要求，逐步扩大高污染燃料禁燃区范围。高污染燃料的目录由国务院环境保护主管部门确定。

在禁燃区内，禁止销售、燃用高污染燃料；禁止新建、扩建燃用高污染燃料的设施，已建成的，应当在城市人民政府规定的期限内改用天然气、页岩气、液化石，油气、电或者其他清洁能源。

第三十九条　城市建设应当统筹规划，在燃煤供热地区，推进热电联产和集中供热。在集中供热管网覆盖地区，禁止新建、扩建分散燃煤供热锅炉；已建成的不能达标排放的燃煤供热锅炉，应当在城市人民政府规定的期限内拆除。

第四十条　县级以上人民政府质量监督部门应当会同环境保护主管部门对锅炉生产、进口、销售和使用环节执行环境保护标准或者要求的情况进行监督检查；不符合环境保护标准或者要求的，不得生产、进口、销售和使用。

第四十三条　钢铁、建材、有色金属、石油、化工等企业生产过程中排放粉尘、硫化物和氮氧化物的，应当采用清洁生产工艺，配套建设除尘、脱硫、脱硝等装置，或者采取技术改造等其他控制大气污染物排放的措施。

第四十五条　产生含挥发性有机物废气的生产和服务活动，应当在密闭空间或者设备中进行，并按照规定安装、使用污染防治设施；无法密闭的，应当采取措施减少废气排放。

第四十八条　钢铁、建材、有色金属、石油、化工、制药、矿产开采等企业，应当加强精细化管理，采取集中收集处理等措施，严格控制粉尘和气态污染物的排放。

工业生产企业应当采取密闭、围挡、遮盖、清扫、洒水等措施，减少内部物料的堆存、传输、装卸等环节产生的粉尘和气态污染物的排放。

第五十条　第一款国家倡导低碳、环保出行，根据城市规划合理控制燃油机动车保有量，大力发展城市公共交通，提高公共交通出行比例。

第五十一条　机动车船、非道路移动机械不得超过标准排放大气污染物。

禁止生产、进口或者销售大气污染物排放超过标准的机动车船、非道路移动机械。

第五十六条　环境保护主管部门应当会同交通运输、住房城乡建设、农业行政、水行政等有关部门对非道路移动机械的大气污染物排放状况进行监督检查，排放不合格的，不得使用。

第六十条　在用机动车排放大气污染物超过标准的，应当进行维修；经维修或者采用污染控制技术后，大气污染物排放仍不符合国家在用机动车排放标准的，应当强制报废。其所有人应当将机动车交售给报废机动车回收拆解企业，由报废机动车回收拆解企业按照国家有关规定进行登记、拆解、销毁等处理。

国家鼓励和支持高排放机动车船、非道路移动机械提前报废。

第六十一条　城市人民政府可以根据大气环境质量状况，划定并公布禁止使用高排放非道路移动机械的区域。

第六十二条　船舶检验机构对船舶发动机及有关设备进行排放检验。经检验符合国家排放标准的，船舶方可运营。

第六十五条 禁止生产、进口、销售不符合标准的机动车船、非道路移动机械用燃料；禁止向汽车和摩托车销售普通柴油以及其他非机动车用燃料；禁止向非道路移动机械、内河和江海直达船舶销售渣油和重油。

第六十八条 地方各级人民政府应当加强对建设施工和运输的管理，保持道路清洁，控制料堆和渣土堆放，扩大绿地、水面、湿地和地面铺装面积，防治扬尘污染。

住房城乡建设、市容环境卫生、交通运输、国土资源等有关部门，应当根据本级人民政府确定的职责，做好扬尘污染防治工作。

第六十九条 建设单位应当将防治扬尘污染的费用列入工程造价，并在施工承包合同中明确施工单位扬尘污染防治责任。施工单位应当制定具体的施工扬尘污染防治实施方案。

从事房屋建筑、市政基础设施建设、河道整治以及建筑物拆除等施工单位，应当向负责监督管理扬尘污染防治的主管部门备案。

施工单位应当在施工工地设置硬质围挡，并采取覆盖、分段作业、择时施工、洒水抑尘、冲洗地面和车辆等有效防尘降尘措施。建筑土方、工程渣土、建筑垃圾应当及时清运；在场地内堆存的，应当采用密闭式防尘网遮盖。工程渣土、建筑垃圾应当进行资源化处理。

施工单位应当在施工工地公示扬尘污染防治措施、负责人、扬尘监督管理主管部门等信息。

暂时不能开工的建设用地，建设单位应当对裸露地面进行覆盖；超过三个月的，应当进行绿化、铺装或者遮盖。

第七十条 运输煤炭、垃圾、渣土、砂石、土方、灰浆等散装、流体物料的车辆应当采取密闭或者其他措施防止物料遗撒造成扬尘污染，并按照规定路线行驶。

装卸物料应当采取密闭或者喷淋等方式防治扬尘污染。

城市人民政府应当加强道路、广场、停车场和其他公共场所的清扫保洁管理，推行清洁动力机械化清扫等低尘作业方式，防治扬尘污染。

第七十一条 市政河道以及河道沿线、公共用地的裸露地面以及其他城镇裸露地面，有关部门应当按照规划组织实施绿化或者透水铺装。

第七十二条 贮存煤炭、煤矸石、煤渣、煤灰、水泥、石灰、石膏、砂土等易产生扬尘的物料应当密闭；不能密闭的，应当设置不低于堆放物高度的严密围挡，并采取有效覆盖措施防治扬尘污染。

码头、矿山、填埋场和消纳场应当实施分区作业，并采取有效措施防治扬尘污染。

第七十七条 省、自治区、直辖市人民政府应当划定区域，禁止露天焚烧秸秆、落叶等产生烟尘污染的物质。

第八十一条 排放油烟的餐饮服务业经营者应当安装油烟净化设施并保持正常使用，或者采取其他油烟净化措施，使油烟达标排放，并防止对附近居民的正常生活环境造成污染。

禁止在居民住宅楼、未配套设立专用烟道的商住综合楼以及商住综合楼内与居住层相邻的商业楼层内新建、改建、扩建产生油烟、异味、废气的餐饮服务项目。

任何单位和个人不得在当地人民政府禁止的区域内露天烧烤食品或者为露天烧烤食品提供场地。

第八十二条　禁止在人口集中地区和其他依法需要特殊保护的区域内焚烧沥青、油毡、橡胶、塑料、皮革、垃圾以及其他产生有毒有害烟尘和恶臭气体的物质。

禁止生产、销售和燃放不符合质量标准的烟花爆竹。任何单位和个人不得在城市人民政府禁止的时段和区域内燃放烟花爆竹。

第八十六条　国家建立重点区域大气污染联防联控机制，统筹协调重点区域内大气污染防治工作。国务院环境保护主管部门根据主体功能区划、区域大气环境质量状况和大气污染传输扩散规律，划定国家大气污染防治重点区域，报国务院批准。

重点区域内有关省、自治区、直辖市人民政府应当确定牵头的地方人民政府，定期召开联席会议，按照统一规划、统一标准、统一监测、统一的防治措施的要求，开展大气污染联合防治，落实大气污染防治目标责任。国务院环境保护主管部门应当加强指导、督促。

省、自治区、直辖市可以参照第一款规定划定本行政区域的大气污染防治重点区域。

第九十二条　国务院环境保护主管部门和国家大气污染防治重点区域内有关省、自治区、直辖市人民政府可以组织有关部门开展联合执法、跨区域执法、交叉执法。

第九十三条　国家建立重污染天气监测预警体系。

国务院环境保护主管部门会同国务院气象主管机构等有关部门、国家大气污染防治重点区域内有关省、自治区、直辖市人民政府，建立重点区域重污染天气监测预警机制，统一预警分级标准。可能发生区域重污染天气的，应当及时向重点区域内有关省、自治区、直辖市人民政府通报。

省、自治区、直辖市、设区的市人民政府环境保护主管部门会同气象主管机构等有关部门建立本行政区域重污染天气监测预警机制。

第九十六条　县级以上地方人民政府应当依据重污染天气的预警等级，及时启动应急预案，根据应急需要可以采取责令有关企业停产或者限产、限制部分机动车行驶、禁止燃放烟花爆竹、停止工地土石方作业和建筑物拆除施工、停止露天烧烤、停止幼儿园和学校组织的户外活动、组织开展人工影响天气作业等应急措施。

第九十八条　违反本法规定，以拒绝进入现场等方式拒不接受环境保护主管部门及其委托的环境监察机构或者其他负有大气环境保护监督管理职责的部门的监督检查，或者在接受监督检查时弄虚作假的，由县级以上人民政府环境保护主管部门或者其他负有大气环境保护监督管理职责的部门责令改正，处二万元以上二十万元以下的罚款；构成违反治安管理行为的，由公安机关依法予以处罚。

第九十九条　违反本法规定，有下列行为之一的，由县级以上人民政府环境保护主管部门责令改正或者限制生产、停产整治，并处十万元以上一百万元以下的罚款；情节严重的，报经有批准权的人民政府批准，责令停业、关闭：

（一）未依法取得排污许可证排放大气污染物的；

（二）超过大气污染物排放标准或者超过重点大气污染物排放总量控制指标排放大气污染物的；

（三）通过逃避监管的方式排放大气污染物的。

第一百一十五条　违反本法规定，施工单位有下列行为之一的，由县级以上人民政府住房城乡建设等主管部门按照职责责令改正，处一万元以上十万元以下的罚款；拒不改正的，责令停工整治：

（一）施工工地未设置硬质密闭围挡，或者未采取覆盖、分段作业、择时施工、洒水抑尘、冲洗地面和车辆等有效防尘降尘措施的；

（二）建筑土方、工程渣土、建筑垃圾未及时清运，或者未采用密闭式防尘网遮盖的。

违反本法规定，建设单位未对暂时不能开工的建设用地的裸露地面进行覆盖，或者未对超过三个月不能开工的建设用地的裸露地面进行绿化、铺装或者遮盖的，由县级以上人民政府住房城乡建设等主管部门依照前款规定予以处罚。

第一百一十六条　违反本法规定，运输煤炭、垃圾、渣土、砂石、土方、灰浆等散装、流体物料的车辆，未采取密闭或者其他措施防止物料遗撒的，由县级以上地方人民政府确定的监督管理部门责令改正，处二千元以上二万元以下的罚款；拒不改正的，车辆不得上道路行驶。

第一百一十七条　违反本法规定，有下列行为之一的，由县级以上人民政府环境保护等主管部门按照职责责令改正，处一万元以上十万元以下的罚款；拒不改正的，责令停工整治或者停业整治：

（一）未密闭煤炭、煤矸石、煤渣、煤灰、水泥、石灰、石膏、砂土等易产生扬尘的物料的；

（二）对不能密闭的易产生扬尘的物料，未设置不低于堆放物高度的严密围挡，或者未采取有效覆盖措施防治扬尘污染的；

（三）装卸物料未采取密闭或者喷淋等方式控制扬尘排放的；

（四）存放煤炭、煤矸石、煤渣、煤灰等物料，未采取防燃措施的；

（五）码头、矿山、填埋场和消纳场未采取有效措施防治扬尘污染的；

（六）排放有毒有害大气污染物名录中所列有毒有害大气污染物的企业事业单位，未按照规定建设环境风险预警体系或者对排放口和周边环境进行定期监测、排查环境安全隐患并采取有效措施防范环境风险的；

（七）向大气排放持久性有机污染物的企业事业单位和其他生产经营者以及废弃物焚烧设施的运营单位，未按照国家有关规定采取有利于减少持久性有机污染物排放的技术方法和工艺，配备净化装置的；

（八）未采取措施防止排放恶臭气体的。

第一百一十八条　违反本法规定，排放油烟的餐饮服务业经营者未安装油烟净化设施、不正常使用油烟净化设施或者未采取其他油烟净化措施，超过排放标准排放油烟的，由县级以上地方人民政府确定的监督管理部门责令改正，处五千元以上五万元以下的罚款；拒不改正的，责令停业整治。

违反本法规定，在居民住宅楼、未配套设立专用烟道的商住综合楼、商住综合楼内与居住层相邻的商业楼层内新建、改建、扩建产生油烟、异味、废气的餐饮服务项目的，由县级以上地方人民政府确定的监督管理部门责令改正；拒不改正的，予以关闭，并处一万元以上十万元以下的罚款。

违反本法规定，在当地人民政府禁止的时段和区域内露天烧烤食品或者为露天烧烤食品提供场地的，由县级以上地方人民政府确定的监督管理部门责令改正，没收烧烤工具和违法所得，并处五百元以上二万元以下的罚款。

第一百一十九条　违反本法规定，在人口集中地区对树木、花草喷洒剧毒、高毒农药，或者露天焚烧秸秆、落叶等产生烟尘污染的物质的，由县级以上地方人民政府确定的监督管理部门责令改正，并可以处五百元以上二千元以下的罚款。

违反本法规定，在人口集中地区和其他依法需要特殊保护的区域内，焚烧沥青、油毡、橡胶、塑料、皮革、垃圾以及其他产生有毒有害烟尘和恶臭气体的物质的，由县级人民政府确定的监督管理部门责令改正，对单位处一万元以上十万元以下的罚款，对个人处五百元以上二千元以下的罚款。

违反本法规定，在城市人民政府禁止的时段和区域内燃放烟花爆竹的，由县级以上地方人民政府确定的监督管理部门依法予以处罚。

第一百二十二条　违反本法规定，造成大气污染事故的，由县级以上人民政府环境保护主管部门依照本条第二款的规定处以罚款；对直接负责的主管人员和其他直接责任人员可以处上一年度从本企业事业单位取得收入百分之五十以下的罚款。

对造成一般或者较大大气污染事故的，按照污染事故造成直接损失的一倍以上三倍以下计算罚款；对造成重大或者特大大气污染事故的，按照污染事故造成的直接损失的三倍以上五倍以下计算罚款。

第一百二十三条　违反本法规定，企业事业单位和其他生产经营者有下列行为之一，受到罚款处罚，被责令改正，拒不改正的，依法作出处罚决定的行政机关可以自责令改正之日的次日起，按照原处罚数额按日连续处罚：

（一）未依法取得排污许可证排放大气污染物的；

（二）超过大气污染物排放标准或者超过重点大气污染物排放总量控制指标排放大气污染物的；

（三）通过逃避监管的方式排放大气污染物的；

（四）建筑施工或者贮存易产生扬尘的物料未采取有效措施防治扬尘污染的。

第一百二十五条　排放大气污染物造成损害的，应当依法承担侵权责任。

中华人民共和国固体废物污染环境防治法（节选）

（1995年10月30日第八届全国人民代表大会常务委员会第十六次会议通过，1996年4月1日开始施行；2004年12月29日第一次修订，2013年6月29日第二次修订，2015年4月24日第三次修订，2016年11月7日第四次修订）

第三条　国家对固体废物污染环境的防治，实行减少固体废物的产生量和危害性、充分合理利用固体废物和无害化处置固体废物的原则，促进清洁生产和循环经济发展。

国家采取有利于固体废物综合利用活动的经济、技术政策和措施，对固体废物实行充分回收和合理利用。

国家鼓励、支持采取有利于保护环境的集中处置固体废物的措施，促进固体废物污染环境防治产业发展。

　　第四条　县级以上人民政府应当将固体废物污染环境防治工作纳入国民经济和社会发展计划，并采取有利于固体废物污染环境防治的经济、技术政策和措施。

　　国务院有关部门、县级以上地方人民政府及其有关部门组织编制城乡建设、土地利用、区域开发、产业发展等规划，应当统筹考虑减少固体废物的产生量和危害性、促进固体废物的综合利用和无害化处置。

　　第十条　国务院环境保护行政主管部门对全国固体废物污染环境的防治工作实施统一监督管理。国务院有关部门在各自的职责范围内负责固体废物污染环境防治的监督管理工作。

　　县级以上地方人民政府环境保护行政主管部门对本行政区域内固体废物污染环境的防治工作实施统一监督管理。县级以上地方人民政府有关部门在各自的职责范围内负责固体废物污染环境防治的监督管理工作。

　　国务院建设行政主管部门和县级以上地方人民政府环境卫生行政主管部门负责生活垃圾清扫、收集、贮存、运输和处置的监督管理工作。

　　第十七条　收集、贮存、运输、利用、处置固体废物的单位和个人，必须采取防扬散、防流失、防渗漏或者其他防止污染环境的措施；不得擅自倾倒、堆放、丢弃、遗撒固体废物。

　　禁止任何单位或者个人向江河、湖泊、运河、渠道、水库及其最高水位线以下的滩地和岸坡等法律、法规规定禁止倾倒、堆放废弃物的地点倾倒、堆放固体废物。

　　第二十条　从事畜禽规模养殖应当按照国家有关规定收集、贮存、利用或者处置养殖过程中产生的畜禽粪便，防止污染环境。

　　禁止在人口集中地区、机场周围、交通干线附近以及当地人民政府划定的区域露天焚烧秸秆。

　　第二十一条　对收集、贮存、运输、处置固体废物的设施、设备和场所，应当加强管理和维护，保证其正常运行和使用。

　　第二十二条　在国务院和国务院有关主管部门及省、自治区、直辖市人民政府划定的自然保护区、风景名胜区、饮用水水源保护区、基本农田保护区和其他需要特别保护的区域内，禁止建设工业固体废物集中贮存、处置的设施、场所和生活垃圾填埋场。

　　第二十四条　禁止中华人民共和国境外的固体废物进境倾倒、堆放、处置。

　　第二十九条　县级以上人民政府有关部门应当制定工业固体废物污染环境防治工作规划，推广能够减少工业固体废物产生量和危害性的先进生产工艺和设备，推动工业固体废物污染环境防治工作。

　　第三十二条　国家实行工业固体废物申报登记制度。

　　产生工业固体废物的单位必须按照国务院环境保护行政主管部门的规定，向所在地县级以上地方人民政府环境保护行政主管部门提供工业固体废物的种类、产生量、流向、贮存、处置等有关资料。

　　第三十三条　企业事业单位应当根据经济、技术条件对其产生的工业固体废物加以利用；对暂时不利用或者不能利用的，必须按照国务院环境保护行政主管部门的规定建设贮存设施、场所，安全分类存放，或者采取无害化处置措施。

第三十八条　县级以上人民政府应当统筹安排建设城乡生活垃圾收集、运输、处置设施，提高生活垃圾的利用率和无害化处置率，促进生活垃圾收集、处置的产业化发展，逐步建立和完善生活垃圾污染环境防治的社会服务体系。

第三十九条　县级以上地方人民政府环境卫生行政主管部门应当组织对城市生活垃圾进行清扫、收集、运输和处置，可以通过招标等方式选择具备条件的单位从事生活垃圾的清扫、收集、运输和处置。

第四十条　对城市生活垃圾应当按照环境卫生行政主管部门的规定，在指定的地点放置，不得随意倾倒、抛撒或者堆放。

第四十一条　清扫、收集、运输、处置城市生活垃圾，应当遵守国家有关环境保护和环境卫生管理的规定，防止污染环境。

第四十二条　对城市生活垃圾应当及时清运，逐步做到分类收集和运输，并积极开展合理利用和实施无害化处置。

第四十六条　工程施工单位应当及时清运工程施工过程中产生的固体废物，并按照环境卫生行政主管部门的规定进行利用或者处置。

第四十七条　从事公共交通运输的经营单位，应当按照国家有关规定，清扫、收集运输过程中产生的生活垃圾。

第四十八条　从事城市新区开发、旧区改建和住宅小区开发建设的单位，以及机场、码头、车站、公园、商店等公共设施、场所的经营管理单位，应当按照国家有关环境卫生的规定，配套建设生活垃圾收集设施。

第五十三条　产生危险废物的单位，必须按照国家有关规定制定危险废物管理计划，并向所在地县级以上地方人民政府环境保护行政主管部门申报危险废物的种类、产生量、流向、贮存、处置等有关资料。

前款所称危险废物管理计划应当包括减少危险废物产生量和危害性的措施以及危险废物贮存、利用、处置措施。危险废物管理计划应当报产生危险废物的单位所在地县级以上地方人民政府环境保护行政主管部门备案。

第五十四条　国务院环境保护行政主管部门会同国务院经济综合宏观调控部门组织编制危险废物集中处置设施、场所的建设规划，报国务院批准后实施。

县级以上地方人民政府应当依据危险废物集中处置设施、场所的建设规划组织建设危险废物集中处置设施、场所。

第五十七条　从事收集、贮存、处置危险废物经营活动的单位，必须向县级以上人民政府环境保护行政主管部门申请领取经营许可证；从事利用危险废物经营活动的单位，必须向国务院环境保护行政主管部门或者省、自治区、直辖市人民政府环境保护行政主管部门申请领取经营许可证。具体管理办法由国务院规定。

禁止无经营许可证或者不按照经营许可证规定从事危险废物收集、贮存、利用、处置的经营活动。

禁止将危险废物提供或者委托给无经营许可证的单位从事收集、贮存、利用、处置的经营活动。

第五十八条　收集、贮存危险废物，必须按照危险废物特性分类进行。禁止混合收集、贮存、运输、处置性质不相容而未经安全性处置的危险废物。

贮存危险废物必须采取符合国家环境保护标准的防护措施，并不得超过一年；确需延长期限的，必须报经原批准经营许可证的环境保护行政主管部门批准；法律、行政法规另有规定的除外。

禁止将危险废物混入非危险废物中贮存。

第六十条 运输危险废物，必须采取防止污染环境的措施，并遵守国家有关危险货物运输管理的规定。

禁止将危险废物与旅客在同一运输工具上载运。

第七十一条 从事畜禽规模养殖未按照国家有关规定收集、贮存、处置畜禽粪便，造成环境污染的，由县级以上地方人民政府环境保护行政主管部门责令限期改正，可以处五万元以下的罚款。

第七十四条 违反本法有关城市生活垃圾污染环境防治的规定，有下列行为之一的，由县级以上地方人民政府环境卫生行政主管部门责令停止违法行为，限期改正，处以罚款：

（一）随意倾倒、抛撒或者堆放生活垃圾的；

（二）擅自关闭、闲置或者拆除生活垃圾处置设施、场所的；

（三）工程施工单位不及时清运施工过程中产生的固体废物，造成环境污染的；

（四）工程施工单位不按照环境卫生行政主管部门的规定对施工过程中产生的固体废物进行利用或者处置的；

（五）在运输过程中沿途丢弃、遗撒生活垃圾的。

单位有前款第一项、第三项、第五项行为之一的，处五千元以上五万元以下的罚款；有前款第二项、第四项行为之一的，处一万元以上十万元以下的罚款。个人有前款第一项、第五项行为之一的，处二百元以下的罚款。

第七十七条 无经营许可证或者不按照经营许可证规定从事收集、贮存、利用、处置危险废物经营活动的，由县级以上人民政府环境保护行政主管部门责令停止违法行为，没收违法所得，可以并处违法所得三倍以下的罚款。

不按照经营许可证规定从事前款活动的，还可以由发证机关吊销经营许可证。

第八十二条 违反本法规定，造成固体废物污染环境事故的，由县级以上人民政府环境保护行政主管部门处二万元以上二十万元以下的罚款；造成重大损失的，按照直接损失的百分之三十计算罚款，但是最高不超过一百万元，对负有责任的主管人员和其他直接责任人员，依法给予行政处分；造成固体废物污染环境重大事故的，并由县级以上人民政府按照国务院规定的权限决定停业或者关闭。

第八十三条 违反本法规定，收集、贮存、利用、处置危险废物，造成重大环境污染事故，构成犯罪的，依法追究刑事责任。

第三篇　国家行政法规、部门规章

第一章　规划土地管理类

城市绿线管理办法（节选）

(2002年9月13日建设部第63次常务会议审议通过，第112号令公布，2002年11月1日起施行)

第二条　本办法所称城市绿线，是指城市各类绿地范围的控制线。

本办法所称城市，是指国家按行政建制设立的直辖市、市、镇。

第四条　国务院建设行政主管部门负责全国城市绿线管理工作。

省、自治区人民政府建设行政主管部门负责本行政区域内的城市绿线管理工作。

城市人民政府规划、园林绿化行政主管部门，按照职责分工负责城市绿线的监督和管理工作。

第六条　控制性详细规划应当提出不同类型用地的界线、规定绿化率控制指标和绿化用地界线的具体坐标。

第七条　修建性详细规划应当根据控制性详细规划，明确绿地布局，提出绿化配置的原则或者方案，划定绿地界线。

第十条　城市绿线范围内的公共绿地、防护绿地、生产绿地、居住区绿地、单位附属绿地、道路绿地、风景林地等，必须按照《城市用地分类与规划建设用地标准》、《公园设计规范》等标准，进行绿地建设。

第十一条第一款　城市绿线内的用地，不得改作他用，不得违反法律法规、强制性标准以及批准的规划进行开发建设。

第十二条第一款　任何单位和个人不得在城市绿地范围内进行拦河截溪、取土采石、设置垃圾堆场、排放污水以及其他对生态环境构成破坏的活动。

第十三条　居住区绿化、单位绿化及各类建设项目的配套绿化都要达到《城市绿化规划建设指标的规定》的标准。

各类建设工程要与其配套的绿化工程同步设计，同步施工，同步验收。达不到规定标准的，不得投入使用。

第十六条　违反本办法规定，擅自改变城市绿线内土地用途、占用或者破坏城市绿地的，由城市规划、园林绿化行政主管部门，按照《城市规划法》、《城市绿化条例》的有关规定处罚。

第十七条　违反本办法规定，在城市绿地范围内进行拦河截溪、取土采石、设置垃圾堆场、排放污水以及其他对城市生态环境造成破坏活动的，由城市园林绿化行政主管部门责令改正，并处一万元以上三万元以下的罚款。

第十八条　违反本办法规定，在已经划定的城市绿线范围内违反规定审批建设项目的，对有关责任人员由有关机关给予行政处分；构成犯罪的，依法追究刑事责任。

历史文化名城名镇名村保护条例（节选）

（2008年4月2日国务院第3次常务会议通过，2008年4月22日中华人民共和国国务院第524号令公布，自2008年7月1日起施行）

第三条　历史文化名城、名镇、名村的保护应当遵循科学规划、严格保护的原则，保持和延续其传统格局和历史风貌，维护历史文化遗产的真实性和完整性，继承和弘扬中华民族优秀传统文化，正确处理经济社会发展和历史文化遗产保护的关系。

第五条　国务院建设主管部门会同国务院文物主管部门负责全国历史文化名城、名镇、名村的保护和监督管理工作。

地方各级人民政府负责本行政区域历史文化名城、名镇、名村的保护和监督管理工作。

第七条　具备下列条件的城市、镇、村庄，可以申报历史文化名城、名镇、名村：

（一）保存文物特别丰富；

（二）历史建筑集中成片；

（三）保留着传统格局和历史风貌；

（四）历史上曾经作为政治、经济、文化、交通中心或者军事要地，或者发生过重要历史事件，或者其传统产业、历史上建设的重大工程对本地区的发展产生过重要影响，或者能够集中反映本地区建筑的文化特色、民族特色。

申报历史文化名城的，在所申报的历史文化名城保护范围内还应当有2个以上的历史文化街区。

第十一条　国务院建设主管部门会同国务院文物主管部门可以在已批准公布的历史文化名镇、名村中，严格按照国家有关评价标准，选择具有重大历史、艺术、科学价值的历史文化名镇、名村，经专家论证，确定为中国历史文化名镇、名村。

第十二条　已批准公布的历史文化名城、名镇、名村，因保护不力使其历史文化价值受到严重影响的，批准机关应当将其列入濒危名单，予以公布，并责成所在地城市、县人民政府限期采取补救措施，防止情况继续恶化，并完善保护制度，加强保护工作。

第十三条第一款　历史文化名城批准公布后，历史文化名城人民政府应当组织编制历史文化名城保护规划。

第十四条　保护规划应当包括下列内容：

（一）保护原则、保护内容和保护范围；

（二）保护措施、开发强度和建设控制要求；

（三）传统格局和历史风貌保护要求；

（四）历史文化街区、名镇、名村的核心保护范围和建设控制地带；

（五）保护规划分期实施方案。

第二十一条　历史文化名城、名镇、名村应当整体保护，保持传统格局、历史风貌和空间尺度，不得改变与其相互依存的自然景观和环境。

第二十四条　在历史文化名城、名镇、名村保护范围内禁止进行下列活动：

（一）开山、采石、开矿等破坏传统格局和历史风貌的活动；

（二）占用保护规划确定保留的园林绿地、河湖水系、道路等；

（三）修建生产、储存爆炸性、易燃性、放射性、毒害性、腐蚀性物品的工厂、仓库等；

（四）在历史建筑上刻划、涂污。

第二十五条　在历史文化名城、名镇、名村保护范围内进行下列活动，应当保护其传统格局、历史风貌和历史建筑；制订保护方案，经城市、县人民政府城乡规划主管部门会同同级文物主管部门批准，并依照有关法律、法规的规定办理相关手续：

（一）改变园林绿地、河湖水系等自然状态的活动；

（二）在核心保护范围内进行影视摄制、举办大型群众性活动；

（三）其他影响传统格局、历史风貌或者历史建筑的活动。

第二十七条　对历史文化街区、名镇、名村核心保护范围内的建筑物、构筑物，应当区分不同情况，采取相应措施，实行分类保护。

历史文化街区、名镇、名村核心保护范围内的历史建筑，应当保持原有的高度、体量、外观形象及色彩等。

第二十八条第一款　在历史文化街区、名镇、名村核心保护范围内，不得进行新建、扩建活动。但是，新建、扩建必要的基础设施和公共服务设施除外。

第三十三条　历史建筑的所有权人应当按照保护规划的要求，负责历史建筑的维护和修缮。

县级以上地方人民政府可以从保护资金中对历史建筑的维护和修缮给予补助。

历史建筑有损毁危险，所有权人不具备维护和修缮能力的，当地人民政府应当采取措施进行保护。

任何单位或者个人不得损坏或者擅自迁移、拆除历史建筑。

第三十五条　对历史建筑进行外部修缮装饰、添加设施以及改变历史建筑的结构或者使用性质的，应当经城市、县人民政府城乡规划主管部门会同同级文物主管部门批准，并依照有关法律、法规的规定办理相关手续。

国有土地上房屋征收与补偿条例（节选）

（2011年1月19日国务院第141次常务会议通过，2011年1月21日中华人民共和国国务院第590号令公布，自公布之日起施行；2001年6月13日国务院公布的《城市房屋拆迁管理条例》同时废止）

第二条　为了公共利益的需要，征收国有土地上单位、个人的房屋，应当对被征收房屋所有权人（以下称被征收人）给予公平补偿。

第三条　房屋征收与补偿应当遵循决策民主、程序正当、结果公开的原则。

第四条 市、县级人民政府负责本行政区域的房屋征收与补偿工作。

市、县级人民政府确定的房屋征收部门（以下称房屋征收部门）组织实施本行政区域的房屋征收与补偿工作。

市、县级人民政府有关部门应当依照本条例的规定和本级人民政府规定的职责分工，互相配合，保障房屋征收与补偿工作的顺利进行。

第八条 为了保障国家安全、促进国民经济和社会发展等公共利益的需要，有下列情形之一，确需征收房屋的，由市、县级人民政府作出房屋征收决定：

（一）国防和外交的需要；

（二）由政府组织实施的能源、交通、水利等基础设施建设的需要；

（三）由政府组织实施的科技、教育、文化、卫生、体育、环境和资源保护、防灾减灾、文物保护、社会福利、市政公用等公共事业的需要；

（四）由政府组织实施的保障性安居工程建设的需要；

（五）由政府依照城乡规划法有关规定组织实施的对危房集中、基础设施落后等地段进行旧城区改建的需要；

（六）法律、行政法规规定的其他公共利益的需要。

第十六条 房屋征收范围确定后，不得在房屋征收范围内实施新建、扩建、改建房屋和改变房屋用途等不当增加补偿费用的行为；违反规定实施的，不予补偿。

房屋征收部门应当将前款所列事项书面通知有关部门暂停办理相关手续。暂停办理相关手续的书面通知应当载明暂停期限。暂停期限最长不得超过1年。

第十七条 作出房屋征收决定的市、县级人民政府对被征收人给予的补偿包括：

（一）被征收房屋价值的补偿；

（二）因征收房屋造成的搬迁、临时安置的补偿；

（三）因征收房屋造成的停产停业损失的补偿。

市、县级人民政府应当制定补助和奖励办法，对被征收人给予补助和奖励。

第十九条 对被征收房屋价值的补偿，不得低于房屋征收决定公告之日被征收房屋类似房地产的市场价格。被征收房屋的价值，由具有相应资质的房地产价格评估机构按照房屋征收评估办法评估确定。

对评估确定的被征收房屋价值有异议的，可以向房地产价格评估机构申请复核评估。对复核结果有异议的，可以向房地产价格评估专家委员会申请鉴定。

房屋征收评估办法由国务院住房城乡建设主管部门制定，制定过程中，应当向社会公开征求意见。

第二十一条第一款 被征收人可以选择货币补偿，也可以选择房屋产权调换。

第二十二条 因征收房屋造成搬迁的，房屋征收部门应当向被征收人支付搬迁费；选择房屋产权调换的，产权调换房屋交付前，房屋征收部门应当向被征收人支付临时安置费或者提供周转用房。

第二十三条 对因征收房屋造成停产停业损失的补偿，根据房屋被征收前的效益、停产停业期限等因素确定。具体办法由省、自治区、直辖市制定。

第二十五条 房屋征收部门与被征收人依照本条例的规定，就补偿方式、补偿金额和支付期限、用于产权调换房屋的地点和面积、搬迁费、临时安置费或者周转用房、停产停业损失、搬迁期限、过渡方式和过渡期限等事项，订立补偿协议。

补偿协议订立后，一方当事人不履行补偿协议约定的义务的，另一方当事人可以依法提起诉讼。

第二十六条 房屋征收部门与被征收人在征收补偿方案确定的签约期限内达不成补偿协议，或者被征收房屋所有权人不明确的，由房屋征收部门报请作出房屋征收决定的市、县级人民政府依照本条例的规定，按照征收补偿方案作出补偿决定，并在房屋征收范围内予以公告。

补偿决定应当公平，包括本条例第二十五条第一款规定的有关补偿协议的事项。

被征收人对补偿决定不服的，可以依法申请行政复议，也可以依法提起行政诉讼。

第二十七条 实施房屋征收应当先补偿、后搬迁。

作出房屋征收决定的市、县级人民政府对被征收人给予补偿后，被征收人应当在补偿协议约定或者补偿决定确定的搬迁期限内完成搬迁。

任何单位和个人不得采取暴力、威胁或者违反规定中断供水、供热、供气、供电和道路通行等非法方式迫使被征收人搬迁。禁止建设单位参与搬迁活动。

第二章　住房建设管理类

中华人民共和国招标投标法实施条例（节选）

（2011年11月30日国务院第183次常务会议通过，2011年12月20日中华人民共和国国务院第613号令公布，自2012年2月1日起施行）

第二条 招标投标法第三条所称工程建设项目，是指工程以及与工程建设有关的货物、服务。

前款所称工程，是指建设工程，包括建筑物和构筑物的新建、改建、扩建及其相关的装修、拆除、修缮等；所称与工程建设有关的货物，是指构成工程不可分割的组成部分，且为实现工程基本功能所必需的设备、材料等；所称与工程建设有关的服务，是指为完成工程所需的勘察、设计、监理等服务。

第四条第二款 县级以上地方人民政府发展改革部门指导和协调本行政区域的招标投标工作。县级以上地方人民政府有关部门按照规定的职责分工，对招标投标活动实施监督，依法查处招标投标活动中的违法行为。县级以上地方人民政府对其所属部门有关招标投标活动的监督职责分工另有规定的，从其规定。

第五条第一款 设区的市级以上地方人民政府可以根据实际需要，建立统一规范的招标投标交易场所，为招标投标活动提供服务。招标投标交易场所不得与行政监督部门存在隶属关系，不得以营利为目的。

第六条 禁止国家工作人员以任何方式非法干涉招标投标活动。

第七条 按照国家有关规定需要履行项目审批、核准手续的依法必须进行招标的项目，其招标范围、招标方式、招标组织形式应当报项目审批、核准部门审批、核准。项目审批、核准部门应当及时将审批、核准确定的招标范围、招标方式、招标组织形式通报有关行政监督部门。

第八条 国有资金占控股或者主导地位的依法必须进行招标的项目，应当公开招标；但有下列情形之一的，可以邀请招标：

（一）技术复杂、有特殊要求或者受自然环境限制，只有少量潜在投标人可供选择；

（二）采用公开招标方式的费用占项目合同金额的比例过大。

有前款第二项所列情形，属于本条例第七条规定的项目，由项目审批、核准部门在审批、核准项目时作出认定；其他项目由招标人申请有关行政监督部门作出认定。

第九条 除招标投标法第六十六条规定的可以不进行招标的特殊情况外，有下列情形之一的，可以不进行招标：

（一）需要采用不可替代的专利或者专有技术；

（二）采购人依法能够自行建设、生产或者提供；

（三）已通过招标方式选定的特许经营项目投资人依法能够自行建设、生产或者提供；

（四）需要向原中标人采购工程、货物或者服务，否则将影响施工或者功能配套要求；

（五）国家规定的其他特殊情形。

招标人为适用前款规定弄虚作假的，属于招标投标法第四条规定的规避招标。

第十一条第二款 国务院住房城乡建设、商务、发展改革、工业和信息化等部门，按照规定的职责分工对招标代理机构依法实施监督管理。

第十三条 招标代理机构在其资格许可和招标人委托的范围内开展招标代理业务，任何单位和个人不得非法干涉。

招标代理机构代理招标业务，应当遵守招标投标法和本条例关于招标人的规定。招标代理机构不得在所代理的招标项目中投标或者代理投标，也不得为所代理的招标项目的投标人提供咨询。

招标代理机构不得涂改、出租、出借、转让资格证书。

第二十三条 招标人编制的资格预审文件、招标文件的内容违反法律、行政法规的强制性规定，违反公开、公平、公正和诚实信用原则，影响资格预审结果或者潜在投标人投标的，依法必须进行招标的项目的招标人应当在修改资格预审文件或者招标文件后重新招标。

第二十四条 招标人对招标项目划分标段的，应当遵守招标投标法的有关规定，不得利用划分标段限制或者排斥潜在投标人。依法必须进行招标的项目的招标人不得利用划分标段规避招标。

第二十六条第一第三款 招标人在招标文件中要求投标人提交投标保证金的，投标保证金不得超过招标项目估算价的 2%。投标保证金有效期应当与投标有效期一致。

招标人不得挪用投标保证金。

第二十七条第二款 接受委托编制标底的中介机构不得参加受托编制标底项目的投标，也不得为该项目的投标人编制投标文件或者提供咨询。

第二十八条 招标人不得组织单个或者部分潜在投标人踏勘项目现场。

第三十二条 招标人不得以不合理的条件限制、排斥潜在投标人或者投标人。

招标人有下列行为之一的，属于以不合理条件限制、排斥潜在投标人或者投标人：

（一）就同一招标项目向潜在投标人或者投标人提供有差别的项目信息；

（二）设定的资格、技术、商务条件与招标项目的具体特点和实际需要不相适应或者与合同履行无关；

（三）依法必须进行招标的项目以特定行政区域或者特定行业的业绩、奖项作为加分条件或者中标条件；

（四）对潜在投标人或者投标人采取不同的资格审查或者评标标准；

（五）限定或者指定特定的专利、商标、品牌、原产地或者供应商；

（六）依法必须进行招标的项目非法限定潜在投标人或者投标人的所有制形式或者组织形式；

（七）以其他不合理条件限制、排斥潜在投标人或者投标人。

第三十三条　投标人参加依法必须进行招标的项目的投标，不受地区或者部门的限制，任何单位和个人不得非法干涉。

第三十四条　与招标人存在利害关系可能影响招标公正性的法人、其他组织或者个人，不得参加投标。

单位负责人为同一人或者存在控股、管理关系的不同单位，不得参加同一标段投标或者未划分标段的同一招标项目投标。

违反前两款规定的，相关投标均无效。

第三十六条　未通过资格预审的申请人提交的投标文件，以及逾期送达或者不按照招标文件要求密封的投标文件，招标人应当拒收。

招标人应当如实记载投标文件的送达时间和密封情况，并存档备查。

第三十九条　禁止投标人相互串通投标。

有下列情形之一的，属于投标人相互串通投标：

（一）投标人之间协商投标报价等投标文件的实质性内容；

（二）投标人之间约定中标人；

（三）投标人之间约定部分投标人放弃投标或者中标；

（四）属于同一集团、协会、商会等组织成员的投标人按照该组织要求协同投标；

（五）投标人之间为谋取中标或者排斥特定投标人而采取的其他联合行动。

第四十一条　禁止招标人与投标人串通投标。

有下列情形之一的，属于招标人与投标人串通投标：

（一）招标人在开标前开启投标文件并将有关信息泄露给其他投标人；

（二）招标人直接或者间接向投标人泄露标底、评标委员会成员等信息；

（三）招标人明示或者暗示投标人压低或者抬高投标报价；

（四）招标人授意投标人撤换、修改投标文件；

（五）招标人明示或者暗示投标人为特定投标人中标提供方便；

（六）招标人与投标人为谋求特定投标人中标而采取的其他串通行为。

第四十四条　招标人应当按照招标文件规定的时间、地点开标。

投标人少于3个的，不得开标；招标人应当重新招标。

投标人对开标有异议的，应当在开标现场提出，招标人应当当场作出答复，并制作记录。

第四十六条 除招标投标法第三十七条第三款规定的特殊招标项目外，依法必须进行招标的项目，其评标委员会的专家成员应当从评标专家库内相关专业的专家名单中以随机抽取方式确定。任何单位和个人不得以明示、暗示等任何方式指定或者变相指定参加评标委员会的专家成员。

依法必须进行招标的项目的招标人非因招标投标法和本条例规定的事由，不得更换依法确定的评标委员会成员。更换评标委员会的专家成员应当依照前款规定进行。

评标委员会成员与投标人有利害关系的，应当主动回避。

有关行政监督部门应当按照规定的职责分工，对评标委员会成员的确定方式、评标专家的抽取和评标活动进行监督。行政监督部门的工作人员不得担任本部门负责监督项目的评标委员会成员。

第四十九条 评标委员会成员应当依照招标投标法和本条例的规定，按照招标文件规定的评标标准和方法，客观、公正地对投标文件提出评审意见。招标文件没有规定的评标标准和方法不得作为评标的依据。

评标委员会成员不得私下接触投标人，不得收受投标人给予的财物或者其他好处，不得向招标人征询确定中标人的意向，不得接受任何单位或者个人明示或者暗示提出的倾向或者排斥特定投标人的要求，不得有其他不客观、不公正履行职务的行为。

建筑工程施工许可管理办法（节选）

（1999 年 10 月 15 日建设部第 71 号令发布，2001 年 7 月 4 日建设部第 91 号令修正的《建筑工程施工许可管理办法》同时废止；2014 年 6 月 25 日住房和城乡建设部第 18 号令公布，自 2014 年 10 月 25 日起施行）

第二条 在中华人民共和国境内从事各类房屋建筑及其附属设施的建造、装修装饰和与其配套的线路、管道、设备的安装，以及城镇市政基础设施工程的施工，建设单位在开工前应当依照本办法的规定，向工程所在地的县级以上地方人民政府住房城乡建设主管部门（以下简称发证机关）申请领取施工许可证。

工程投资额在 30 万元以下或者建筑面积在 300 平方米以下的建筑工程，可以不申请办理施工许可证。省、自治区、直辖市人民政府住房城乡建设主管部门可以根据当地的实际情况，对限额进行调整，并报国务院住房城乡建设主管部门备案。

按照国务院规定的权限和程序批准开工报告的建筑工程，不再领取施工许可证。

第三条 本办法规定应当申请领取施工许可证的建筑工程未取得施工许可证的，一律不得开工。

任何单位和个人不得将应当申请领取施工许可证的工程项目分解为若干限额以下的工程项目，规避申请领取施工许可证。

第四条 建设单位申请领取施工许可证，应当具备下列条件，并提交相应的证明文件：

（一）依法应当办理用地批准手续的，已经办理该建筑工程用地批准手续。

（二）在城市、镇规划区的建筑工程，已经取得建设工程规划许可证。

（三）施工场地已经基本具备施工条件，需要征收房屋的，其进度符合施工要求。

（四）已经确定施工企业。按照规定应当招标的工程没有招标，应当公开招标的工程没有公开招标，或者肢解发包工程，以及将工程发包给不具备相应资质条件的企业的，所确定的施工企业无效。

（五）有满足施工需要的技术资料，施工图设计文件已按规定审查合格。

（六）有保证工程质量和安全的具体措施。施工企业编制的施工组织设计中有根据建筑工程特点制定的相应质量、安全技术措施。建立工程质量安全责任制并落实到人。专业性较强的工程项目编制了专项质量、安全施工组织设计，并按照规定办理了工程质量、安全监督手续。

（七）按照规定应当委托监理的工程已委托监理。

（八）建设资金已经落实。建设工期不足一年的，到位资金原则上不得少于工程合同价的 50％，建设工期超过一年的，到位资金原则上不得少于工程合同价的 30％。建设单位应当提供本单位截至申请之日无拖欠工程款情形的承诺书或者能够表明其无拖欠工程款情形的其他材料，以及银行出具的到位资金证明，有条件的可以实行银行付款保函或者其他第三方担保。

（九）法律、行政法规规定的其他条件。

县级以上地方人民政府住房城乡建设主管部门不得违反法律法规规定，增设办理施工许可证的其他条件。

第八条　建设单位应当自领取施工许可证之日起三个月内开工。因故不能按期开工的，应当在期满前向发证机关申请延期，并说明理由；延期以两次为限，每次不超过三个月。既不开工又不申请延期或者超过延期次数、时限的，施工许可证自行废止。

第十一条　发证机关应当建立颁发施工许可证后的监督检查制度，对取得施工许可证后条件发生变化、延期开工、中止施工等行为进行监督检查，发现违法违规行为及时处理。

第十二条　对于未取得施工许可证或者为规避办理施工许可证将工程项目分解后擅自施工的，由有管辖权的发证机关责令停止施工，限期改正，对建设单位处工程合同价款 1％以上 2％以下罚款；对施工单位处 3 万元以下罚款。

第十三条　建设单位采用欺骗、贿赂等不正当手段取得施工许可证的，由原发证机关撤销施工许可证，责令停止施工，并处 1 万元以上 3 万元以下罚款；构成犯罪的，依法追究刑事责任。

第十四条　建设单位隐瞒有关情况或者提供虚假材料申请施工许可证的，发证机关不予受理或者不予许可，并处 1 万元以上 3 万元以下罚款；构成犯罪的，依法追究刑事责任。

建设单位伪造或者涂改施工许可证的，由发证机关责令停止施工，并处 1 万元以上 3 万元以下罚款；构成犯罪的，依法追究刑事责任。

第十五条　依照本办法规定，给予单位罚款处罚的，对单位直接负责的主管人员和其他直接责任人员处单位罚款数额 5％以上 10％以下罚款。

单位及相关责任人受到处罚的，作为不良行为记录予以通报。

建设工程安全生产管理条例（节选）

（2003 年 11 月 12 日国务院第 28 次常务会议通过，2003 年 11 月 24 日中华人民共和国国务院第 393 号令公布，自 2004 年 2 月 1 日起施行）

第二条　在中华人民共和国境内从事建设工程的新建、扩建、改建和拆除等有关活动及实施对建设工程安全生产的监督管理，必须遵守本条例。

本条例所称建设工程，是指土木工程、建筑工程、线路管道和设备安装工程及装修工程。

第三条　建设工程安全生产管理，坚持安全第一、预防为主的方针。

第四条　建设单位、勘察单位、设计单位、施工单位、工程监理单位及其他与建设工程安全生产有关的单位，必须遵守安全生产法律、法规的规定，保证建设工程安全生产，依法承担建设工程安全生产责任。

第七条　建设单位不得对勘察、设计、施工、工程监理等单位提出不符合建设工程安全生产法律、法规和强制性标准规定的要求，不得压缩合同约定的工期。

第八条　建设单位在编制工程概算时，应当确定建设工程安全作业环境及安全施工措施所需费用。

第九条　建设单位不得明示或者暗示施工单位购买、租赁、使用不符合安全施工要求的安全防护用具、机械设备、施工机具及配件、消防设施和器材。

第十二条　勘察单位应当按照法律、法规和工程建设强制性标准进行勘察，提供的勘察文件应当真实、准确，满足建设工程安全生产的需要。

勘察单位在勘察作业时，应当严格执行操作规程，采取措施保证各类管线、设施和周边建筑物、构筑物的安全。

第十三条第一款　设计单位应当按照法律、法规和工程建设强制性标准进行设计，防止因设计不合理导致生产安全事故的发生。

第十四条第一款　工程监理单位应当审查施工组织设计中的安全技术措施或者专项施工方案是否符合工程建设强制性标准。

第二十条　施工单位从事建设工程的新建、扩建、改建和拆除等活动，应当具备国家规定的注册资本、专业技术人员、技术装备和安全生产等条件，依法取得相应等级的资质证书，并在其资质等级许可的范围内承揽工程。

第二十二条　施工单位对列入建设工程概算的安全作业环境及安全施工措施所需费用，应当用于施工安全防护用具及设施的采购和更新、安全施工措施的落实、安全生产条件的改善，不得挪作他用。

第二十三条第一款　施工单位应当设立安全生产管理机构，配备专职安全生产管理人员。

第二十四条第一款　建设工程实行施工总承包的，由总承包单位对施工现场的安全生产负总责。

第二十六条 施工单位应当在施工组织设计中编制安全技术措施和施工现场临时用电方案，对下列达到一定规模的危险性较大的分部分项工程编制专项施工方案，并附具安全验算结果，经施工单位技术负责人、总监理工程师签字后实施，由专职安全生产管理人员进行现场监督：

（一）基坑支护与降水工程；

（二）土方开挖工程；

（三）模板工程；

（四）起重吊装工程；

（五）脚手架工程；

（六）拆除、爆破工程；

（七）国务院建设行政主管部门或者其他有关部门规定的其他危险性较大的工程。

对前款所列工程中涉及深基坑、地下暗挖工程、高大模板工程的专项施工方案，施工单位还应当组织专家进行论证、审查。

第二十七条 建设工程施工前，施工单位负责项目管理的技术人员应当对有关安全施工的技术要求向施工作业班组、作业人员作出详细说明，并由双方签字确认。

第三十六条 施工单位的主要负责人、项目负责人、专职安全生产管理人员应当经建设行政主管部门或者其他有关部门考核合格后方可任职。

施工单位应当对管理人员和作业人员每年至少进行一次安全生产教育培训，其教育培训情况记入个人工作档案。安全生产教育培训考核不合格的人员，不得上岗。

第三十八条第一款 施工单位应当为施工现场从事危险作业的人员办理意外伤害保险。

第四十二条 建设行政主管部门在审核发放施工许可证时，应当对建设工程是否有安全施工措施进行审查，对没有安全施工措施的，不得颁发施工许可证。

建设行政主管部门或者其他有关部门对建设工程是否有安全施工措施进行审查时，不得收取费用。

第四十三条 县级以上人民政府负有建设工程安全生产监督管理职责的部门在各自的职责范围内履行安全监督检查职责时，有权采取下列措施：

（一）要求被检查单位提供有关建设工程安全生产的文件和资料；

（二）进入被检查单位施工现场进行检查；

（三）纠正施工中违反安全生产要求的行为；

（四）对检查中发现的安全事故隐患，责令立即排除；重大安全事故隐患排除前或者排除过程中无法保证安全的，责令从危险区域内撤出作业人员或者暂时停止施工。

第四十九条 施工单位应当根据建设工程施工的特点、范围，对施工现场易发生重大事故的部位、环节进行监控，制定施工现场生产安全事故应急救援预案。实行施工总承包的，由总承包单位统一组织编制建设工程生产安全事故应急救援预案，工程总承包单位和分包单位按照应急救援预案，各自建立应急救援组织或者配备应急救援人员，配备救援器材、设备，并定期组织演练。

第五十条 施工单位发生生产安全事故，应当按照国家有关伤亡事故报告和调查处理的规定，及时、如实地向负责安全生产监督管理的部门、建设行政主管部门或者其他有关部门报告；特种设备发生事故的，还应当同时向特种设备安全监督管理部门报告。接到报告的部门应当按照国家有关规定，如实上报。

实行施工总承包的建设工程，由总承包单位负责上报事故。

第五十三至六十八条 违反本条例的规定，监管、建设、施工、监理及其他相关单位或责任主体、担责个人，将被处以警告、降级、降职、撤职、撤销资质或罚款，直至追究刑事责任。（具体见本条例相关条款）

物业管理条例（节选）

（本条例由国务院于2007年8月26日发布，自2007年10月1是起施行。2016年1月13日修订）

第二条 本条例所称物业管理，是指业主通过选聘物业管理企业，由业主和物业管理企业按照物业服务合同约定，对房屋及配套的设施设备和相关场地进行维修、养护、管理，维护相关区域内的环境卫生和秩序的活动。

第五条 国务院建设行政主管部门负责全国物业管理活动的监督管理工作。

县级以上地方人民政府房地产行政主管部门负责本行政区域内物业管理活动的监督管理工作。

第六条 房屋的所有权人为业主。

业主在物业管理活动中，享有下列权利：

（一）按照物业服务合同的约定，接受物业管理企业提供的服务；

（二）提议召开业主大会会议，并就物业管理的有关事项提出建议；

（三）提出制定和修改业主公约、业主大会议事规则的建议；

（四）参加业主大会会议，行使投票权；

（五）选举业主委员会委员，并享有被选举权；

（六）监督业主委员会的工作；

（七）监督物业管理企业履行物业服务合同；

（八）对物业共用部位、共用设施设备和相关场地使用情况享有知情权和监督权；

（九）监督物业共用部位、共用设施设备专项维修资金（以下简称专项维修资金）的管理和使用；

（十）法律、法规规定的其他权利。

第七条 业主在物业管理活动中，履行下列义务：

（一）遵守业主公约、业主大会议事规则；

（二）遵守物业管理区域内物业共用部位和共用设施设备的使用、公共秩序和环境卫生的维护等方面的规章制度；

（三）执行业主大会的决定和业主大会授权业主委员会作出的决定；

（四）按照国家有关规定交纳专项维修资金；

（五）按时交纳物业服务费用；

（六）法律、法规规定的其他义务。

第八条　物业管理区域内全体业主组成业主大会。

业主大会应当代表和维护物业管理区域内全体业主在物业管理活动中的合法权益。

第十一条　业主大会履行下列职责：

（一）制定、修改业主公约和业主大会议事规则；

（二）选举、更换业主委员会委员，监督业主委员会的工作；

（三）选聘、解聘物业管理企业；

（四）决定专项维修资金使用、续筹方案，并监督实施；

（五）制定、修改物业管理区域内物业共用部位和共用设施设备的使用、公共秩序和环境卫生的维护等方面的规章制度；

（六）法律、法规或者业主大会议事规则规定的其他有关物业管理的职责。

第十五条　业主委员会是业主大会的执行机构，履行下列职责：

（一）召集业主大会会议，报告物业管理的实施情况；

（二）代表业主与业主大会选聘的物业管理企业签订物业服务合同；

（三）及时了解业主、物业使用人的意见和建议，监督和协助物业管理企业履行物业服务合同；

（四）监督业主公约的实施；

（五）业主大会赋予的其他职责。

第三十二条　从事物业管理活动的企业应当具有独立的法人资格。

国家对从事物业管理活动的企业实行资质管理制度。具体办法由国务院建设行政主管部门制定。

第三十五条　业主委员会应当与业主大会选聘的物业管理企业订立书面的物业服务合同。

物业服务合同应当对物业管理事项、服务质量、服务费用、双方的权利义务、专项维修资金的管理与使用、物业管理用房、合同期限、违约责任等内容进行约定。

第三十六条　物业管理企业应当按照物业服务合同的约定，提供相应的服务。

物业管理企业未能履行物业服务合同的约定，导致业主人身、财产安全受到损害的，应当依法承担相应的法律责任。

第三十八条　物业管理用房的所有权依法属于业主。未经业主大会同意，物业管理企业不得改变物业管理用房的用途。

第四十一条　物业服务收费应当遵循合理、公开以及费用与服务水平相适应的原则，区别不同物业的性质和特点，由业主和物业管理企业按照国务院价格主管部门会同国务院建设行政主管部门制定的物业服务收费办法，在物业服务合同中约定。

第四十六条　对物业管理区域内违反有关治安、环保、物业装饰装修和使用等方面法律、法规规定的行为，物业管理企业应当制止，并及时向有关行政管理部门报告。

有关行政管理部门在接到物业管理企业的报告后，应当依法对违法行为予以制止或者依法处理。

第四十七条　物业管理企业应当协助做好物业管理区域内的安全防范工作。发生安全事故时，物业管理企业在采取应急措施的同时，应当及时向有关行政管理部门报告，协助做好救助工作。

物业管理企业雇请保安人员的，应当遵守国家有关规定。保安人员在维护物业管理区域内的公共秩序时，应当履行职责，不得侵害公民的合法权益。

第五十条 物业管理区域内按照规划建设的公共建筑和共用设施，不得改变用途。

业主依法确需改变公共建筑和共用设施用途的，应当在依法办理有关手续后告知物业管理企业；物业管理企业确需改变公共建筑和共用设施用途的，应当提请业主大会讨论决定同意后，由业主依法办理有关手续。

第五十一条 业主、物业管理企业不得擅自占用、挖掘物业管理区域内的道路、场地，损害业主的共同利益。

因维修物业或者公共利益，业主确需临时占用、挖掘道路、场地的，应当征得业主委员会和物业管理企业的同意；物业管理企业确需临时占用、挖掘道路、场地的，应当征得业主委员会的同意。

业主、物业管理企业应当将临时占用、挖掘的道路、场地，在约定期限内恢复原状。

第五十五条 利用物业共用部位、共用设施设备进行经营的，应当在征得相关业主、业主大会、物业管理企业的同意后，按照规定办理有关手续。业主所得收益应当主要用于补充专项维修资金，也可以按照业主大会的决定使用。

第五十六条 物业存在安全隐患，危及公共利益及他人合法权益时，责任人应当及时维修养护，有关业主应当给予配合。

责任人不履行维修养护义务的，经业主大会同意，可以由物业管理企业维修养护，费用由责任人承担。

第五十七条 违反本条例的规定，住宅物业的建设单位未通过招投标的方式选聘物业管理企业或者未经批准，擅自采用协议方式选聘物业管理企业的，由县级以上地方人民政府房地产行政主管部门责令限期改正，给予警告，可以并处 10 万元以下的罚款。

第六十六条 违反本条例的规定，有下列行为之一的，由县级以上地方人民政府房地产行政主管部门责令限期改正，给予警告，并按照本条第二款的规定处以罚款；所得收益，用于物业管理区域内物业共用部位、共用设施设备的维修、养护，剩余部分按照业主大会的决定使用：

（一）擅自改变物业管理区域内按照规划建设的公共建筑和共用设施用途的；

（二）擅自占用、挖掘物业管理区域内道路、场地，损害业主共同利益的；

（三）擅自利用物业共用部位、共用设施设备进行经营的。

个人有前款规定行为之一的，处 1000 元以上 1 万元以下的罚款；单位有前款规定行为之一的，处 5 万元以上 20 万元以下的罚款。

第六十七条 违反物业服务合同约定，业主逾期不交纳物业服务费用的，业主委员会应当督促其限期交纳；逾期仍不交纳的，物业管理企业可以向人民法院起诉。

公共租赁住房管理办法（节选）

（2012 年 5 月 28 日住房和城乡建设部第 11 号令公布，自 2012 年 7 月 15 日起施行）

第三条 本办法所称公共租赁住房，是指限定建设标准和租金水平，面向符合规定条件的城镇中等偏下收入住房困难家庭、新就业无房职工和在城镇稳定就业的外来务工人员出租的保障性住房。

公共租赁住房通过新建、改建、收购、长期租赁等多种方式筹集，可以由政府投资，也可以由政府提供政策支持、社会力量投资。

公共租赁住房可以是成套住房，也可以是宿舍型住房。

第四条　国务院住房和城乡建设主管部门负责全国公共租赁住房的指导和监督工作。

县级以上地方人民政府住房城乡建设（住房保障）主管部门负责本行政区域内的公共租赁住房管理工作。

第七条　申请公共租赁住房，应当符合以下条件：

（一）在本地无住房或者住房面积低于规定标准；

（二）收入、财产低于规定标准；

（三）申请人为外来务工人员的，在本地稳定就业达到规定年限。

具体条件由直辖市和市、县级人民政府住房保障主管部门根据本地区实际情况确定，报本级人民政府批准后实施并向社会公布。

第十条　对登记为轮候对象的申请人，应当在轮候期内安排公共租赁住房。

直辖市和市、县级人民政府住房保障主管部门应当根据本地区经济发展水平和公共租赁住房需求，合理确定公共租赁住房轮候期，报本级人民政府批准后实施并向社会公布。轮候期一般不超过 5 年。

第十一条　公共租赁住房房源确定后，市、县级人民政府住房保障主管部门应当制定配租方案并向社会公布。

配租方案应当包括房源的位置、数量、户型、面积，租金标准，供应对象范围，意向登记时限等内容。

企事业单位投资的公共租赁住房的供应对象范围，可以规定为本单位职工。

第十三条　对复审通过的轮候对象，市、县级人民政府住房保障主管部门可以采取综合评分、随机摇号等方式，确定配租对象与配租排序。

综合评分办法、摇号方式及评分、摇号的过程和结果应当向社会公开。

第十九条　市、县级人民政府住房保障主管部门应当会同有关部门，按照略低于同地段住房市场租金水平的原则，确定本地区的公共租赁住房租金标准，报本级人民政府批准后实施。

公共租赁住房租金标准应当向社会公布，并定期调整。

第二十五条　公共租赁住房的所有权人及其委托的运营单位不得改变公共租赁住房的保障性住房性质、用途及其配套设施的规划用途。

第二十七条　承租人有下列行为之一的，应当退回公共租赁住房：

（一）转借、转租或者擅自调换所承租公共租赁住房的；

（二）改变所承租公共租赁住房用途的；

（三）破坏或者擅自装修所承租公共租赁住房，拒不恢复原状的；

（四）在公共租赁住房内从事违法活动的；

（五）无正当理由连续 6 个月以上闲置公共租赁住房的。

承租人拒不退回公共租赁住房的，市、县级人民政府住房保障主管部门应当责令其限期退回；逾期不退回的，市、县级人民政府住房保障主管部门可以依法申请人民法院强制执行。

第二十九条 承租人累计 6 个月以上拖欠租金的，应当腾退所承租的公共租赁住房；拒不腾退的，公共租赁住房的所有权人或者其委托的运营单位可以向人民法院提起诉讼，要求承租人腾退公共租赁住房。

第三十一条 承租人有下列情形之一的，应当腾退公共租赁住房：

（一）提出续租申请但经审核不符合续租条件的；

（二）租赁期内，通过购买、受赠、继承等方式获得其他住房并不再符合公共租赁住房配租条件的；

（三）租赁期内，承租或者承购其他保障性住房的。

承租人有前款规定情形之一的，公共租赁住房的所有权人或者其委托的运营单位应当为其安排合理的搬迁期，搬迁期内租金按照合同约定的租金数额缴纳。

搬迁期满不腾退公共租赁住房，承租人确无其他住房的，应当按照市场价格缴纳租金；承租人有其他住房的，公共租赁住房的所有权人或者其委托的运营单位可以向人民法院提起诉讼，要求承租人腾退公共租赁住房。

第三十二条 房地产经纪机构及其经纪人员不得提供公共租赁住房出租、转租、出售等经纪业务。

第三十四条 公共租赁住房的所有权人及其委托的运营单位违反本办法，有下列行为之一的，由市、县级人民政府住房保障主管部门责令限期改正，并处以 3 万元以下罚款：

（一）向不符合条件的对象出租公共租赁住房的；

（二）未履行公共租赁住房及其配套设施维修养护义务的；

（三）改变公共租赁住房的保障性住房性质、用途，以及配套设施的规划用途的。

公共租赁住房的所有权人为行政机关的，按照本办法第三十三条处理。

第三十六条 承租人有下列行为之一的，由市、县级人民政府住房保障主管部门责令按市场价格补缴从违法行为发生之日起的租金，记入公共租赁住房管理档案，处以 1000 元以下罚款；有违法所得的，处以违法所得 3 倍以下但不超过 3 万元的罚款：

（一）转借、转租或者擅自调换所承租公共租赁住房的；

（二）改变所承租公共租赁住房用途的；

（三）破坏或者擅自装修所承租公共租赁住房，拒不恢复原状的；

（四）在公共租赁住房内从事违法活动的；

（五）无正当理由连续 6 个月以上闲置公共租赁住房的。

有前款所列行为，承租人自退回公共租赁住房之日起五年内不得再次申请公共租赁住房；造成损失的，依法承担赔偿责任。

第三章　市政交通管理类

城镇燃气管理条例（节选）

（2010年10月19日国务院第129次常务会议通过，2010年11月19日中华人民共和国国务院第583号令公布，自2011年3月1日起施行）

第二条　城镇燃气发展规划与应急保障、燃气经营与服务、燃气使用、燃气设施保护、燃气安全事故预防与处理及相关管理活动，适用本条例。

天然气、液化石油气的生产和进口，城市门站以外的天然气管道输送，燃气作为工业生产原料的使用，沼气、秸秆气的生产和使用，不适用本条例。

本条例所称燃气，是指作为燃料使用并符合一定要求的气体燃料，包括天然气（含煤层气）、液化石油气和人工煤气等。

第三条　燃气工作应当坚持统筹规划、保障安全、确保供应、规范服务、节能高效的原则。

第五条　国务院建设主管部门负责全国的燃气管理工作。

县级以上地方人民政府燃气管理部门负责本行政区域内的燃气管理工作。

县级以上人民政府其他有关部门依照本条例和其他有关法律、法规的规定，在各自职责范围内负责有关燃气管理工作。

第九条　燃气发展规划的内容应当包括：燃气气源、燃气种类、燃气供应方式和规模、燃气设施布局和建设时序、燃气设施建设用地、燃气设施保护范围、燃气供应保障措施和安全保障措施等。

第十五条　国家对燃气经营实行许可证制度。从事燃气经营活动的企业，应当具备下列条件：

（一）符合燃气发展规划要求；

（二）有符合国家标准的燃气气源和燃气设施；

（三）有固定的经营场所、完善的安全管理制度和健全的经营方案；

（四）企业的主要负责人、安全生产管理人员以及运行、维护和抢修人员经专业培训并考核合格；

（五）法律、法规规定的其他条件。

符合前款规定条件的，由县级以上地方人民政府燃气管理部门核发燃气经营许可证。

申请人凭燃气经营许可证到工商行政管理部门依法办理登记手续。

第十六条　禁止个人从事管道燃气经营活动。

个人从事瓶装燃气经营活动的，应当遵守省、自治区、直辖市的有关规定。

第十八条　燃气经营者不得有下列行为：

（一）拒绝向市政燃气管网覆盖范围内符合用气条件的单位或者个人供气；

（二）倒卖、抵押、出租、出借、转让、涂改燃气经营许可证；

（三）未履行必要告知义务擅自停止供气、调整供气量，或者未经审批擅自停业或者歇业；

（四）向未取得燃气经营许可证的单位或者个人提供用于经营的燃气；

（五）在不具备安全条件的场所储存燃气；

（六）要求燃气用户购买其指定的产品或者接受其提供的服务；

（七）擅自为非自有气瓶充装燃气；

（八）销售未经许可的充装单位充装的瓶装燃气或者销售充装单位擅自为非自有气瓶充装的瓶装燃气；

（九）冒用其他企业名称或者标识从事燃气经营、服务活动。

第二十七条 燃气用户应当遵守安全用气规则，使用合格的燃气燃烧器具和气瓶，及时更换国家明令淘汰或者使用年限已届满的燃气燃烧器具、连接管等，并按照约定期限支付燃气费用。

单位燃气用户还应当建立健全安全管理制度，加强对操作维护人员燃气安全知识和操作技能的培训。

第二十八条 燃气用户及相关单位和个人不得有下列行为：

（一）擅自操作公用燃气阀门；

（二）将燃气管道作为负重支架或者接地引线；

（三）安装、使用不符合气源要求的燃气燃烧器具；

（四）擅自安装、改装、拆除户内燃气设施和燃气计量装置；

（五）在不具备安全条件的场所使用、储存燃气；

（六）盗用燃气；

（七）改变燃气用途或者转供燃气。

第三十三条 县级以上地方人民政府燃气管理部门应当会同城乡规划等有关部门按照国家有关标准和规定划定燃气设施保护范围，并向社会公布。

在燃气设施保护范围内，禁止从事下列危及燃气设施安全的活动：

（一）建设占压地下燃气管线的建筑物、构筑物或者其他设施；

（二）进行爆破、取土等作业或者动用明火；

（三）倾倒、排放腐蚀性物质；

（四）放置易燃易爆危险物品或者种植深根植物；

（五）其他危及燃气设施安全的活动。

第三十六条 任何单位和个人不得侵占、毁损、擅自拆除或者移动燃气设施，不得毁损、覆盖、涂改、擅自拆除或者移动燃气设施安全警示标志。

任何单位和个人发现有可能危及燃气设施和安全警示标志的行为，有权予以劝阻、制止；经劝阻、制止无效的，应当立即告知燃气经营者或者向燃气管理部门、安全生产监督管理部门和公安机关报告。

第三十九条 燃气管理部门应当会同有关部门制定燃气安全事故应急预案，建立燃气事故统计分析制度，定期通报事故处理结果。

燃气经营者应当制定本单位燃气安全事故应急预案，配备应急人员和必要的应急装备、器材，并定期组织演练。

第四十条　任何单位和个人发现燃气安全事故或者燃气安全事故隐患等情况，应当立即告知燃气经营者，或者向燃气管理部门、公安机关消防机构等有关部门和单位报告。

第四十二条　燃气安全事故发生后，燃气经营者应当立即启动本单位燃气安全事故应急预案，组织抢险、抢修。

燃气安全事故发生后，燃气管理部门、安全生产监督管理部门和公安机关消防机构等有关部门和单位，应当根据各自职责，立即采取措施防止事故扩大，根据有关情况启动燃气安全事故应急预案。

第四十五至五十二条　违反本条例相关规定，可处以 1000 元以上 50 万元以下的不同罚款。（具体见本条例相关条款）

中华人民共和国公路管理条例（节选）

（1987 年 10 月 13 日国务院发布，1988 年 1 月 1 日起施行；2008 年 12 月 27 日中华人民共和国国务院第 543 号令根据修订稿重新发布，自 2009 年 1 月 1 日起施行）

第四条　公路管理工作实行统一领导、分级管理的原则。国道、省道由省、自治区、直辖市公路主管部门负责修建、养护和管理。

国道中跨省、自治区、直辖市的高速公路，由交通部批准的专门机构负责修建、养护和管理。

县道由县（市）公路主管部门负责修建、养护和管理。

乡道由乡（镇）人民政府负责修建、养护和管理。

专用公路由专用单位负责修建、养护和管理。

第五条　公路、公路用地和公路设施受国家法律保护，任何单位和个人均不得侵占和破坏。

第七条　国道发展规划由交通部编制，报国务院审批。

省道发展规划由省、自治区、直辖市公路主管部门编制，报省、自治区、直辖市人民政府审批，并报交通部备案。

县道发展规划由地级市（或相当于地级市的机构）的公路主管部门编制，报省、自治区、直辖市人民政府或其派出机构审批。

乡道发展规划由县公路主管部门编制，报县人民政府审批。

专用公路的建设计划，由专用单位编制，报上级主管部门审批，并报当地公路主管部门备案。

第九条　公路建设资金可以采取以下方式筹集：国家和地方投资、专用单位投资、中外合资、社会集资、贷款和车辆购置税。

公路建设还可以采取民工建勤、民办公助和以工代赈的办法。

第十条　公路主管部门对利用集资、贷款修建的高速公路、一级公路、二级公路和大型的公路桥梁、隧道、轮渡码头，可以向过往车辆收取通行费，用于偿还集资和贷款。

通行费的征收办法由交通部会同财政部和国家物价局制定。

第十五条　修建公路，应当同时修建公路的防护、养护、环境保护等配套设施。

公路建成后，应当按规定设置各种交通标志。

第十六条　公路主管部门应当加强公路养护工作，保持公路完好、平整、畅通，提高公路的耐久性和抗灾能力。

进行公路维修应当规定修复期限。施工期间，应当采取措施，保证车辆通行。临时不能通行的，应当通过公安交通管理机关事先发布通告。

第二十条　公路绿化工作，由公路主管部门统筹规划并组织实施。

公路绿化必须按照公路技术标准进行。

公路两侧林木不得任意砍伐，需要更新砍伐的，必须经公路主管部门批准。

第二十一条　公路主管部门负责管理和保护公路、公路用地及公路设施，有权依法检查、制止、处理各种侵占、破坏公路、公路用地及公路设施的行为。

第二十二条　禁止在公路及公路用地上构筑设施、种植作物。禁止任意利用公路边沟进行灌溉或者排放污水。

第二十四条　不得在大型公路桥梁和公路渡口的上、下游各 200 米范围内采挖沙石、修筑堤坝、倾倒垃圾、压缩或者扩宽河床、进行爆破作业。不得在公路隧道上方和洞口外 100 米范围内任意取土、采石、伐木。

第二十六条　未经公路主管部门批准，履带车和铁轮车不得在铺有路面的公路上行驶，超过桥梁限载标准的车辆、物件不得过桥。在特殊情况下，必须通过公路、桥梁时，应当采取有效的技术保护措施。

第二十七条　兴建铁路、机场、电站、水库、水渠，铺设管线或者进行其他建设工程，需要挖掘公路，挖掘、占用、利用公路用地及公路设施时，建设单位必须事先取得公路主管部门同意，影响车辆通行的，还须征得公安交通管理机关同意。工程完成后，建设单位应当按照原有技术标准，或者经协商按照规划标准修复或者改建公路。

第二十九条　在公路两侧修建永久性工程设施，其建筑物边缘与公路边沟外缘的间距为：国道不少于 20 米，省道不少于 15 米，县道不少于 10 米，乡道不少于 5 米。

第三十一条　经省、自治区、直辖市人民政府批准，公路主管部门可以在必要的公路路口、桥头、渡口、隧道口设立收取车辆通行费的站卡。

第三十二条　对违反本条例规定的单位和个人，公路主管部门可以分别情况，责令其返还原物、恢复原状、赔偿损失、没收非法所得并处以罚款。

城市轨道交通运营管理办法（节选）

（2005 年 6 月 28 日建设部第 140 号令公布，自 2005 年 8 月 1 日起施行）

第三条　国务院建设主管部门负责全国城市轨道交通的监督管理工作。

省、自治区人民政府建设主管部门负责本行政区域内城市轨道交通的监督管理工作。

城市人民政府城市轨道交通主管部门负责本行政区域内城市轨道交通的监督管理工作。

第五条　新建城市轨道交通工程竣工后，应当进行工程初验；初验合格的，可以进行试运行；试运行合格，并具备基本运营条件的，可以进行试运营。

城市轨道交通工程竣工，按照国家有关规定验收，并报有关部门备案。经验收合格后，方可交付正式运营。

安全设施不符合有关国家标准的新建、改建、扩建城市轨道交通工程项目，不得投入运营。

第八条　城市轨道交通运营单位应当为乘客提供安全便捷的客运服务，保证车站、车厢整洁，出入口、通道畅通，保持安全、消防、疏散导向等标志醒目。

第十二条　禁止下列危害城市轨道交通正常运营的行为：

（一）在车厢内吸烟、随地吐痰、便溺、吐口香糖、乱扔果皮、纸屑等废弃物；

（二）在车站、站台、站厅、出入口、通道停放车辆、堆放杂物或者擅自摆摊设点堵塞通道的；

（三）擅自进入轨道、隧道等禁止进入的区域；

（四）攀爬、跨越围墙、护栏、护网、门闸；

（五）强行上下列车；

（六）在车厢或者城市轨道交通设施上乱写、乱画、乱张贴；

（七）携带宠物乘车；

（八）危害城市轨道交通运营和乘客安全的其他行为。

第十三条　禁止乘客携带易燃、易爆、有毒和放射性、腐蚀性的危险品乘车。

城市轨道交通运营单位可以对乘客携带的物品进行安全检查，对携带危害公共安全的危险品的乘客，应当责令出站；拒不出站的，移送公安部门依法处理。

第十六条　城市轨道交通运营单位应当按照反恐、消防管理、事故救援等有关规定，在城市轨道交通设施内，设置报警、灭火、逃生、防汛、防爆、防护监视、紧急疏散照明、救援等器材和设备，定期检查、维护，按期更新，并保持完好。

第二十条　城市轨道交通应当在以下范围设置控制保护区：

（一）地下车站与隧道周边外侧五十米内；

（二）地面和高架车站以及线路轨道外边线外侧三十米内；

（三）出入口、通风亭、变电站等建筑物、构筑物外边线外侧十米内。

第二十三条　禁止下列危害城市轨道交通设施的行为：

（一）非紧急状态下动用应急装置；

（二）损坏车辆、隧道、轨道、路基、车站等设施设备；

（三）损坏和干扰机电设备、电缆、通信信号系统；

（四）污损安全、消防、疏散导向、站牌等标志，防护监视等设备；

（五）危害城市轨道交通设施的其他行为。

第二十四条　城市人民政府城市轨道交通主管部门应当会同有关部门制定处理突发事件的应急预案；城市轨道交通运营单位应当根据实际运营情况制定地震、火灾、浸水、停电、反恐、防爆等分专题的应急预案，建立应急救援组织，配备救援器材设备，并定期组织演练。

当发生地震、火灾或者其他突发事件时，城市轨道交通运营单位和工作人员应当立即报警和疏散人员，并采取相应的紧急救援措施。

第二十九条　城市轨道交通运营中发生人员伤亡事故，应当按照先抢救受伤者，及时排除故障，恢复正常运行，后处理事故的原则处理，并按照国家有关规定及时向有关部门报告；城市人民政府城市轨道交通主管部门、城市轨道交通运营单位应当配合公安部门及时对现场进行勘察、检验，依法进行现场处理。

第三十条　城市轨道交通运营过程中发生乘客伤亡的，城市轨道交通运营单位应当依法承担相应的损害赔偿责任；能够证明伤亡人员故意或者自身健康原因造成的除外。

第四章　环境水务管理类

无障碍环境建设条例（节选）

（2012 年 6 月 13 日国务院第 208 次常务会议通过，2012 年 6 月 28 日中华人民共和国国务院第 622 号令公布，自 2012 年 8 月 1 日起施行）

第二条　本条例所称无障碍环境建设，是指为便于残疾人等社会成员自主安全地通行道路、出入相关建筑物、搭乘公共交通工具、交流信息、获得社区服务所进行的建设活动。

第三条　无障碍环境建设应当与经济和社会发展水平相适应，遵循实用、易行、广泛受益的原则。

第五条　国务院住房和城乡建设主管部门负责全国无障碍设施工程建设活动的监督管理工作，会同国务院有关部门制定无障碍设施工程建设标准，并对无障碍设施工程建设的情况进行监督检查。

国务院工业和信息化主管部门等有关部门在各自职责范围内，做好无障碍环境建设工作。

第九条　城镇新建、改建、扩建道路、公共建筑、公共交通设施、居住建筑、居住区，应当符合无障碍设施工程建设标准。

乡、村庄的建设和发展，应当逐步达到无障碍设施工程建设标准。

第十条　无障碍设施工程应当与主体工程同步设计、同步施工、同步验收投入使用。新建的无障碍设施应当与周边的无障碍设施相衔接。

第十一条　对城镇已建成的不符合无障碍设施工程建设标准的道路、公共建筑、公共交通设施、居住建筑、居住区，县级以上人民政府应当制定无障碍设施改造计划并组织实施。

无障碍设施改造由所有权人或者管理人负责。

第十二条　县级以上人民政府应当优先推进下列机构、场所的无障碍设施改造：

（一）特殊教育、康复、社会福利等机构；

（二）国家机关的公共服务场所；

（三）文化、体育、医疗卫生等单位的公共服务场所；

（四）交通运输、金融、邮政、商业、旅游等公共服务场所。

第十三条　城市的主要道路、主要商业区和大型居住区的人行天桥和人行地下通道，应当按照无障碍设施工程建设标准配备无障碍设施，人行道交通信号设施应当逐步完善无障碍服务功能，适应残疾人等社会成员通行的需要。

第十四条　城市的大中型公共场所的公共停车场和大型居住区的停车场，应当按照无障碍设施工程建设标准设置并标明无障碍停车位。

第二十七条　社区公共服务设施应当逐步完善无障碍服务功能，为残疾人等社会成员参与社区生活提供便利。

第二十八条　地方各级人民政府应当逐步完善报警、医疗急救等紧急呼叫系统，方便残疾人等社会成员报警、呼救。

第二十九条　对需要进行无障碍设施改造的贫困家庭，县级以上地方人民政府可以给予适当补助。

第三十一条　城镇新建、改建、扩建道路、公共建筑、公共交通设施、居住建筑、居住区，不符合无障碍设施工程建设标准的，由住房和城乡建设主管部门责令改正，依法给予处罚。

中华人民共和国防汛条例（节选）

（1991 年 7 月 2 日中华人民共和国国务院第 86 号令发布；2005 年 7 月 15 日修订，并以中华人民共和国国务院第 441 号令发布，自公布之日起施行）

第三条　防汛工作实行"安全第一，常备不懈，以防为主，全力抢险"的方针，遵循团结协作和局部利益服从全局利益的原则。

第四条　防汛工作实行各级人民政府行政首长负责制，实行统一指挥，分级分部门负责。各有关部门实行防汛岗位责任制。

第五条　任何单位和个人都有参加防汛抗洪的义务。

中国人民解放军和武装警察部队是防汛抗洪的重要力量。

第七条　有防汛任务的县级以上地方人民政府设立防汛指挥部，由有关部门、当地驻军、人民武装部负责人组成，由各级人民政府首长担任指挥。各级人民政府防汛指挥部在上级人民政府防汛指挥部和同级人民政府的领导下，执行上级防汛指令，制定各项防汛抗洪措施，统一指挥本地区的防汛抗洪工作。

各级人民政府防汛指挥部办事机构设在同级水行政主管部门；城市市区的防汛指挥部办事机构也可以设在城建主管部门，负责管理所辖范围的防汛日常工作。

第十一条第一款　有防汛任务的县级以上人民政府，应当根据流域综合规划、防洪工程实际状况和国家规定的防洪标准，制定防御洪水方案（包括对特大洪水的处置措施）。

第十二条第一款　有防汛任务的地方，应当根据经批准的防御洪水方案制定洪水调度方案。

第十三条　有防汛抗洪任务的企业应当根据所在流域或者地区经批准的防御洪水方案

和洪水调度方案，规定本企业的防汛抗洪措施，在征得其所在地县级人民政府水行政主管部门同意后，由有管辖权的防汛指挥机构监督实施。

第十五条 各级防汛指挥部应当在汛前对各类防洪设施组织检查，发现影响防洪安全的问题，责成责任单位在规定的期限内处理，不得贻误防汛抗洪工作。

各有关部门和单位按照防汛指挥部的统一部署，对所管辖的防洪工程设施进行汛前检查后，必须将影响防洪安全的问题和处理措施报有管辖权的防汛指挥部和上级主管部门，并按照该防汛指挥部的要求予以处理。

第二十条 有防汛任务的地方人民政府应当建设和完善江河堤防、水库、蓄滞洪区等防洪设施，以及该地区的防汛通信、预报警报系统。

第二十一条 各级防汛指挥部应当储备一定数量的防汛抢险物资，由商业、供销、物资部门代储的，可以支付适当的保管费。受洪水威胁的单位和群众应当储备一定的防汛抢险物料。

防汛抢险所需的主要物资，由计划主管部门在年度计划中予以安排。

第二十四条 防汛期内，各级防汛指挥部必须有负责人主持工作。有关责任人员必须坚守岗位，及时掌握汛情，并按照防御洪水方案和汛期调度运用计划进行调度。

第三十二条 在紧急防汛期，为了防汛抢险需要，防汛指挥部有权在其管辖范围内，调用物资、设备、交通运输工具和人力，事后应当及时归还或者给予适当补偿。因抢险需要取土占地、砍伐林木、清除阻水障碍物的，任何单位和个人不得阻拦。

前款所指取土占地、砍伐林木的，事后应当依法向有关部门补办手续。

第三十三条 当河道水位或者流量达到规定的分洪、滞洪标准时，有管辖权的人民政府防汛指挥部有权根据经批准的分洪、滞洪方案，采取分洪、滞洪措施。采取上述措施对毗邻地区有危害的，须经有管辖权的上级防汛指挥机构批准，并事先通知有关地区。

在非常情况下，为保护国家确定的重点地区和大局安全，必须作出局部牺牲时，在报经有管辖权的上级人民政府防汛指挥部批准后，当地人民政府防汛指挥部可以采取非常紧急措施。

实施上述措施时，任何单位和个人不得阻拦，如遇到阻拦和拖延时，有管辖权的人民政府有权组织强制实施。

第三十四条 当洪水威胁群众安全时，当地人民政府应当及时组织群众撤离至安全地带，并做好生活安排。

第三十六条 在发生洪水灾害的地区，物资、商业、供销、农业、公路、铁路、航运、民航等部门应当做好抢险救灾物资的供应和运输；民政、卫生、教育等部门应当做好灾区群众的生活供给、医疗防疫、学校复课以及恢复生产等救灾工作；水利、电力、邮电、公路等部门应当做好所管辖的水毁工程的修复工作。

第四十三条 有下列行为之一者，视情节和危害后果，由其所在单位或者上级主管机关给予行政处分；应当给予治安管理处罚的，依照《中华人民共和国治安管理处罚条例》的规定处罚；构成犯罪的，依法追究刑事责任：

（一）拒不执行经批准的防御洪水方案、洪水调度方案，或者拒不执行有管辖权的防汛指挥机构的防汛调度方案或者防汛抢险指令的；

（二）玩忽职守，或者在防汛抢险的紧要关头临阵逃脱的；

（三）非法扒口决堤或者开闸的；

（四）挪用、盗窃、贪污防汛或者救灾的钱款或者物资的；

（五）阻碍防汛指挥机构工作人员依法执行职务的；

（六）盗窃、毁损或者破坏堤防、护岸、闸坝等水工程建筑物和防汛工程设施以及水文监测、测量设施、气象测报设施、河岸地质监测设施、通信照明设施的；

（七）其他危害防汛抢险工作的。

城镇排水与污水处理条例（节选）

（2013 年 9 月 18 日国务院第 24 次常务会议通过，2013 年 10 月 2 日中华人民共和国国务院第 641 号令公布，自 2014 年 1 月 1 日起施行）

第四条 城镇排水与污水处理应当遵循尊重自然、统筹规划、配套建设、保障安全、综合利用的原则。

第五条 国务院住房城乡建设主管部门指导监督全国城镇排水与污水处理工作。

县级以上地方人民政府城镇排水与污水处理主管部门（以下称城镇排水主管部门）负责本行政区域内城镇排水与污水处理的监督管理工作。

县级以上人民政府其他有关部门依照本条例和其他有关法律、法规的规定，在各自的职责范围内负责城镇排水与污水处理监督管理的相关工作。

第八条 城镇排水与污水处理规划的编制，应当依据国民经济和社会发展规划、城乡规划、土地利用总体规划、水污染防治规划和防洪规划，并与城镇开发建设、道路、绿地、水系等专项规划相衔接。

城镇内涝防治专项规划的编制，应当根据城镇人口与规模、降雨规律、暴雨内涝风险等因素，合理确定内涝防治目标和要求，充分利用自然生态系统，提高雨水滞渗、调蓄和排放能力。

第十二条 县级以上地方人民政府应当按照先规划后建设的原则，依据城镇排水与污水处理规划，合理确定城镇排水与污水处理设施建设标准，统筹安排管网、泵站、污水处理厂以及污泥处理处置、再生水利用、雨水调蓄和排放等排水与污水处理设施建设和改造。

城镇新区的开发和建设，应当按照城镇排水与污水处理规划确定的建设时序，优先安排排水与污水处理设施建设；未建或者已建但未达到国家有关标准的，应当按照年度改造计划进行改造，提高城镇排水与污水处理能力。

第十三条 县级以上地方人民政府应当按照城镇排涝要求，结合城镇用地性质和条件，加强雨水管网、泵站以及雨水调蓄、超标雨水径流排放等设施建设和改造。

新建、改建、扩建市政基础设施工程应当配套建设雨水收集利用设施，增加绿地、砂石地面、可渗透路面和自然地面对雨水的滞渗能力，利用建筑物、停车场、广场、道路等建设雨水收集利用设施，削减雨水径流，提高城镇内涝防治能力。

新区建设与旧城区改建，应当按照城镇排水与污水处理规划确定的雨水径流控制要求建设相关设施。

第十七条　县级以上地方人民政府应当根据当地降雨规律和暴雨内涝风险情况，结合气象、水文资料，建立排水设施地理信息系统，加强雨水排放管理，提高城镇内涝防治水平。

县级以上地方人民政府应当组织有关部门、单位采取相应的预防治理措施，建立城镇内涝防治预警、会商、联动机制，发挥河道行洪能力和水库、洼淀、湖泊调蓄洪水的功能，加强对城镇排水设施的管理和河道防护、整治，因地制宜地采取定期清淤疏浚等措施，确保雨水排放畅通，共同做好城镇内涝防治工作。

第十八条　城镇排水主管部门应当按照城镇内涝防治专项规划的要求，确定雨水收集利用设施建设标准，明确雨水的排水分区和排水出路，合理控制雨水径流。

第二十条　城镇排水设施覆盖范围内的排水单位和个人，应当按照国家有关规定将污水排入城镇排水设施。

在雨水、污水分流地区，不得将污水排入雨水管网。

第二十三条　城镇排水主管部门应当加强对排放口设置以及预处理设施和水质、水量检测设施建设的指导和监督；对不符合规划要求或者国家有关规定的，应当要求排水户采取措施，限期整改。

第二十七条　城镇排水主管部门应当按照国家有关规定建立城镇排涝风险评估制度和灾害后评估制度，在汛前对城镇排水设施进行全面检查，对发现的问题，责成有关单位限期处理，并加强城镇广场、立交桥下、地下构筑物、棚户区等易涝点的治理，强化排涝措施，增加必要的强制排水设施和装备。

城镇排水设施维护运营单位应当按照防汛要求，对城镇排水设施进行全面检查、维护、清疏，确保设施安全运行。

在汛期，有管辖权的人民政府防汛指挥机构应当加强对易涝点的巡查，发现险情，立即采取措施。有关单位和个人在汛期应当服从有管辖权的人民政府防汛指挥机构的统一调度指挥或者监督。

第二十八条　城镇排水主管部门应当与城镇污水处理设施维护运营单位签订维护运营合同，明确双方权利义务。

城镇污水处理设施维护运营单位应当依照法律、法规和有关规定以及维护运营合同进行维护运营，定期向社会公开有关维护运营信息，并接受相关部门和社会公众的监督。

第二十九条第一款　城镇污水处理设施维护运营单位应当保证出水水质符合国家和地方规定的排放标准，不得排放不达标污水。

第三十条　城镇污水处理设施维护运营单位或者污泥处理处置单位应当安全处理处置污泥，保证处理处置后的污泥符合国家有关标准，对产生的污泥以及处理处置后的污泥去向、用途、用量等进行跟踪、记录，并向城镇排水主管部门、环境保护主管部门报告。任何单位和个人不得擅自倾倒、堆放、丢弃、遗撒污泥。

第三十二条第一款　排水单位和个人应当按照国家有关规定缴纳污水处理费。

第三十八条　城镇排水与污水处理设施维护运营单位应当建立健全安全生产管理制度，加强对窨井盖等城镇排水与污水处理设施的日常巡查、维修和养护，保障设施安全运行。

从事管网维护、应急排水、井下及有限空间作业的，设施维护运营单位应当安排专门人员进行现场安全管理，设置醒目警示标志，采取有效措施避免人员坠落、车辆陷落，并及时复原窨井盖，确保操作规程的遵守和安全措施的落实。相关特种作业人员，应当按照国家有关规定取得相应的资格证书。

第四十一条　城镇排水主管部门应当会同有关部门，按照国家有关规定划定城镇排水与污水处理设施保护范围，并向社会公布。

在保护范围内，有关单位从事爆破、钻探、打桩、顶进、挖掘、取土等可能影响城镇排水与污水处理设施安全的活动的，应当与设施维护运营单位等共同制定设施保护方案，并采取相应的安全防护措施。

第四十二条　禁止从事下列危及城镇排水与污水处理设施安全的活动：

（一）损毁、盗窃城镇排水与污水处理设施；

（二）穿凿、堵塞城镇排水与污水处理设施；

（三）向城镇排水与污水处理设施排放、倾倒剧毒、易燃易爆、腐蚀性废液和废渣；

（四）向城镇排水与污水处理设施倾倒垃圾、渣土、施工泥浆等废弃物；

（五）建设占压城镇排水与污水处理设施的建筑物、构筑物或者其他设施；

（六）其他危及城镇排水与污水处理设施安全的活动。

第四十六至五十七条　违反本条例规定，相关单位与个人将被追究行政、刑事责任或处 2 万元以上 50 万元以下不等的罚款。（具体见本条例相关条款）

第五章　市容林绿管理类

城市市容和环境卫生管理条例（全文）

（1992 年 5 月 20 日国务院第 104 次常务会议通过，1992 年 6 月 28 日国务院令第 101 号发布，1992 年 8 月 1 日实施；2011 年 1 月 8 日修正）

第一章　总　　则

第一条　为了加强城市市容和环境卫生管理，创造清洁、优美的城市工作、生活环境，促进城市社会主义物质文明和精神文明建设，制定本条例。

第二条　在中华人民共和国城市内，一切单位和个人都必须遵守本条例。

第三条　城市市容和环境卫生工作，实行统一领导、分区负责、专业人员管理与群众管理相结合的原则。

第四条　国务院城市建设行政主管部门主管全国城市市容和环境卫生工作。

省、自治区人民政府城市建设行政主管部门负责本行政区域的城市市容和环境卫生管理工作。

城市人民政府市容环境卫生行政主管部门负责本行政区域的城市市容和环境卫生管理工作。

第五条 城市人民政府应当把城市市容和环境卫生事业纳入国民经济和社会发展计划，并组织实施。

城市人民政府应当结合本地的实际情况，积极推行环境卫生用工制度的改革，并采取措施，逐步提高环境卫生工作人员的工资福利待遇。

第六条 城市人民政府应当加强城市市容和环境卫生科学知识的宣传，提高公民的环境卫生意识，养成良好的卫生习惯。

一切单位和个人，都应当尊重市容和环境卫生工作人员的劳动，不得妨碍、阻挠市容和环境卫生工作人员履行职务。

第七条 国家鼓励城市市容和环境卫生的科学技术研究，推广先进技术，提高城市市容和环境卫生水平。

第八条 对在城市市容和环境卫生工作中成绩显著的单位和个人，由人民政府给予奖励。

第二章 城市市容管理

第九条 城市中的建筑物和设施，应当符合国家规定的城市容貌标准。对外开放城市、风景旅游城市和有条件的其他城市，可以结合本地具体情况，制定严于国家规定的城市容貌标准；建制镇可以参照国家规定的城市容貌标准执行。

第十条 一切单位和个人都应当保持建筑物的整洁、美观。在城市人民政府规定的街道的临街建筑物的阳台和窗外，不得堆放、吊挂有碍市容的物品。搭建或者封闭阳台必须符合城市人民政府市容环境卫生行政主管部门的有关规定。

第十一条 在城市中设置户外广告、标语牌、画廊、橱窗等，应当内容健康、外型美观，并定期维修、油饰或者拆除。

大型户外广告的设置必须征得城市人民政府市容环境卫生行政主管部门同意后，按照有关规定办理审批手续。

第十二条 城市中的市政公用设施，应当与周围环境相协调，并维护和保持设施完好、整洁。

第十三条 主要街道两侧的建筑物前，应当根据需要与可能，选用透景、半透景的围墙、栅栏或者绿篱、花坛（池）、草坪等作为分界。

临街树木、绿篱、花坛（池）、草坪等，应当保持整洁、美观。栽培、整修或者其他作业留下的渣土、枝叶等，管理单位、个人或者作业者应当及时清除。

第十四条 任何单位和个人都不得在街道两侧和公共场地堆放物料，搭建建筑物、构筑物或者其他设施。因建设等特殊需要，在街道两侧和公共场地临时堆放物料，搭建非永久性建筑物、构筑物或者其他设施的，必须征得城市人民政府市容环境卫生行政主管部门同意后，按照有关规定办理审批手续。

第十五条 在市区运行的交通运输工具，应当保持外型完好、整洁，货运车辆运输的液体、散装货物，应当密封、包扎、覆盖，避免泄漏、遗撒。

第十六条 城市的工程施工现场的材料、机具应当堆放整齐，渣土应当及时清运；临街工地应当设置护栏或者围布遮挡；停工场地应当及时整理并作必要的覆盖；竣工后，应当及时清理和平整场地。

第十七条　一切单位和个人，都不得在城市建筑物、设施以及树木上涂写、刻画。

单位和个人在城市建筑物、设施上张挂、张贴宣传品等，须经城市人民政府市容环境卫生行政主管部门或者其他有关部门批准。

第三章　城市环境卫生管理

第十八条　城市中的环境卫生设施，应当符合国家规定的城市环境卫生标准。

第十九条　城市人民政府在进行城市新区开发或者旧区改造时，应当依照国家有关规定，建设生活废弃物的清扫、收集、运输和处理等环境卫生设施，所需经费应当纳入建设工程概算。

第二十条　城市人民政府市容环境卫生行政主管部门，应当根据城市居住人口密度和流动人口数量以及公共场所等特定地区的需要，制定公共厕所建设规划，并按照规定的标准，建设、改造或者支持有关单位建设、改造公共厕所。

城市人民政府市容环境卫生行政主管部门，应当配备专业人员或者委托有关单位和个人负责公共厕所的保洁和管理；有关单位和个人也可以承包公共厕所的保洁和管理。公共厕所的管理者可以适当收费，具体办法由省、自治区、直辖市人民政府制定。

对不符合规定标准的公共厕所，城市人民政府应当责令有关单位限期改造。

公共厕所的粪便应当排入贮（化）粪池或者城市污水系统。

第二十一条　多层和高层建筑应当设置封闭式垃圾通道或者垃圾贮存设施，并修建清运车辆通道。

城市街道两侧、居住区或者人流密集地区，应当设置封闭式垃圾容器、果皮箱等设施。

第二十二条　一切单位和个人都不得擅自拆除环境卫生设施；因建设需要必须拆除的，建设单位必须事先提出拆迁方案，报城市人民政府市容环境卫生行政主管部门批准。

第二十三条　按国家行政建制设立的市的主要街道、广场和公共水域的环境卫生，由环境卫生专业单位负责。

居住区、街巷等地方，由街道办事处负责组织专人清扫保洁。

第二十四条　飞机场、火车站、公共汽车始末站、港口、影剧院、博物馆、展览馆、纪念馆、体育馆（场）和公园等公共场所，由本单位负责清扫保洁。

第二十五条　机关、团体、部队、企事业单位，应当按照城市人民政府市容环境卫生行政主管部门划分的卫生责任区负责清扫保洁。

第二十六条　城市集贸市场，由主管部门负责组织专人清扫保洁。

各种摊点，由从业者负责清扫保洁。

第二十七条　城市港口客货码头作业范围内的水面，由港口客货码头经营单位责成作业者清理保洁。

在市区水域行驶或者停泊的各类船舶上的垃圾、粪便，由船上负责人依照规定处理。

第二十八条　城市人民政府市容环境卫生行政主管部门对城市生活废弃物的收集、运输和处理实施监督管理。

一切单位和个人，都应当依照城市人民政府市容环境卫生行政主管部门规定的时间、地点、方式，倾倒垃圾、粪便。

对垃圾、粪便应当及时清运，并逐步做到垃圾、粪便的无害化处理和综合利用。

对城市生活废弃物应当逐步做到分类收集、运输和处理。

第二十九条　环境卫生管理应当逐步实行社会化服务。有条件的城市，可以成立环境卫生服务公司。

凡委托环境卫生专业单位清扫、收集、运输和处理废弃物的，应当交纳服务费。具体办法由省、自治区、直辖市人民政府制定。

第三十条　城市人民政府应当有计划地发展城市煤气、天然气、液化气，改变燃料结构；鼓励和支持有关部门组织净菜进城和回收利用废旧物资，减少城市垃圾。

第三十一条　医院、疗养院、屠宰场、生物制品厂产生的废弃物，必须依照有关规定处理。

第三十二条　公民应当爱护公共卫生环境，不随地吐痰、便溺，不乱扔果皮、纸屑和烟头等废弃物。

第三十三条　按国家行政建制设立的市的市区内，禁止饲养鸡、鸭、鹅、兔、羊、猪等家畜家禽；因教学、科研以及其他特殊需要饲养的，须经其所在地城市人民政府市容环境卫生行政主管部门批准。

第四章　罚　　则

第三十四条　有下列行为之一者，城市人民政府市容环境卫生行政主管部门或者其委托的单位除责令其纠正违法行为、采取补救措施外，可以并处警告、罚款：

（一）随地吐痰、便溺，乱扔果皮、纸屑和烟头等废弃物的；

（二）在城市建筑物、设施以及树木上涂写、刻画或者未经批准张挂、张贴宣传品等的；

（三）在城市人民政府规定的街道的临街建筑物的阳台和窗外，堆放、吊挂有碍市容的物品的；

（四）不按规定的时间、地点、方式，倾倒垃圾、粪便的；

（五）不履行卫生责任区清扫保洁义务或者不按规定清运、处理垃圾和粪便的；

（六）运输液体、散装货物不作密封、包扎、覆盖，造成泄漏、遗撒的；

（七）临街工地不设置护栏或者不作遮挡、停工场地不及时整理并作必要覆盖或者竣工后不及时清理和平整场地，影响市容和环境卫生的。

第三十五条　未经批准擅自饲养家畜家禽影响市容和环境卫生的，由城市人民政府市容环境卫生行政主管部门或者其委托的单位，责令其限期处理或者予以没收，并可处以罚款。

第三十六条　有下列行为之一者，由城市人民政府市容环境卫生行政主管部门或者其委托的单位责令其停止违法行为，限期清理、拆除或者采取其他补救措施，并可处以罚款：

（一）未经城市人民政府市容环境卫生行政主管部门同意，擅自设置大型户外广告，影响市容的；

（二）未经城市人民政府市容环境卫生行政主管部门批准，擅自在街道两侧和公共场地堆放物料，搭建建筑物、构筑物或者其他设施，影响市容的；

（三）未经批准擅自拆除环境卫生设施或者未按批准的拆迁方案进行拆迁的。

第三十七条　凡不符合城市容貌标准、环境卫生标准的建筑物或者设施，由城市人民政府市容环境卫生行政主管部门会同城市规划行政主管部门，责令有关单位和个人限期改造或者拆除；逾期未改造或者未拆除的，经县级以上人民政府批准，由城市人民政府市容环境卫生行政主管部门或者城市规划行政主管部门组织强制拆除，并可处以罚款。

第三十八条　损坏各类环境卫生设施及其附属设施的，城市人民政府市容环境卫生行政主管部门或者其委托的单位除责令其恢复原状外，可以并处罚款；盗窃、损坏各类环境卫生设施及其附属设施，应当给予治安管理处罚的，依照《中华人民共和国治安管理处罚条例》的规定处罚；构成犯罪的，依法追究刑事责任。

第三十九条　侮辱、殴打市容和环境卫生工作人员或者阻挠其执行公务的，依照《中华人民共和国治安管理处罚条例》的规定处罚；构成犯罪的，依法追究刑事责任。

第四十条　当事人对行政处罚决定不服的，可以自接到处罚通知之日起15日内，向作出处罚决定机关的上一级机关申请复议；对复议决定不服的，可以自接到复议决定书之日起15日内向人民法院起诉。当事人也可以自接到处罚通知之日起15日内直接向人民法院起诉。期满不申请复议、也不向人民法院起诉、又不履行处罚决定的，由作出处罚决定的机关申请人民法院强制执行。

对治安管理处罚不服的，依照《中华人民共和国治安管理处罚法》的规定办理。

第四十一条　城市人民政府市容环境卫生行政主管部门工作人员玩忽职守、滥用职权、徇私舞弊的，由其所在单位或者上级主管机关给予行政处分；构成犯罪的，依法追究刑事责任。

第五章　附　　则

第四十二条　未设镇建制的城市型居民区可以参照本条例执行。

第四十三条　省、自治区、直辖市人民政府可以根据本条例制定实施办法。

第四十四条　本条例由国务院城市建设行政主管部门负责解释。

第四十五条　本条例自1992年8月1日起施行。

城市建筑垃圾管理规定（节选）

（2005年3月23日建设部第139号令公布，自2005年6月1日起施行）

第二条　本规定适用于城市规划区内建筑垃圾的倾倒、运输、中转、回填、消纳、利用等处置活动。

本规定所称建筑垃圾，是指建设单位、施工单位新建、改建、扩建和拆除各类建筑物、构筑物、管网等以及居民装饰装修房屋过程中所产生的弃土、弃料及其他废弃物。

第三条　国务院建设主管部门负责全国城市建筑垃圾的管理工作。

省、自治区建设主管部门负责本行政区域内城市建筑垃圾的管理工作。

城市人民政府市容环境卫生主管部门负责本行政区域内建筑垃圾的管理工作。

第四条　建筑垃圾处置实行减量化、资源化、无害化和谁产生、谁承担处置责任的原则。

国家鼓励建筑垃圾综合利用，鼓励建设单位、施工单位优先采用建筑垃圾综合利用产品。

第九条　任何单位和个人不得将建筑垃圾混入生活垃圾，不得将危险废物混入建筑垃圾，不得擅自设立弃置场受纳建筑垃圾。

第十条　建筑垃圾储运消纳场不得受纳工业垃圾、生活垃圾和有毒有害垃圾。

第十一条　居民应当将装饰装修房屋过程中产生的建筑垃圾与生活垃圾分别收集，并堆放到指定地点。建筑垃圾中转站的设置应当方便居民。

装饰装修施工单位应当按照城市人民政府市容环境卫生主管部门的有关规定处置建筑垃圾。

第十二条　施工单位应当及时清运工程施工过程中产生的建筑垃圾，并按照城市人民政府市容环境卫生主管部门的规定处置，防止污染环境。

第十五条　任何单位和个人不得随意倾倒、抛撒或者堆放建筑垃圾。

第十七条　任何单位和个人不得在街道两侧和公共场地堆放物料。因建设等特殊需要，确需临时占用街道两侧和公共场地堆放物料的，应当征得城市人民政府市容环境卫生主管部门同意后，按照有关规定办理审批手续。

第二十条　任何单位和个人有下列情形之一的，由城市人民政府市容环境卫生主管部门责令限期改正，给予警告，处以罚款：

（一）将建筑垃圾混入生活垃圾的；

（二）将危险废物混入建筑垃圾的；

（三）擅自设立弃置场受纳建筑垃圾的；

单位有前款第一项、第二项行为之一的，处 3000 元以下罚款；有前款第三项行为的，处 5000 元以上 1 万元以下罚款。个人有前款第一项、第二项行为之一的，处 200 元以下罚款；有前款第三项行为的，处 3000 元以下罚款。

第二十五条　违反本规定，有下列情形之一的，由城市人民政府市容环境卫生主管部门责令限期改正，给予警告，对施工单位处 1 万元以上 10 万元以下罚款，对建设单位、运输建筑垃圾的单位处 5000 元以上 3 万元以下罚款：

（一）未经核准擅自处置建筑垃圾的；

（二）处置超出核准范围的建筑垃圾的。

第二十六条　任何单位和个人随意倾倒、抛撒或者堆放建筑垃圾的，由城市人民政府市容环境卫生主管部门责令限期改正，给予警告，并对单位处 5000 元以上 5 万元以下罚款，对个人处 200 元以下罚款。

风景名胜区条例（节选）

（2006 年 9 月 6 日国务院第 149 次常务会议通过，2006 年 9 月 19 日中华人民共和国国务院第 474 号令公布，自 2006 年 12 月 1 日起施行；1985 年 6 月 7 日国务院发布的《风景名胜区管理暂行条例》同时废止）

第二条　风景名胜区的设立、规划、保护、利用和管理，适用本条例。

本条例所称风景名胜区，是指具有观赏、文化或者科学价值，自然景观、人文景观比较集中，环境优美，可供人们游览或者进行科学、文化活动的区域。

第四条 风景名胜区所在地县级以上地方人民政府设置的风景名胜区管理机构，负责风景名胜区的保护、利用和统一管理工作。

第八条 风景名胜区划分为国家级风景名胜区和省级风景名胜区。

自然景观和人文景观能够反映重要自然变化过程和重大历史文化发展过程，基本处于自然状态或者保持历史原貌，具有国家代表性的，可以申请设立国家级风景名胜区；具有区域代表性的，可以申请设立省级风景名胜区。

第十条 设立国家级风景名胜区，由省、自治区、直辖市人民政府提出申请，国务院建设主管部门会同国务院环境保护主管部门、林业主管部门、文物主管部门等有关部门组织论证，提出审查意见，报国务院批准公布。

设立省级风景名胜区，由县级人民政府提出申请，省、自治区人民政府建设主管部门或者直辖市人民政府风景名胜区主管部门，会同其他有关部门组织论证，提出审查意见，报省、自治区、直辖市人民政府批准公布。

第十二条 风景名胜区规划分为总体规划和详细规划。

第十三条 风景名胜区总体规划的编制，应当体现人与自然和谐相处、区域协调发展和经济社会全面进步的要求，坚持保护优先、开发服从保护的原则，突出风景名胜资源的自然特性、文化内涵和地方特色。

风景名胜区总体规划应当包括下列内容：

（一）风景资源评价；

（二）生态资源保护措施、重大建设项目布局、开发利用强度；

（三）风景名胜区的功能结构和空间布局；

（四）禁止开发和限制开发的范围；

（五）风景名胜区的游客容量；

（六）有关专项规划。

第十五条 风景名胜区详细规划应当根据核心景区和其他景区的不同要求编制，确定基础设施、旅游设施、文化设施等建设项目的选址、布局与规模，并明确建设用地范围和规划设计条件。

风景名胜区详细规划，应当符合风景名胜区总体规划。

第二十六条 在风景名胜区内禁止进行下列活动：

（一）开山、采石、开矿、开荒、修坟立碑等破坏景观、植被和地形地貌的活动；

（二）修建储存爆炸性、易燃性、放射性、毒害性、腐蚀性物品的设施；

（三）在景物或者设施上刻划、涂污；

（四）乱扔垃圾。

第二十七条 禁止违反风景名胜区规划，在风景名胜区内设立各类开发区和在核心景区内建设宾馆、招待所、培训中心、疗养院以及与风景名胜资源保护无关的其他建筑物；已经建设的，应当按照风景名胜区规划，逐步迁出。

第三十二条 风景名胜区管理机构应当根据风景名胜区的特点，保护民族民间传统文化，开展健康有益的游览观光和文化娱乐活动，普及历史文化和科学知识。

第三十三条　风景名胜区管理机构应当根据风景名胜区规划，合理利用风景名胜资源，改善交通、服务设施和游览条件。

风景名胜区管理机构应当在风景名胜区内设置风景名胜区标志和路标、安全警示等标牌。

第三十六条　风景名胜区管理机构应当建立健全安全保障制度，加强安全管理，保障游览安全，并督促风景名胜区内的经营单位接受有关部门依据法律、法规进行的监督检查。

禁止超过允许容量接纳游客和在没有安全保障的区域开展游览活动。

第三十九条　风景名胜区管理机构不得从事以营利为目的的经营活动，不得将规划、管理和监督等行政管理职能委托给企业或者个人行使。

风景名胜区管理机构的工作人员，不得在风景名胜区内的企业兼职。

第四十至五十一条　违反本条例规定的，将追究相关行政、刑事责任或处以 1000 至 100 万元不等的罚款。（具体见本条例相关条款）

第六章　其他事务管理类

个体工商户条例（节选）

（2011 年 3 月 30 日国务院第 149 次常务会议通过，2011 年 4 月 16 日中华人民共和国国务院第 596 号令公布，自 2011 年 11 月 1 日起施行；1987 年 8 月 5 日国务院发布的《城乡个体工商户管理暂行条例》同时废止；2014 年 2 月 9 日修订，2016 年 2 月 6 日修正）

第二条　有经营能力的公民，依照本条例规定经工商行政管理部门登记，从事工商业经营的，为个体工商户。

个体工商户可以个人经营，也可以家庭经营。

个体工商户的合法权益受法律保护，任何单位和个人不得侵害。

第四条　国家对个体工商户实行市场平等准入、公平待遇的原则。

申请办理个体工商户登记，申请登记的经营范围不属于法律、行政法规禁止进入的行业的，登记机关应当依法予以登记。

第五条　工商行政管理部门和县级以上人民政府其他有关部门应当依法对个体工商户实行监督和管理。

个体工商户从事经营活动，应当遵守法律、法规，遵守社会公德、商业道德，诚实守信，接受政府及其有关部门依法实施的监督。

第八条第一款　申请登记为个体工商户，应当向经营场所所在地登记机关申请注册登记。申请人应当提交登记申请书、身份证明和经营场所证明。

第十四条　登记机关将未按照规定履行年度报告义务的个体工商户载入经营异常名录，并在企业信用信息公示系统上向社会公示。

第十五条　登记机关接收个体工商户年度报告和抽查不得收取任何费用。

第十七条第一款　个体工商户在领取营业执照后，应当依法办理税务登记。

第十八条　任何部门和单位不得向个体工商户集资、摊派，不得强行要求个体工商户提供赞助或者接受有偿服务。

第十九条　地方各级人民政府应当将个体工商户所需生产经营场地纳入城乡建设规划，统筹安排。

个体工商户经批准使用的经营场地，任何单位和个人不得侵占。

第二十一条　个体工商户可以根据经营需要招用从业人员。

个体工商户应当依法与招用的从业人员订立劳动合同，履行法律、行政法规规定和合同约定的义务，不得侵害从业人员的合法权益。

第二十二条　个体工商户提交虚假材料骗取注册登记，或者伪造、涂改、出租、出借、转让营业执照的，由登记机关责令改正，处 4000 元以下的罚款；情节严重的，撤销注册登记或者吊销营业执照。

第二十三条　个体工商户登记事项变更，未办理变更登记的，由登记机关责令改正，处 1500 元以下的罚款；情节严重的，吊销营业执照。

个体工商户未办理税务登记的，由税务机关责令限期改正；逾期未改正的，经税务机关提请，由登记机关吊销营业执照。

无照经营查处取缔办法（节选）

（2002 年 12 月 18 日国务院第 67 次常务会议通过，2003 年 1 月 6 日中华人民共和国国务院第 370 号令公布，自 2003 年 3 月 1 日起施行，2011 年 1 月 8 日修订）

第三条　对于依照法律、法规规定，须经许可审批的涉及人体健康、公共安全、安全生产、环境保护、自然资源开发利用等的经营活动，许可审批部门必须严格依照法律、法规规定的条件和程序进行许可审批。工商行政管理部门必须凭许可审批部门颁发的许可证或者其他批准文件办理注册登记手续，核发营业执照。

第四条　下列违法行为，由工商行政管理部门依照本办法的规定予以查处：

（一）应当取得而未依法取得许可证或者其他批准文件和营业执照，擅自从事经营活动的无照经营行为；

（二）无须取得许可证或者其他批准文件即可取得营业执照而未依法取得营业执照，擅自从事经营活动的无照经营行为；

（三）已经依法取得许可证或者其他批准文件，但未依法取得营业执照，擅自从事经营活动的无照经营行为；

（四）已经办理注销登记或者被吊销营业执照，以及营业执照有效期届满后未按照规定重新办理登记手续，擅自继续从事经营活动的无照经营行为；

（五）超出核准登记的经营范围、擅自从事应当取得许可证或者其他批准文件方可从事的经营活动的违法经营行为。

前款第（一）项、第（五）项规定的行为，公安、国土资源、建设、文化、卫生、质检、环保、新闻出版、药监、安全生产监督管理等许可审批部门（以下简称许可审批部门）亦应当依照法律、法规赋予的职责予以查处。但是，对当事人的同一个违法行为，不得给予两次以上罚款的行政处罚。

第六条　对于已经取得营业执照，但未依法取得许可证或者其他批准文件，或者已经取得的许可证或者其他批准文件被吊销、撤销或者有效期届满后未依法重新办理许可审批手续，擅自从事相关经营活动，法律、法规规定应当撤销注册登记或者吊销营业执照的，工商行政管理部门应当撤销注册登记或者吊销营业执照。

第八条　工商行政管理部门依法查处无照经营行为，实行查处与引导相结合、处罚与教育相结合，对于下岗失业人员或者经营条件、经营范围、经营项目符合法律、法规规定的，应当督促、引导其依法办理相应手续，合法经营。

第九条　县级以上工商行政管理部门对涉嫌无照经营行为进行查处取缔时，可以行使下列职权：

（一）责令停止相关经营活动；

（二）向与无照经营行为有关的单位和个人调查、了解有关情况；

（三）进入无照经营场所实施现场检查；

（四）查阅、复制、查封、扣押与无照经营行为有关的合同、票据、账簿以及其他资料；

（五）查封、扣押专门用于从事无照经营活动的工具、设备、原材料、产品（商品）等财物；

（六）查封有证据表明危害人体健康、存在重大安全隐患、威胁公共安全、破坏环境资源的无照经营场所。

第十一条　工商行政管理部门实施查封、扣押的期限不得超过15日；案件情况复杂的，经县级以上工商行政管理部门主要负责人批准，可以延长15日。

对被查封、扣押的财物，工商行政管理部门应当妥善保管，不得使用或者损毁。被查封、扣押的财物易腐烂、变质的，经县级以上工商行政管理部门主要负责人批准，工商行政管理部门可以在留存证据后先行拍卖或者变卖。

第十三条　工商行政管理部门违反本办法的规定使用或者损毁被查封、扣押的财物，造成当事人经济损失的，应当承担赔偿责任。

第十四条　对于无照经营行为，由工商行政管理部门依法予以取缔，没收违法所得；触犯刑律的，依照刑法关于非法经营罪、重大责任事故罪、重大劳动安全事故罪、危险物品肇事罪或者其他罪的规定，依法追究刑事责任；尚不够刑事处罚的，并处2万元以下的罚款；无照经营行为规模较大、社会危害严重的，并处2万元以上20万元以下的罚款；无照经营行为危害人体健康、存在重大安全隐患、威胁公共安全、破坏环境资源的，没收专门用于从事无照经营的工具、设备、原材料、产品（商品）等财物，并处5万元以上50万元以下的罚款。

对无照经营行为的处罚，法律、法规另有规定的，从其规定。

第十八条　拒绝、阻碍工商行政管理部门依法查处无照经营行为，构成违反治安管理行为的，由公安机关依照《中华人民共和国治安管理处罚条例》的规定予以处罚；构成犯罪的，依法追究刑事责任。

第十九条 工商行政管理部门、许可审批部门及其工作人员滥用职权、玩忽职守、徇私舞弊，未依照法律、法规的规定核发营业执照、许可证或者其他批准文件，未依照法律、法规的规定吊销营业执照、撤销注册登记、许可证或者其他批准文件，未依照本办法规定的职责和程序查处无照经营行为，或者发现无照经营行为不予查处，或者支持、包庇、纵容无照经营行为，触犯刑律的，对直接负责的主管人员和其他直接责任人员依照刑法关于受贿罪、滥用职权罪、玩忽职守罪或者其他罪的规定，依法追究刑事责任；尚不够刑事处罚的，依法给予降级、撤职直至开除的行政处分。

娱乐场所治安管理办法（节选）

（2008 年 6 月 3 日公安部第 103 号令公布，自 2008 年 10 月 1 日起施行）

第二条 娱乐场所治安管理应当遵循公安机关治安部门归口管理和辖区公安派出所属地管理相结合，属地管理为主的原则。

公安机关对娱乐场所进行治安管理，应当严格、公正、文明、规范。

第三条 娱乐场所法定代表人、主要负责人是维护本场所治安秩序的第一责任人。

第四条第一款 娱乐场所领取营业执照后，应当在 15 日内向所在地县（市）公安局、城市公安分局治安部门备案；县（市）公安局、城市公安分局治安部门受理备案后，应当在 5 日内将备案资料通报娱乐场所所在辖区公安派出所。

第八条 歌舞娱乐场所包厢、包间内不得设置阻碍展现室内整体环境的屏风、隔扇、板壁等隔断，不得以任何名义设立任何形式的房中房（卫生间除外）。

第十二条 歌舞娱乐场所应当在营业场所出入口、消防安全疏散出入口、营业大厅通道、收款台前安装闭路电视监控设备。

第十四条 歌舞娱乐场所应当设置闭路电视监控设备监控室，由专人负责值守，保障设备在营业时间内正常运行，不得中断、删改或者挪作他用。

第十七条第一款 娱乐场所应当在营业场所大厅、包厢、包间内的显著位置悬挂含有禁毒、禁赌、禁止卖淫嫖娼等内容的警示标志。标志应当注明公安机关的举报电话。

第十八条 娱乐场所不得设置具有赌博功能的电子游戏机机型、机种、电路板等游戏设施设备，不得从事带有赌博性质的游戏机经营活动。

第十九条 娱乐场所对从业人员应当实行实名登记制度，建立从业人员名簿，统一建档管理。

第二十一条 营业期间，娱乐场所从业人员应当统一着装，统一佩带工作标志。

着装应当大方得体，不得有伤风化。

工作标志应当载有从业人员照片、姓名、职务、统一编号等基本信息。

第二十四条 娱乐场所应当安排保安人员负责安全巡查，营业时间内每 2 小时巡查一次，巡查区域应当涵盖整个娱乐场所，巡查情况应当写入营业日志。

第二十五条 娱乐场所对发生在场所内的违法犯罪活动，应当立即向公安机关报告。

第二十六条第一款 娱乐场所应当按照国家有关信息化标准规定，配合公安机关建立娱乐场所治安管理信息系统，实时、如实将从业人员、营业日志、安全巡查等信息录入系统，传输报送公安机关。

第二十八条　娱乐场所保安人员应当履行下列职责：

（一）维护娱乐场所治安秩序；

（二）协助娱乐场所做好各项安全防范和巡查工作；

（三）及时排查、发现并报告娱乐场所治安、安全隐患；

（四）协助公安机关调查、处置娱乐场所内发生的违法犯罪活动。

第三十条　娱乐场所营业面积在 200 平方米以下的，配备的保安人员不得少于 2 名；营业面积每增加 200 平方米，应当相应增加保安人员 1 名。

迪斯科舞厅保安人员应当按照场所核定人数的 5% 配备。

第三十三条第一款　公安机关及其工作人员对娱乐场所进行监督检查时应当出示人民警察证件，表明执法身份，不得从事与职务无关的活动。

第四十条　公安机关建立娱乐场所治安管理信息系统，对娱乐场所及其从业人员实行信息化监督管理。

第四篇 地方部门规章

第一章 规划土地管理类

深圳市城市更新办法（节选）

（自 2009 年 12 月 1 日起施行）

第二条 本办法适用于本市行政区域范围内的城市更新活动。

本办法所称城市更新，是指由符合本办法规定的主体对特定城市建成区（包括旧工业区、旧商业区、旧住宅区、城中村及旧屋村等）内具有以下情形之一的区域，根据城市规划和本办法规定程序进行综合整治、功能改变或者拆除重建的活动：

（一）城市的基础设施、公共服务设施亟需完善；

（二）环境恶劣或者存在重大安全隐患；

（三）现有土地用途、建筑物使用功能或者资源、能源利用明显不符合社会经济发展要求，影响城市规划实施；

（四）依法或者经市政府批准应当进行城市更新的其他情形。

第七条 市规划国土主管部门负责组织、协调全市城市更新工作，依法拟订城市更新相关的规划土地管理政策，统筹城市更新的规划、计划管理，制定城市更新相关技术规范，组织制定城市更新单元规划，负责城市更新过程中的土地使用权出让、收回和收购工作。

第八条 各区政府（含新区管理机构，下同）组织辖区内城市更新用地的整理，组织辖区内综合整治类更新项目和市政府确定由其实施的拆除重建类更新项目的实施，对功能改变类和其他拆除重建类更新项目的实施进行协调。

市发展改革部门负责拟定城市更新相关的产业指导政策，统筹安排涉及政府投资的城市更新年度资金。市财政部门负责按照计划安排核拨城市更新项目资金。

各相关主管部门依法在各自职能范围内为城市更新活动提供服务并实施管理。

第十九条 综合整治类更新项目主要包括改善消防设施、改善基础设施和公共服务设施、改善沿街立面、环境整治和既有建筑节能改造等内容，但不改变建筑主体结构和使用功能。

综合整治类更新项目一般不加建附属设施，因消除安全隐患、改善基础设施和公共服务设施需要加建附属设施的，应当满足城市规划、环境保护、建筑设计、建筑节能及消防安全等规范的要求。

第二十三条 功能改变类更新项目改变部分或者全部建筑物使用功能，但不改变土地使用权的权利主体和使用期限，保留建筑物的原主体结构。

功能改变类更新项目可以根据消除安全隐患、改善基础设施和公共服务设施的需要加建附属设施，并应当满足城市规划、环境保护、建筑设计、建筑节能及消防安全等规范的要求。

第二十七条　拆除重建类更新项目应当严格按照城市更新单元规划、城市更新年度计划的规定实施。

第二十八条　根据城市更新单元规划的规定，城市更新单元内土地使用权期限届满之前，因单独建设基础设施、公共服务设施等公共利益需要或者为实施城市规划进行旧城区改建需要调整使用土地或者具备其他法定收回条件的，由市规划国土主管部门依法收回土地使用权并予以补偿。

第二十九条　除依法应当收回的外，市政府可以根据城市更新的需要组织进行土地使用权收购，城市更新单元内的土地使用权人也可以向市规划国土主管部门申请土地使用权收购。

第三十一条　拆除重建类城市更新项目范围内的土地使用权人与地上建筑物、构筑物或者附着物所有权人相同且为单一权利主体的，可以由权利人依据本办法实施拆除重建。

第三十二条　拆除重建类城市更新项目范围内的土地使用权人与地上建筑物、构筑物或者附着物所有权人不同或者存在多个权利主体的，可以在多个权利主体通过协议方式明确权利义务后由单一主体实施城市更新，也可以由多个权利主体签订协议并依照《中华人民共和国公司法》的规定以权利人拥有的房地产作价入股成立公司实施更新，并办理相关规划、用地、建设等手续。

第三十三条　同一宗地内建筑物由业主区分所有，经专有部分占建筑物总面积三分之二以上的业主且占总人数三分之二以上的业主同意拆除重建的，全体业主是一个权利主体。

城中村、旧屋村拆除重建的，应当经原农村集体经济组织继受单位股东大会按照有关规定表决同意。

本办法所称城中村是指我市城市化过程中依照有关规定由原农村集体经济组织的村民及继受单位保留使用的非农建设用地的地域范围内的建成区域。

第三十四条　权利人拆除重建类更新项目的实施主体在取得城市更新项目规划许可文件后，应当与市规划国土主管部门签订土地使用权出让合同补充协议或者补签土地使用权出让合同，土地使用权期限重新计算，并按照规定补缴地价。

青岛市轨道交通土地资源开发利用管理办法（节选）

（2016 年 11 月 23 日青岛市人民政府法制办发布，自 2017 年 1 月 1 日起施行）

第三条　轨道交通土地资源开发利用应当遵循集约节约、整体规划、统一控制、功能融合、有序开发的原则。

第四条　市地铁工程建设指挥部负责轨道交通土地资源开发利用的组织、协调、监督工作，日常工作由轨道交通管理机构承担。

发展改革、财政、城乡规划、国土资源等部门应当按照职责做好轨道交通土地资源开发利用的相关工作。

区（市）人民政府应当协同轨道交通管理机构做好辖区内的轨道交通土地资源开发利用相关工作。

轨道交通经营单位应当按照本办法规定，做好轨道交通土地资源开发利用具体工作。

第六条　下列土地，纳入轨道交通规划控制范围，并由轨道交通管理机构向社会公布：

（一）轨道交通规划线路两侧各 1000 米内的土地；

（二）市、区（市）人民政府确定用于支持轨道交通建设和发展的其他土地。

轨道交通车辆基地、停车场、车站、区间及其用地红线外 200 米区域内为轨道交通土地开发利用核心区（以下简称核心区）；轨道交通规划控制范围除核心区以外的区域为轨道交通土地开发利用特定区（以下简称特定区）。

第十条　核心区、特定区土地资源开发利用专项规划应当达到控制性详细规划编制要求，包括功能定位、城市空间形态、道路交通体系、用地开发、地下空间布局等内容。具备条件的，应当达到修建性详细规划的深度，并进行相应的经济分析、制定开发计划。

核心区、特定区土地资源开发利用专项规划应当明确具体边界。

第十一条　核心区土地资源开发利用应当与轨道交通设施建设项目整体规划、一体设计、有序开发。其中，与轨道交通设施在结构上不可分割、工程上必须统一实施的地上和地下开发项目，以及应当结合轨道交通设施统一开发的公共交通、商业服务、居住等项目（以下统称轨道交通综合开发项目），纳入轨道交通工程可行性研究报告分析论证，由轨道交通经营单位组织实施，并与轨道交通设施同步建设。

特定区土地资源开发利用应当结合轨道交通建设统筹规划、功能衔接、协调推进。有关区（市）人民政府应当根据特定区土地开发利用专项规划，制定特定区开发计划并组织实施。

第十三条　核心区土地资源由轨道交通经营单位负责实施一级开发整理，相关区（市）人民政府负责完成其土地的农用地转用、集体土地征收、国有土地使用权收回、房屋征收不动产权属注销等工作，相关费用由轨道交通经营单位承担。其中，轨道交通综合开发项目用地纳入轨道交通建设用地征收范围，费用列入轨道交通建设成本。

第十四条　轨道交通综合开发项目办理审批时实行容缺受理、并联审批。其中，由轨道交通经营单位建设的，应当与轨道交通设施建设项目一并办理审批手续；其他单位建设的，相关部门在审批前，应当征求轨道交通经营单位意见。

第十五条　轨道交通综合开发项目土地使用权，按照城乡规划部门确定的建（构）筑物在水平面上垂直投影占地范围、竖向高程、层数、规划用途、建筑面积等规划条件，由国土资源部门进行分层登记。

第十六条　轨道交通综合开发项目的经营性用地以招拍挂方式出让。轨道交通管理机构对拟出让的土地提出的涉及轨道交通建设施工、设施保护和运营安全的要求，经国土资源部门审查后纳入供地方案，作为土地使用权出让的附加条件。

附着于轨道交通设施且不具备独立开发条件的经营性地下建设项目，可以采用协议方式出让地下空间建设用地使用权。

第十七条　轨道交通设施与其相邻的建（构）筑物之间的连通通道，符合规定要求的，应当一并纳入轨道交通主体工程审批，建设费用列入轨道交通建设成本，由轨道交通经营单位统一建设、经营管理。

第二十三条　对违反轨道交通土地开发利用规划，擅自在轨道交通规划控制范围内进行新建、改建或者扩建工程的，由相关部门依法处理；造成损失的，依法承担赔偿责任。

第二十四条　对妨碍轨道交通土地资源开发利用工程建设的单位和个人，由有关主管部门责令改正，并追究直接责任人的法律责任；造成轨道交通开发工程直接经济损失的，应当承担赔偿责任。

长春市城市雕塑管理办法（节选）

(2012 年 6 月 1 日长春市人民政府第 51 次常务会议审议通过，2012 年 6 月 1 日长春市人民政府令第 35 号公布，自 2012 年 7 月 15 日起施行)

第三条　本办法所称城市雕塑，是指在道路、广场、绿地、居住区、风景名胜区、公共建筑物及其他活动场地建设的室外雕塑。

第四条　城市雕塑建设应当遵循统一规划、主题鲜明、内容健康、艺术性强、有序发展的原则，注重与城市整体环境相协调。

第五条　市城乡规划主管部门负责本市城市雕塑管理工作。

市城市雕塑规划管理办公室（以下简称市雕塑办）具体负责本市城市雕塑建设的组织实施和日常管理工作。

各区人民政府和市有关主管部门应当按照各自职责，依法做好城市雕塑管理的相关工作。

第八条　建设城市雕塑，应当经市城乡规划主管部门批准。

在新建建设项目规划用地范围内建设城市雕塑的，建设单位应当将城市雕塑的设计方案随建设项目的设计方案一并报批。

在改建项目范围内建设城市雕塑的，建设单位应当将城市雕塑的设计方案随改建项目的设计方案一并报批。

单独建设城市雕塑的，建设单位应当持土地使用权证书、现状地形图、设计方案等相关材料报批。

占用城市绿地、市政设施建设城市雕塑的，还应当经园林绿化、市政设施主管部门同意。

第十一条　国家、省、市确定的城市雕塑，以及道路、广场、车站、机场、文体和会展场馆、绿地、风景名胜区等重要城市地段的城市雕塑的设计方案由市雕塑办通过招标或者公开征集等方式征集。

第十五条　禁止建设含有下列内容的城市雕塑：

（一）损害国家尊严，歪曲、篡改国家历史的；

（二）损害民族情感，有悖于民族传统风俗的；

（三）有歧视性、侮辱性内容的；

（四）可能引发社会矛盾、危害社会稳定的；

（五）法律、法规禁止的其他内容的。

第十八条　城市雕塑的日常维护和保养工作，按照下列规定分别组织实施：

（一）市雕塑办负责国家、省、市确定建设的城市雕塑的日常维护和保养工作；

（二）各区人民政府（开发区管委会）负责各区（开发区）确定建设的城市雕塑的日常维护和保养工作；

（三）项目建设单位或者权属单位负责在居住区、企事业单位、校园等范围内建设的城市雕塑的日常维护和保养工作。

市雕塑办应当加强巡查，发现城市雕塑发生破损无法修复的，通知产权人或者管理人报经市城乡规划主管部门同意后拆除。

第二十条　禁止损毁城市雕塑及在城市雕塑上悬挂、粘贴物品。

第二十一条　任何单位和个人不得擅自迁移或者拆除按照本办法规定建设的城市雕塑。因特殊情况确需迁移或者拆除的，须报市城乡规划主管部门批准后到市雕塑办备案，所需费用由迁移或者拆除单位承担，并对造成的损失予以补偿。

第二十二条　违反本办法规定，未经许可或者未按照许可内容建设城市雕塑的，由市城乡规划主管部门按照有关法律、法规的规定予以处罚。

第二十三条　违反本办法规定，擅自迁移或者拆除城市雕塑的，由市城乡规划主管部门责令限期复原；逾期未复原的，处以五百元以上一千元以下罚款。造成损失的，依法予以赔偿。

第二十五条　违反本办法规定，故意损毁城市雕塑的，由公安机关依法予以处罚；情节严重构成犯罪的，依法追究刑事责任。

第二章　住房建设管理类

南昌市城市地下空间开发利用管理办法（节选）

（2013年10月25日南昌市人民政府第14次常务会议通过，2013年11月25日南昌市人民政府令第151号发布，自2014年3月1日起施行）

第三条　本办法所称城市地下空间是指城市规划区内地表以下的空间，包括结建地下空间和单建地下空间。

结建地下空间是指同一主体结合地面建筑一并开发建设的地下空间。

单建地下空间是指独立开发建设的地下空间。

第六条　市国土资源主管部门组织实施本办法，并负责城市地下空间开发利用用地的监督管理。

市城乡规划主管部门负责城市地下空间开发利用规划的监督管理。

市建设主管部门负责城市地下空间建设工程建设的监督管理。

市房产主管部门负责城市地下空间建筑物登记工作的监督管理。

市人民防空主管部门负责城市地下空间开发利用涉及人民防空的监督管理。

其他有关部门应当按照各自职责，做好城市地下空间开发利用的监督管理。

第十条 城市地下空间开发利用专项规划应当包括以下内容：

（一）城市地下空间开发利用的现状分析、发展战略、功能分区、交通体系及用地规模和布局；

（二）禁止、限制和适宜建设地下空间的范围；

（三）环境保护和人民防空要求；

（四）防灾减灾措施；

（五）法律、法规、规章规定的其他内容。

第十一条 编制城市控制性详细规划、修建性详细规划应当符合城市地下空间开发利用专项规划的要求。

第十三条 结建地下空间建设工程的地下建设用地使用权随同地上建设用地使用权一并取得。

单建地下空间建设工程的地下建设用地使用权按照以下方式取得：

（一）用于人民防空、防灾减灾、城市基础设施和公共服务设施等符合《划拨用地目录》的地下空间建设工程，其地下建设用地使用权依法采用划拨方式取得；

（二）用于商业、金融、旅游、娱乐等经营性用途的地下空间建设工程，其地下建设用地使用权依法采取招标、拍卖、挂牌等出让方式取得；

（三）地下交通建设工程及其附着地下交通建设工程开发的经营性地下空间，其地下建设用地使用权以协议方式一并出让给已经取得地下交通建设项目的使用权人。

第十八条 城乡规划主管部门在作出城市地下空间建设工程规划许可时，应当明确地下建（构）筑物坐落、空间范围、水平投影坐标、起止深度、总层数、竖向高程、水平投影最大面积、建筑面积、用途、公共通道、出入口的位置、地下空间之间的连通要求、物业用房等公共设施用房面积与具体位置等内容。

第十九条 开发城市地下空间取得地下建设用地使用权的，应当依法向国土资源主管部门提出土地登记申请，领取土地权利证书。

第二十条 建设单位在取得建设工程规划许可和其他有关批准文件后，方可向建设主管部门申请办理建设工程施工许可。结建地下空间建设工程，应当与地上工程一并申领施工许可。

第二十一条 城市地下空间建设工程应当符合有关规定、标准和规范，满足地下空间对消防安全、人民防空、环境保护、防水排涝、设施运行维护等方面的使用要求，使用功能与出入口设计应当与地面建设相协调。

第二十三条 城市地下空间的工程建设应当保证地面及周边现有建筑物、市政设施、人民防空工程、文物、古树名木、公共绿地的安全。

城市地下空间的工程建设涉及地下连通工程的，先建单位应当按照专业规范预留地下连通工程的接口，后建单位应当负责履行后续地下工程连通义务。

第二十五条 城市地下空间建筑物权利人应当持用地使用权证明、规划许可证明及竣工验收等资料向房产主管部门申请地下空间建筑物登记。

第三十条 城市地下空间权利人、使用人应当对地下空间建筑物和设施进行日常管理和维护，保障公共通道及出入口的开放性，做好地下空间的标识管理，并配合城市基础设施的维护单位对相关设施进行日常维护保养。

第三十二条　平战结合的城市地下空间，平时使用时应当符合人民防空工程管理的有关规定，战备需要时应当无条件服从统一调度。

第三十三条　建设单位或者使用单位，违反本办法规定及有关国土资源、城乡规划、建设、房产管理、人民防空等方面规定的，由有关部门依法予以处罚。

深圳市绿色建筑促进办法（节选）

（2013 年 7 月 19 日深圳市政府令第 253 号，市政府五届八十八次常务会议审议通过，自 2013 年 8 月 20 日起施行）

第二条　本办法适用于本市行政区域内绿色建筑的规划、建设、运营、改造、评价标识以及监督管理。

本办法所称绿色建筑，是指在建筑的全寿命周期内，最大限度节能、节地、节水、节材、保护环境和减少污染的建筑。

第七条　市人民政府将促进绿色建筑发展情况列为综合考核评价指标，纳入节能目标责任评价考核体系和绩效评估与管理指标体系，按年度对相关部门和各区人民政府进行考核与评估。

第十二条　规划国土部门在对方案设计进行核查时，应当对建设项目是否符合绿色建筑标准进行核查。方案设计不符合绿色建筑标准的，不予通过方案设计核查，不予办理建设工程规划许可证。

第十三条　施工图审查机构应当对施工图设计文件是否符合绿色建筑标准进行审查，未经审查或者经审查不符合要求的，不予出具施工图设计文件审查合格意见。

主管部门对施工图设计文件进行抽查时，发现施工图设计文件不符合绿色建筑标准的，不予颁发建设工程施工许可证。

第十六条　主管部门进行建筑节能专项验收时，对未按照施工图设计文件和绿色施工方案进行建设的项目，不予通过建筑节能专项验收，不予办理竣工验收备案手续。

第十七条　市主管部门应当建立建筑能耗统计、能源审计、能耗公示和建筑碳排放核查制度，为建筑用能管理、节能改造和建筑碳排放权交易提供依据。

建筑物所有权人、使用人和物业服务企业应当为建筑能耗统计、能源审计和建筑碳排放量核查工作提供便利条件。

第十八条　大型公共建筑和机关事业单位办公建筑应当安装用电等能耗分项计量装置和建筑能耗实时监测设备，并将监测数据实时传输至深圳市建筑能耗数据中心。

大型公共建筑和机关事业单位办公建筑的所有权人和使用人应当加强用能管理，执行大型公共建筑空调温度控制标准。

第十九条　用能水平在市主管部门发布能耗限额标准以上的既有大型公共建筑和机关事业单位办公建筑，应当进行节能改造。鼓励优先采用合同能源管理方式进行节能改造。

鼓励对既有建筑物进行节能改造的同时进行绿色改造。

第二十条　新建民用建筑建成后应当实行绿色物业管理。

鼓励既有建筑实行绿色物业管理，通过科学管理和技术改造，降低运行能耗，最大限度节约资源和保护环境。

第二十一条　市主管部门应当会同有关部门以及各区人民政府制定并实施旧住宅区的绿色改造计划。

鼓励对旧城区进行综合整治的同时进行绿色改造。

第二十二条　绿色建筑应当选用适宜于本市的绿色建筑技术和产品，包括利用自然通风、自然采光、外遮阳、太阳能、雨水渗透与收集、中水处理回用及规模化利用、透水地面、建筑工业化、建筑废弃物资源化利用、隔音、智能控制等技术，选用本土植物、普及高能效设备及节水型产品。

第二十三条　鼓励具备太阳能系统安装和使用条件的新建民用建筑，按照技术经济合理原则安装太阳能光伏系统。

鼓励公共区域采用光伏发电和风力发电。

鼓励在既有建筑的外立面和屋面安装太阳能光热系统或者光伏系统。

第二十四条　绿色建筑应当使用预拌混凝土、预拌砂浆和新型墙材，推广使用高强钢筋、高性能混凝土，鼓励开发利用本地建材资源。

建筑物的基础垫层、围墙、管井、管沟、挡土坡以及市政道路的路基垫层等指定工程部位，应当使用绿色再生建材。新建道路的非机动车道、地面停车场等应当铺设透水性绿色再生建材。

第二十五条　鼓励绿色建筑按照建筑工业化模式建设，推广适合工业化生产的预制装配式混凝土、钢结构等建筑体系，推广土建与装修工程一体化设计施工。

新建保障性住房应当一次性装修，鼓励新建住宅一次性装修或者菜单式装修。

第二十六条　绿色建筑应当选用节水型器具，采用雨污分流技术。

绿色建筑应当综合利用各种水资源，景观用水、绿化用水、道路冲洗应当采用雨水、中水、市政再生水等非传统水源。使用非传统水源应当采取用水安全保障措施。

第二十七条　鼓励在绿色建筑的外立面、结构层、屋面和地下空间进行多层次、多功能的绿化和美化，改善局部气候和生态服务功能。

鼓励建筑物设置架空层，拓展公共开放空间。

第二十八条　绿色建筑的居住和办公空间应当符合采光、通风、隔音降噪、隔热保温及污染防治的要求。

绿色建筑竣工后，建设单位应当委托有资质的检测机构按照相关标准对室内环境污染物浓度进行检测，并将检测结果在房屋买卖合同、房屋质量保证书和使用说明书中载明。

第二十九条　鼓励采用绿色建筑创新技术，鼓励采用信息化手段预测绿色建筑节能效益和节水效益。

鼓励绿色建筑设计采用建筑信息模型技术，数字化模拟施工全过程，建立全过程可追溯的信息记录。

第四十四条　相关行政机关及其工作人员在绿色建筑促进工作中有下列情形之一的，依法追究行政责任；涉嫌犯罪的，依法移送司法机关处理：

（一）违法进行行政审批或者行政处罚的；

（二）不依法编制绿色建筑技术规范的；

（三）其他玩忽职守、滥用职权、徇私舞弊的。

第四十五条　违反本办法规定，建设工程未能达到绿色建筑相应标准和等级要求，属于建设单位责任的，由主管部门责令建设单位限期改正；逾期不改正的，处 30 万元罚款。

第四十六条　违反本办法规定，建设工程竣工后未对室内污染物浓度进行检测，或者未将检测结果在相关文书中载明的，由主管部门责令建设单位限期改正；逾期不改正的，处 2 万元罚款。

第四十七条　违反本办法规定，相关单位未履行绿色建筑促进责任的，由主管部门责令限期改正；逾期不改正的，依照下列规定予以处罚：

（一）设计单位未按照有关绿色建筑的法律法规、技术标准和技术规范要求进行设计的，处 20 万元罚款；

（二）施工图审查机构未对建设项目有关绿色建筑部分进行审查，或者经审查不符合绿色建筑技术标准和技术规范要求，仍出具施工图设计文件审查合格意见的，处 10 万元罚款；

（三）施工单位未按照绿色建筑标准、施工图设计文件和绿色施工方案要求施工的，处 20 万元罚款；

（四）监理单位未根据绿色建筑标准、施工图设计文件对施工过程进行监督和评价的，处 5 万元罚款。

第四十八条　违反本办法规定，建筑物所有权人、使用人和物业服务企业无正当理由拒绝为建筑能耗统计、能效审计和建筑碳排放核查工作提供条件，或者未执行大型公共建筑空调温度控制标准的，由主管部门责令限期改正；逾期不改正的，处 3 万元罚款。

第四十九条　依照本办法规定给予单位罚款处罚的，对单位直接负责的主管人员或者其他直接责任人员，处以单位罚款额 10％的罚款。

第五十条　依照本办法规定受到处罚的单位和个人，主管部门应当将其处罚情况作为不良行为予以记录，并向社会公示。

长沙市物业专项维修资金管理办法（节选）

（2013 年 1 月 18 日长沙市人民政府第 1 次常务会议审议通过；2013 年 2 月 28 日长沙市人民政府令第 124 号公布，自 2013 年 7 月 1 日起施行）

第二条　本市市区范围内国有土地上的物业，其物业专项维修资金的交存、使用、监督及其相关管理活动，适用本办法。

本办法所称物业专项维修资金，是指专项用于物业共用部位、共用设施设备保修期满后的维修和更新、改造的资金。

第四条　市住房和城乡建设行政主管部门负责物业专项维修资金管理工作的指导和监督。市物业专项维修资金管理机构（以下简称管理机构）具体负责物业专项维修资金的日常管理工作。

市财政、审计、监察等相关部门按照各自职责对物业专项维修资金的管理进行监督。

区建设（房产）主管部门、乡镇人民政府、街道办事处按照规定的职责分工，负责物业专项维修资金的相关工作。

第五条 同一物业管理区域内，有两户以上业主的物业，其业主应当交存物业专项维修资金。

第七条 业主按照所拥有物业的建筑面积交存物业专项维修资金，每平方米建筑面积交存首期物业专项维修资金的数额，由市住房和城乡建设行政主管部门根据本市建筑安装工程每平方米造价的百分之五至百分之八分类确定后向社会公布，并适时调整。

调整首期物业专项维修资金的交存标准，应当公开征求意见并组织听证。

第十一条 物业专项维修资金应当以物业管理区域为单位设总账，以幢为单位设分幢账，按房屋户室号设分户账。

第十五条 业主分户账面物业专项维修资金余额不足首期交存额百分之三十的，应当及时续交。

第十八条 物业专项维修资金应当专项用于物业共用部位、共用设施设备保修期满后的维修和更新、改造，不得挪作他用。

第十九条 物业共用部位、共用设施设备的维修和更新、改造费用，由相关业主按照各自拥有物业建筑面积的比例分摊。

已交存物业专项维修资金的，分摊费用从业主分户账中列支。业主分户账面余额不足以支付分摊费用的，由该业主补足。

未交存物业专项维修资金的，分摊费用由该业主直接支付。

第二十二条 对符合下列条件的物业维修和更新、改造项目，可以采取一次性表决的方式使用物业专项维修资金。一次性表决使用物业专项维修资金的，应当经专有部分占建筑物总面积三分之二以上的业主且占总人数三分之二以上的业主同意。

（一）同一物业管理区域内全体业主受益；

（二）单项物业维修和更新、改造项目费用在三万元以下。

一次性表决方式使用物业专项维修资金的期限不得超过五年，且期限内使用总金额不得超过本物业管理区域物业专项维修资金交存总额的百分之五。

属于一次性表决范围内的物业维修和更新、改造项目，使用物业专项维修资金时，不需要业主再次表决。

一次性表决使用物业专项维修资金的具体办法，由市住房和城乡建设行政主管部门另行制定。

第二十三条 发生下列情形之一，需要立即对物业项目进行维修和更新、改造的，维修费用可以直接从相关业主物业专项维修资金中列支：

（一）电梯故障危及人身安全的；

（二）消防、电力、供水、供气系统出现功能障碍或者部分设备损坏严重等重大安全隐患或者紧急情况的；

（三）屋面、外墙防水局部损坏、渗漏严重的；

（四）楼体单侧外墙饰面脱落，玻璃幕墙炸裂等危及人身安全的；

（五）其他发生危及人身安全和房屋使用安全的紧急情况。

第二十七条　物业项目维修和更新、改造费用三万元以上的，应当经具备相应资质的工程造价咨询机构审核，审核费用列入维修和更新、改造成本。

第三十条　下列收益应当转入物业专项维修资金滚存使用：

（一）物业专项维修资金的存储利息；

（二）利用物业专项维修资金购买国债的增值收益；

（三）利用物业共用部位、共用设施设备进行经营的，业主所得收益，但业主大会另有决定的除外；

（四）物业共用设施设备报废后回收的残值。

第三十一条　房屋所有权转让时，业主应当向受让人说明物业专项维修资金交存和结余情况并出具有效证明，该房屋分户账中结余的物业专项维修资金随房屋所有权同时过户。

第三十九条　违反本办法规定，挪用物业专项维修资金的，依法由住房和城乡建设行政主管部门追回挪用的物业专项维修资金，给予警告，可以并处挪用金额二倍以下的罚款；构成犯罪的，依法追究刑事责任。

管理机构挪用物业专项维修资金的，除按第一款规定予以处罚外，还应当对直接负责的主管人员和其他直接责任人员依法给予行政处分。

物业服务企业挪用物业专项维修资金情节严重的，除按第一款规定予以处罚外，还应当依法吊销其资质证书。

第四十条　业主未按本办法规定或业主大会决议交存、续交物业专项维修资金，或者拒不分摊维修和更新、改造费用的，业主委员会或者利益相关人可以向人民法院提起诉讼。

第三章　环境水务管理类

上海市社会生活噪声污染防治办法（节选）

（2012年11月26日上海市人民政府第157次常务会议审议通过，2012年12月5日上海市人民政府令第94号公布，自2013年3月1日起施行）

第三条　（监管部门）

市和区（县）环境保护行政管理部门（以下统称环保部门）负责本行政区域内社会生活噪声污染防治的监督管理。

公安机关按照法定职责，对制造社会生活噪声干扰他人正常生活的行为实施行政处罚。

本市规划、建设、工商、文化、城管执法、房屋管理、教育、体育、绿化市容等有关行政管理部门按照各自职责和本办法的规定，协同实施本办法。

第四条　（噪声源头控制要求）

市和区（县）规划行政管理部门在组织编制城乡规划时，应当根据各类社会生活噪声可能对周围环境造成的影响，合理确定规划布局。

市建设行政管理部门在制定建筑设计规范时，应当明确噪声敏感建筑物的隔声设计要求。噪声敏感建筑物竣工验收时，隔声设计要求的落实情况应当作为验收内容之一。

第五条　（易产生噪声污染的商业经营活动的控制）

在噪声敏感建筑物集中区域内，不得从事金属切割、石材和木材加工等易产生噪声污染的商业经营活动。

在住宅楼及其配套商业用房、商住综合楼内以及住宅小区、学校、医院、机关等周围，不得开设卡拉 OK 等易产生噪声污染的歌舞娱乐场所。

第六条　（商业经营活动中有关设施的噪声防治）

沿街商店的经营管理者不得在室外使用音响器材招揽顾客；在室内使用音响器材招揽顾客的，其边界噪声不得超过国家规定的社会生活环境噪声排放标准。

在噪声敏感建筑物集中区域内，不得举行可能产生噪声污染的商业促销活动。在其他区域举行使用音响器材的商业促销活动，产生噪声干扰周围居民生活的，所在地环保部门应当要求其采取噪声控制措施。

在商业经营活动中使用冷却塔、抽风机、发电机、水泵、空压机、空调器和其他可能产生噪声污染的设施、设备的，经营管理者应当采取有效的噪声污染防治措施，使边界噪声不超过国家规定的社会生活环境噪声排放标准。

第七条　（公共场所噪声控制一般要求）

每日 22 时至次日 6 时，在毗邻噪声敏感建筑物的公园、公共绿地、广场、道路（含未在物业管理区域内的街巷、里弄）等公共场所，不得开展使用乐器或者音响器材的健身、娱乐等活动，干扰他人正常生活。

除前款规定时段外的其他时间，在上述场所开展健身、娱乐等活动的，不得使用带有外置扩音装置的音响器材，干扰他人正常生活。但依据国家有关规定经文化行政管理部门、公安机关等有关行政管理部门批准的文艺演出等活动除外。

第八条　（特定公共场所噪声控制要求）

对于健身、娱乐等活动噪声矛盾突出的公园，公园管理者可以会同乡（镇）人民政府或者街道办事处，在区（县）环保、公安等相关管理部门的指导下，组织健身、娱乐等活动的组织者、参与者以及受影响者制定公园噪声控制规约；通过合理划分活动区域、错开活动时段、限定噪声排放值等方式，避免干扰周围生活环境。必要时，公园管理者可以依法调整园内布局，设置声屏障、噪声监测仪等设施。

对于健身、娱乐等活动噪声矛盾突出的公共绿地、广场、道路等特定公共场所，所在地乡（镇）人民政府、街道办事处可以在区（县）环保、公安等相关管理部门的指导下，组织健身、娱乐等活动的组织者、参与者以及受影响者制定噪声控制规约，合理限定活动范围、活动规模、噪声排放值等。

健身、娱乐等活动的组织者、参与者应当遵守相关噪声控制规约的要求。违反噪声控制要求的，公安机关可以作为认定是否干扰他人正常生活的依据之一。

第九条　（车辆防盗报警装置噪声污染防治）

在噪声敏感建筑物集中区域内，车辆防盗报警装置以鸣响方式报警后，车辆使用人应当及时处理，避免长时间鸣响干扰周围生活环境。

第十条 （住宅小区公用设施噪声污染防治）

新建住宅小区时，建设单位应当采取措施，使供水、排水、供热、供电、中央空调、电梯、通风等公用设施排放的噪声符合国家规定的社会生活环境噪声排放标准。

新建住宅销售时，房地产开发企业应当在销售合同中明示住宅小区内有关公用设施以及配套商业用房的噪声污染源以及防治情况；毗邻建筑物内有噪声源对住宅小区产生影响的，应当一并明示。

既有住宅小区内公用设施排放的噪声不符合社会生活环境噪声排放标准的，公用设施所有权人应当采取有效措施进行治理。环保部门、房屋行政管理部门应当加强对住宅小区公用设施噪声污染防治的指导和监督。

住宅小区噪声污染防治情况应当纳入文明小区测评体系。

第十一条 （家庭娱乐活动、宠物噪声污染防治）

居民使用家用电器、乐器或者进行其他家庭娱乐活动的，应当控制音量或者采取其他有效措施，避免制造噪声干扰他人正常生活。

宠物饲养人或者管理人应当采取有效措施，避免宠物发出的噪声干扰他人正常生活。

受噪声影响的居民可以向业主委员会、物业服务企业反映，业主委员会、物业服务企业应当依照住宅小区业主管理规约进行调处。

第十二条 （装修噪声污染防治）

每日 18 时至次日 8 时以及法定节假日（不含双休日）全天，不得在已交付使用的住宅楼内进行产生噪声的装修作业。在其他时间进行装修作业的，应当采取噪声防治措施，避免干扰他人正常生活。

住宅小区业主管理规约可以根据实际情况，约定严于前款规定的限制装修的时间。

第十三条 （学校噪声污染防治）

噪声敏感建筑物集中区域内的学校不得使用产生高噪声的音响器材。市环保部门应当会同市教育行政管理部门对学校使用音响器材进行指导。

第十六条 （城管巡查）

城管执法部门在日常巡查时，发现沿街商店的经营管理者和在公共场所开展健身、娱乐等活动的组织者、参与者，有违反本办法规定的行为的，应当及时予以劝阻；拒不听从劝阻的，告知公安机关处理。

第十八条 （环保部门行政处罚规定）

违反本办法，有下列行为之一的，由环保部门责令限期改正，按照下列规定进行处罚：

（一）违反本办法第五条第一款规定，在噪声敏感建筑物集中区域内从事金属切割、石材和木材加工等商业经营活动的，处以 1 万元以上 5 万元以下的罚款；

（二）违反本办法第六条第三款规定，因商业经营活动使用设施、设备导致边界噪声超过国家规定的社会生活环境噪声排放标准的，处以 3000 元以上 3 万元以下的罚款。

第十九条 （公安机关行政处罚规定）

违反本办法，有下列行为之一的，由公安机关按照《中华人民共和国治安管理处罚法》第五十八条的规定，处以警告；警告后不改正的，处以 200 元以上 500 元以下的罚款：

（一）违反本办法第六条第一款规定，在室外使用音响器材招揽顾客的；

（二）违反本办法第七条规定，在禁止时段开展使用乐器或者音响器材的健身、娱乐等活动的，或者使用带有外置扩音装置的音响器材举行健身、娱乐等活动的；

（三）违反本办法第十二条第一款规定，有居民投诉噪声干扰并经居民委员会、业主委员会或者物业服务企业证实的，或者有其他证据可以证实该噪声干扰他人正常生活的。

上海市碳排放管理试行办法（节选）

（2013 年 11 月 6 日市政府第 29 次常务会议通过，2013 年 11 月 18 日上海市人民政府令第 10 号公布，自 2013 年 11 月 20 日起施行）

第三条　（管理部门）

市发展改革部门是本市碳排放管理工作的主管部门，负责对本市碳排放管理工作进行综合协调、组织实施和监督保障。

本市经济信息化、建设交通、商务、交通港口、旅游、金融、统计、质量技监、财政、国资等部门按照各自职责，协同实施本办法。

本办法规定的行政处罚职责，由市发展改革部门委托上海市节能监察中心履行。

第五条　（配额管理制度）

本市建立碳排放配额管理制度。年度碳排放量达到规定规模的排放单位，纳入配额管理；其他排放单位可以向市发展改革部门申请纳入配额管理。

纳入配额管理的行业范围以及排放单位的碳排放规模的确定和调整，由市发展改革部门会同相关行业主管部门拟订，并报市政府批准。纳入配额管理的排放单位名单由市发展改革部门公布。

第六条　（总量控制）

本市碳排放配额总量根据国家控制温室气体排放的约束性指标，结合本市经济增长目标和合理控制能源消费总量目标予以确定。

纳入配额管理的单位应当根据本单位的碳排放配额，控制自身碳排放总量，并履行碳排放控制、监测、报告和配额清缴责任。

第八条　（配额确定）

市发展改革部门应当综合考虑纳入配额管理单位的碳排放历史水平、行业特点以及先期节能减排行动等因素，采取历史排放法、基准线法等方法，确定各单位的碳排放配额。

第十一条　（监测制度）

纳入配额管理的单位应当于每年 12 月 31 日前，制定下一年度碳排放监测计划，明确监测范围、监测方式、频次、责任人员等内容，并报市发展改革部门。

纳入配额管理的单位应当加强能源计量管理，严格依据监测计划实施监测。监测计划发生重大变更的，应当及时向市发展改革部门报告。

第十二条　（报告制度）

纳入配额管理的单位应当于每年 3 月 31 日前，编制本单位上一年度碳排放报告，并报市发展改革部门。

年度碳排放量在 1 万吨以上但尚未纳入配额管理的排放单位应当于每年 3 月 31 日前，向市发展改革部门报送上一年度碳排放报告。

提交碳排放报告的单位应当对所报数据和信息的真实性、完整性负责。

第十三条　（碳排放核查制度）

本市建立碳排放核查制度，由第三方机构对纳入配额管理单位提交的碳排放报告进行核查，并于每年 4 月 30 日前，向市发展改革部门提交核查报告。市发展改革部门可以委托第三方机构进行核查；根据本市碳排放管理的工作部署，也可以由纳入配额管理的单位委托第三方机构核查。

第十五条　（年度碳排放量的审定）

市发展改革部门应当自收到第三方机构出具的核查报告之日起 30 日内，依据核查报告，结合碳排放报告，审定年度碳排放量，并将审定结果通知纳入配额管理的单位。碳排放报告以及核查、审定情况由市发展改革部门抄送相关部门。

有下列情形之一的，市发展改革部门应当组织对纳入配额管理的单位进行复查并审定年度碳排放量：

（一）年度碳排放报告与核查报告中认定的年度碳排放量相差 10％或者 10 万吨以上；

（二）年度碳排放量与前一年度碳排放量相差 20％以上；

（三）纳入配额管理的单位对核查报告有异议，并能提供相关证明材料；

（四）其他有必要进行复查的情况。

第十六条　（配额清缴）

纳入配额管理的单位应当于每年 6 月 1 日至 6 月 30 日期间，依据经市发展改革部门审定的上一年度碳排放量，通过登记系统，足额提交配额，履行清缴义务。纳入配额管理的单位用于清缴的配额，在登记系统内注销。

用于清缴的配额应当为上一年度或者此前年度配额；本单位配额不足以履行清缴义务的，可以通过交易，购买配额用于清缴。配额有结余的，可以在后续年度使用，也可以用于配额交易。

第十七条　（抵销机制）

纳入配额管理的单位可以将一定比例的国家核证自愿减排量（CCER）用于配额清缴。用于清缴时，每吨国家核证自愿减排量相当于 1 吨碳排放配额。国家核证自愿减排量的清缴比例由市发展改革部门确定并向社会公布。

本市纳入配额管理的单位在其排放边界范围内的国家核证自愿减排量不得用于本市的配额清缴。

第十九条　（配额交易制度）

本市实行碳排放交易制度，交易标的为碳排放配额。

本市鼓励探索创新碳排放交易相关产品。

碳排放交易平台设在上海环境能源交易所（以下称"交易所"）。

第二十条　（交易规则）

交易所应当制订碳排放交易规则，明确交易参与方的条件、交易参与方的权利义务、交易程序、交易费用、异常情况处理以及纠纷处理等，报经市发展改革部门批准后由交易所公布。

交易所应当根据碳排放交易规则，制定会员管理、信息发布、结算交割以及风险控制等相关业务细则，并提交市发展改革部门备案。

第二十一条　（交易参与方）

纳入配额管理的单位以及符合本市碳排放交易规则规定的其他组织和个人，可以参与配额交易活动。

第二十八条　（风险管理）

市发展改革部门根据经济社会发展情况、碳排放控制形势等，会同有关部门采取相应调控措施，维护碳排放交易市场的稳定。

交易所应当加强碳排放交易风险管理，并建立下列风险管理制度：

（一）涨跌幅限制制度；

（二）配额最大持有量限制制度以及大户报告制度；

（三）风险警示制度；

（四）风险准备金制度；

（五）市发展改革部门明确的其他风险管理制度。

第三十一条　（监督管理）

市发展改革部门应当对下列活动加强监督管理：

（一）纳入配额管理单位的碳排放监测、报告以及配额清缴等活动；

（二）第三方机构开展碳排放核查工作的活动；

（三）交易所开展碳排放交易、资金结算、配额交割等活动；

（四）与碳排放配额管理以及碳排放交易有关的其他活动。

市发展改革部门实施监督管理时，可以采取下列措施：

（一）对纳入配额管理单位、交易所、第三方机构等进行现场检查；

（二）询问当事人及与被调查事件有关的单位和个人；

（三）查阅、复制当事人及与被调查事件有关的单位和个人的碳排放交易记录、财务会计资料以及其他相关文件和资料。

第三十七条　（未履行报告义务的处罚）

纳入配额管理的单位违反本办法第十二条的规定，虚报、瞒报或者拒绝履行报告义务的，由市发展改革部门责令限期改正；逾期未改正的，处以1万元以上3万元以下的罚款。

第三十八条　（未按规定接受核查的处罚）

纳入配额管理的单位违反本办法第十三条第二款的规定，在第三方机构开展核查工作时提供虚假、不实的文件资料，或者隐瞒重要信息的，由市发展改革部门责令限期改正；逾期未改正的，处以1万元以上3万元以下的罚款；无理抗拒、阻碍第三方机构开展核查工作的，由市发展改革部门责令限期改正，处以3万元以上5万元以下的罚款。

第三十九条　（未履行配额清缴义务的处罚）

纳入配额管理的单位未按照本办法第十六条的规定履行配额清缴义务的，由市发展改革部门责令履行配额清缴义务，并可处以5万元以上10万元以下罚款。

第四十四条　（名词解释）

（一）碳排放，是指二氧化碳等温室气体的直接排放和间接排放。

直接排放，是指煤炭、天然气、石油等化石能源燃烧活动和工业生产过程等产生的温室气体排放。

间接排放，是指因使用外购的电力和热力等所导致的温室气体排放。

（二）碳排放配额是指企业等在生产经营过程中排放二氧化碳等温室气体的额度，1吨碳排放配额（简称 SHEA）等于 1 吨二氧化碳当量（$1t\ CO_2$）。

苏州市市区禁止燃放烟花爆竹规定（节选）

（本规定自 2017 年 1 月 1 日起施行）

第三条　本规定所称烟花爆竹，是指能产生烟光、声响的各种烟花、鞭炮和礼花弹等。

第四条　本规定由各区人民政府（管委会）组织实施。

各级公安机关是禁止燃放烟花爆竹工作的主管部门，具体负责本规定的实施。

教育、财政、城市管理、交通运输、环境保护、安全生产监督、工商行政管理、质量技术监督、供销等部门和单位，按照各自职责，做好禁止燃放烟花爆竹相关工作。

第六条　本规定第五条禁止燃放区域以外的下列地点，禁止燃放烟花爆竹：

（一）国家机关、新闻、教育、科研、医疗、出版等单位，金融、通信、邮政、快递、供水、供电、供气等企业；

（二）火车站、汽车站、机场、轨道交通等交通枢纽以及铁路、轨道交通线路安全保护区内；

（三）集贸市场、商场、风景名胜区、园林、公园等人员密集的公共场所；

（四）养老机构、儿童福利院、幼儿园；

（五）文物保护单位、博物馆、图书馆、档案馆、美术馆、影剧院等公共文化场所；

（六）军事设施保护区、物资储存仓库；

（七）加油（气）站等生产、储存易燃易爆物品的场所，输气（油）管线、输（变）电及架空电力、通信线路等设施安全保护区内；

（八）建筑物内部、高层建筑周边；

（九）法律、法规、规章规定禁止燃放烟花爆竹的其他地点。

前款禁止燃放烟花爆竹地点的具体范围，由各区人民政府（管委会）划定并予以公布。

第八条　在禁止燃放烟花爆竹的区域、地点燃放烟花爆竹的，由公安机关依照国务院《烟花爆竹安全管理条例》的规定责令停止燃放并给予处罚；构成违反治安管理行为的，依照《中华人民共和国治安管理处罚法》的规定给予处罚；构成犯罪的，依法追究刑事责任。

公民、法人或者其他组织有前款违法行为的，相关违法信息纳入市公共信用信息系统。

武汉市江滩管理办法（节选）

（本办法自 2015 年 3 月 30 日起施行；2002 年 9 月 20 日市人民政府制发的《武汉市长江汉口江滩管理暂行办法》同时废止）

第三条　水行政主管部门是江滩的行政主管部门，其所属的江滩管理机构负责江滩的日常管理工作。市、区（含开发区、风景区、化工区，下同）江滩管理机构负责管理江滩的具体范围由市水行政主管部门划定，并向社会公布。

公安、城管、文化、体育等有关行政主管部门，按照各自职责做好江滩的有关管理工作。

第十条　江滩管理机构应当制订防汛应急预案，遇有防汛突发事件，应当严格按照防汛应急预案采取相关措施，并及时向防汛指挥机构和水行政主管部门报告。

第十一条　江滩管理机构应当制定游园管理规范，建立健全日常巡查制度，对不文明行为进行劝阻，维护正常的游园秩序。

第十二条　江滩内禁止下列行为：

（一）携带、销售和燃放孔明灯等容易引起火灾的物品；

（二）携带管制器具、易燃易爆物品及其他危险品；

（三）非法集会、游行、示威，从事邪教活动；

（四）未经批准散发经营性宣传物品；

（五）在公共场所、设施、树木上涂写、刻画；

（六）未经批准或者未按照批准内容张贴、悬挂宣传品；

（七）随地吐痰、便溺，乱扔废弃物；

（八）焚烧树叶、垃圾或者其他废弃物；

（九）在设施、树木上晾晒、吊挂物品；

（十）私自焚烧芦苇、采挖芦笋、捕捉或者伤害动物；

（十一）损坏绿化和绿化设施；

（十二）从事餐饮经营排放油烟，污染周围环境；

（十三）其他影响江滩环境和损坏江滩设施的行为。

第十三条　在江滩内开展营火、宿营等活动或者展示、悬挂标语、横幅的，应当经江滩管理机构同意，并在规定时间和区域内进行。

第十六条　江滩管理机构应当在江滩内划定专门区域，用于集中开展健身、演出等活动，并配置相应的服务设施，方便市民使用。

开展前款规定活动的组织者应当到江滩管理机构登记。组织者、活动参加者应当服从江滩管理机构管理，在规定的时间和区域内开展活动，并遵守环境噪声及安全管理规定。

第十八条　江滩内设置游乐、康乐和其他服务设施，举办展览等活动，应当合理布局，与江滩功能、规模、景观相协调，不得损害江滩环境。

第二十条　江滩管理机构应当按照有关规定做好防风、防火和安全用电等工作，及时处理枯枝危树，配备消防和抢救器材并定期保养、更新。

第二十一条　江滩内应当合理布建视频监控设施，加强公共安全秩序管理，落实应急医疗救护措施，保障游客生命财产安全。

第二十二条　在江滩内举办大型活动，举办方应与江滩管理机构签订安全责任书，明确举办活动的时间、地点、内容、范围、要求和有关责任。

活动举办方是安全工作的责任人，江滩管理机构应当督促举办方落实安全措施，履行安全责任。

第二十三条　在江滩内开展高风险活动的，举办方应当报有关主管部门批准。江滩管理机构可以根据气象条件、游园安全秩序状况的变化随时要求举办方停止举办高风险活动。

第二十四条　江滩内涉及人身安全的游乐、康乐设施应当依法经相关主管部门验收合格后方可使用，其维护管理责任人应当定期检测，加强日常维修保养。

第二十五条　江滩管理机构应当加强绿化及环境卫生管理，及时清理江滩滩涂垃圾，保持江滩整洁和环境卫生设施完好。

第三十二条　有下列行为之一的，由水行政主管部门委托水行政执法机构责令违法行为人限期改正，拒不改正的，按照下列规定予以处罚；造成损失的，由违法行为人依法承担赔偿责任：

（一）私自焚烧芦苇、采挖芦笋，在江滩内捕捉或者伤害动物的，处以50元以上500元以下罚款；

（二）在江滩开展营火、宿营等活动或者展示、悬挂标语、横幅，违反第十三条规定的，处以50元以上500元以下罚款；

（三）进入江滩的车辆，违反第十四条规定的，处以50元以上500元以下罚款；

（四）携带宠物进入江滩禁止区域的，处以200元以上500元以下罚款；

（五）在江滩内集中开展健身、演出等活动的组织者、参与者，违反第十六条第二款规定的，处以100元以上500元以下罚款；

（六）在江滩内开展商业活动或者大型公益活动，违反本办法第十七条规定的，处以1000元以上5000元以下罚款。

第三十三条　在江滩内有下列行为之一的，由城管部门委托水行政执法机构依照有关法律、法规、规章的规定予以处罚：

（一）未经批准散发经营性宣传物品的；

（二）在公共场所、设施、树木上涂写、刻画的；

（三）未经批准或者未按照批准内容张贴、悬挂宣传品的；

（四）随地吐痰、便溺，乱扔废弃物的；

（五）焚烧树叶、垃圾或者其他废弃物的；

（六）在设施、树木上晾晒、吊挂物品的；

（七）使用高音喇叭或者采取其他发出高噪声方法招揽游客的；

（八）损坏绿化和绿化设施的；

（九）在江滩内从事餐饮经营排放油烟，对周围环境造成污染的。

第四章 市政交通管理类

上海市网络预约出租汽车经营服务管理若干规定（节选）

（2016年10月31日市政府第131次常务会议通过，2016年12月21日上海市人民政府令第48号公布，自公布之日起施行）

第二条 （适用范围）

本规定适用于本市网络预约出租汽车（以下简称网约车）经营服务及其相关管理活动。

第三条 （发展原则）

本市网约车发展应当坚持依法管理、绿色环保、安全运营、公平竞争、保障消费者合法权益的原则。

第四条 （运价）

本市网约车运价实行市场调节价。

第五条 （管理部门）

市交通行政管理部门是本市网约车的行政主管部门，其所属的上海市城市交通运输管理处负责网约车的具体管理和监督工作。

本市公安、人力资源社会保障、发展改革、环保、税务、工商、质量技术监督、商务、经济信息化、金融服务、网信以及国家驻沪通信、保险监督等部门按照各自职责，实施相关监督管理。

第六条 （网约车平台条件）

在本市申请从事网约车经营服务的，应当具备线上线下服务能力。具体条件除符合《网络预约出租汽车经营服务管理暂行办法》（以下简称《办法》）的规定外，还应当符合下列规定：

（一）非本市注册的企业法人应当在本市设立分支机构；

（二）网络服务平台数据接入市交通行政管理部门的行业监管平台；

（三）在本市有与注册车辆数和驾驶员人数相适应的办公场所、服务网点和管理人员；

（四）投保承运人责任险。

第八条 （网约车车辆条件）

在本市从事网约车经营服务的车辆，除符合《办法》规定的条件外，还应当符合下列条件：

（一）在本市注册登记；

（二）达到本市规定的可予以注册登记的机动车排放标准；

（三）车辆轴距达到2600毫米以上；

（四）通过营业性车辆环保和安全性能检测；

（五）投保营业性交强险、营业性第三者责任险和乘客意外伤害险；

（六）安装符合标准的固定式车载卫星定位装置，数据信息接入行业监管平台；

（七）安装能向公安机关发送应急信息的应急报警装置。

第九条 （网约车驾驶员条件）

在本市从事网约车经营服务的驾驶员，除符合《办法》规定的条件外，还应当符合下列条件：

（一）本市户籍；

（二）自申请之日前1年内，无驾驶机动车发生5次以上道路交通安全违法行为；

（三）自申请之日前5年内，无被吊销出租汽车从业资格证的记录；

（四）截至申请之日，无5起以上道路交通违法行为逾期尚未接受处理的情形。

第十二条 （禁止跨业经营）

网约车和巡游出租汽车（以下简称巡游车）不得超越核定的经营范围运营。

第十四条 （网约车平台责任）

网约车运营服务中发生安全事故，网约车平台公司应当对乘客的损失承担先行赔付责任。

网约车平台公司应当与驾驶员签订劳动合同或者协议。建立劳动关系的，应当依法订立书面劳动合同，依法缴纳社会保险费。

签订其他协议的，应当包含营运期间驾驶员的意外伤害保障条款。

第十七条 （经营服务规范）

网约车平台公司应当遵守下列规定：

（一）按照规定维护车载卫星定位装置、应急报警装置；

（二）不得发布机场、火车站巡游车营业站区域内的召车信息。

网约车驾驶员应当遵守下列规定：

（一）不得拆除、损坏或者屏蔽车载卫星定位装置；

（二）不得安装巡游车计价器、顶灯等专用设施、设备；

（三）不得巡游揽客，不得在机场、火车站巡游车营业站区域内揽客；

（四）不得将车辆交于他人从事网约车经营服务；

（五）张贴《网络预约出租汽车运输证》；

（六）配合交通执法人员开展执法检查。

第十九条 （行政监督）

市交通行政管理部门应当定期组织开展网约车服务质量考核，并及时向社会公布网约车平台公司基本信息、服务质量考核结果、乘客投诉处理情况、违法行为处理等信息。

网约车平台公司和驾驶员的信用信息应当纳入本市公共信用信息服务平台。

本市交通、公安等部门有权根据管理需要依法调取查阅管辖范围内网约车平台公司的车辆注册、驾驶员注册、运营和交易等相关数据信息。

通信管理部门和公安、网信部门应当按照各自职责，对网约车平台公司非法收集、存储、处理和利用有关个人信息、违反互联网信息服务有关规定、危害网络和信息安全、应用网约车服务平台发布有害信息或者为企业、个人及其他团体组织发布有害信息提供便利的行为，依法进行查处，并配合交通行政管理部门对认定存在违法违规行为的网约车平台公司进行依法处置。

公安、网信部门应当按照各自职责，监督检查网络安全管理制度和安全保护技术措施的落实情况，防范、查处有关违法犯罪活动。

第二十一条　（对网约车平台的处罚）

网约车平台公司违反本规定，有下列行为之一的，由市交通行政管理部门责令改正，处以 5000 元以上 30000 元以下罚款：

（一）违反第十七条第一款第一项规定，未按照规定维护车载卫星定位装置或者应急报警装置的；

（二）违反第十七条第一款第二项规定，发布机场、火车站巡游车营业站区域内的召车信息的；

（三）违反第十八条规定，未建立或者执行车辆和驾驶员管理制度的。

网约车平台公司违反法律、法规、规章规定，情节严重的，由市交通行政管理部门责令其限期整改，并可以暂停受理其新增车辆和驾驶员注册业务。

第二十二条　（对网约车驾驶员的处罚）

网约车驾驶员违反本规定，有下列情形之一的，由市交通行政管理部门责令改正，处以 1000 元以上 5000 元以下罚款，并计入驾驶员和网约车平台公司信用记录：

（一）违反第十七条第二款第一项规定，拆除、损坏或者屏蔽车载卫星定位装置的；

（二）违反第十七条第二款第二项规定，安装巡游车计价器、顶灯等专用设施、设备的；

（三）违反第十七条第二款第三项规定，驾驶网约车巡游揽客，或者在机场、火车站巡游车营业站区域内揽客的；

（四）违反第十七条第二款第四项规定，将车辆交于他人从事网约车经营服务的；

（五）违反第十七条第二款第五项规定，车辆未张贴《网络预约出租汽车运输证》的；

（六）违反第十七条第二款第六项规定，拒绝配合交通执法人员开展执法检查的。

第二十三条　（非法客运处罚）

网约车平台公司、驾驶员违反《上海市查处车辆非法客运若干规定》和《上海市查处车辆非法客运办法》规定的，按照其规定实施行政处罚和行政强制。

重庆市数字化城市市政管理办法（节选）

（2013 年 12 月 4 日重庆市人民政府第 31 次常务会议通过；2013 年 12 月 18 日重庆市人民政府令第 275 号公布，自 2014 年 2 月 1 日起施行）

第三条　本办法所称数字化城市市政管理，是指运用现代信息技术，量化管理标准，构建数字化城市市政管理信息系统，发现和处置城市管理部件、城市管理事件相关信息，并对处置情况进行监督评价的管理活动。

本办法所称城市管理部件是城市市政管理公共区域内的各项设施，包括公用设施类、道路交通类、市容环境类、园林绿化类、房屋土地类等市政工程设施和市政公用设施。

本办法所称城市管理事件是指人为或者自然因素导致城市市容环境、秩序受到影响或者破坏，需要城市管理有关专业部门处理，使之恢复正常的现象和行为。

第五条 市市政行政主管部门负责统筹全市数字化城市市政管理工作；负责组织建设和协调运行数字化城市市政管理信息系统，日常工作由其所属市数字化城市市政管理机构承担。

区县（自治县）人民政府（含市人民政府设立的新区、开发区、园区等管理机构，下同）负责组织实施本行政区域（辖区）数字化城市市政管理工作。

市和区县（自治县）有关行政管理部门按照职责分工，协同实施数字化城市市政管理工作。

市政公用、环境卫生、园林绿化、公共交通、供水排水、油气加注、电力、燃气、通信、邮政、消防等城市管理部件的所有人、管理人和管理维护单位（以下统称公共服务单位）应当履行管理维护义务，负责数字化城市市政管理相关工作。

第八条 市市政行政主管部门应当按照国家数字化城市管理的标准和规范，根据本地实际情况组织制定城市管理部件、事件的信息采集、立案、处置、结案等地方标准和规范。

第九条 市和区县（自治县）数字化城市市政管理信息系统建设和运行应当符合法律法规和有关规范、标准的规定。

数字化城市市政管理信息系统应当具有兼容性和可拓展性，满足智慧城市建设发展的需求，与有关行政管理部门以及城市管理有关单位建设的地理信息、应急指挥、公共安全视频、交通管理、地下管网等系统共享资源。

第十条 市和区县（自治县）市政行政主管部门应当配备适当的信息采集、坐席话务、技术维护等专业人员，保障数字化城市市政管理信息系统正常运行。

市和区县（自治县）市政行政主管部门应当建立12319城市管理服务热线等公众服务平台，纳入数字化城市市政管理信息系统，24小时接受公众咨询，受理举报、投诉。

第十三条 城市管理部件、事件的问题处置，由其所有人、管理人或者管理维护单位负责。

市和区县（自治县）市政行政主管部门应当会同有关行政管理部门、公共服务单位对城市管理部件、事件处置责任进行划分，确定处置责任单位。

处置责任单位不明确的，由所在区县（自治县）人民政府协调确定处置责任单位；跨区县的，由市市政行政主管部门协调确定处置责任单位。

第十五条第一款 市和区县（自治县）市政行政主管部门或者其委托的专业机构应当通过日常巡查、系统监控等方法采集城市管理部件、事件等城市管理问题信息并及时传输至数字化城市市政管理信息系统。相关单位和个人应当配合信息采集工作。

第十七条 市和区县（自治县）市政行政主管部门应当按照处置责任划分、处置标准和时限，将立案任务及时派遣到处置责任单位。

处置责任单位为公共服务单位的，市政行政主管部门还应当同步告知有关行政主管部门，有关行政主管部门应当督促公共服务单位及时处置。

出现突发事件暂无法确定处置责任单位的，由所在地市政行政主管部门先行派遣相关单位实施应急处置。

第十八条 处置责任单位接到处置任务后，应当及时采取有效措施进行处置，并按照处置规范要求向派遣任务的市政行政主管部门反馈处置情况。

第十九条 设在城市道路范围内的消防、公共交通、园林绿化、油气加注、供水、供电、供气、通信、有线电视等设施附属的各类井盖、箱罐、杆柱、管线丢失、损坏、标志不清或者影响车辆、行人安全的，由市政行政主管部门监督处置责任单位立即采取安全防护措施并在 24 小时内进行补充、修复或移除。

第二十四条 行政管理部门及其工作人员在处理城市管理问题过程中玩忽职守、滥用职权、徇私舞弊的，由有权机关按照规定处理。

第二十五条 数字化城市市政管理工作中发现有关单位或者个人违反有关法律、法规、规章规定的，由有关机关依法调查处理。

第二十六条 威胁、恐吓、侮辱信息采集员或者采取暴力手段致使信息采集人员的人身受到伤害以及盗窃、抢夺、毁损信息采集器材，违反治安管理规定的，由公安机关依法处理；涉嫌犯罪的，移送司法机关依法处理。

重庆市停车场管理办法（节选）

（本办法自 2016 年 3 月 1 日起施行）

第二条 本市行政区域内停车场的规划、建设及管理适用本办法。

本办法所称停车场，是指面向社会公众为机动车辆提供停放服务的场所，包括建筑物配建停车场、公共停车场和路内停车位。

第四条 市市政主管部门是停车场管理工作的主管部门，负责本市行政区域内停车场管理的指导协调、监督检查，日常管理工作由市停车场管理机构承担。

区县（自治县）人民政府负责统筹协调本行政区域内停车场的规划、建设及管理工作。区县（自治县）市政主管部门负责本行政区域内停车场的具体管理工作。

发展改革、财政、城乡规划、城乡建设、国土房管、公安、消防、价格、工商、税务等部门应当在各自职责范围内做好停车场管理的相关工作。

第八条 新建公共停车场建设用地以划拨方式供地。新建写字楼、商铺、公共活动场所应当按照规定比例配建停车场。旧城改造、棚户区改造项目应当利用一定比例的土地修建停车场。

第十条 鼓励社会资本投资建设公共停车场；鼓励综合利用地下空间等资源建设公共停车场；鼓励建设机械式立体停车库等集约化的停车设施；鼓励通过旧房改造、功能性改造等方式新增公共停车场。

鼓励企事业单位、居民小区及个人依法利用自有土地、地上地下空间建设停车场，对外开放并取得相应收益；利用自有用地设置简易式、机械式停车设施可以按照机械式设备安装管理。

第十二条 轨道交通等公共交通枢纽应当根据本市综合客运交通枢纽规划，配套建设公共交通换乘停车场。

第十四条 公共停车场、建筑物配建停车场经营管理者应当在停车场投入使用后 30 日内，报所在区县（自治县）市政主管部门备案。

公共停车场、建筑物配建停车场经营管理者变更备案事项的，应当重新办理备案手续。

公共停车场、建筑物配建停车场不得擅自停止使用或者改变用途。

第十六条　路内停车位设置应当符合相关法律法规、技术标准和规范规定，不得影响步行通行、侵占消防通道及行人过街设施。下列城市道路设施范围内不得设置路内停车位：

（一）道路交叉口和学校、医院出入口以及公共交通站点附近 50 米范围内的路段；

（二）可能损害城市绿地或者树木的路段；

（三）消防通道、消防扑救场地、消火栓周边 5 米范围内区域和盲人专用通道；

（四）城市主干道、快速路沿线及主、次干道之间的连接道；

（五）双向通行低于 6 米、单向通行少于 2 个行车道的车行道；

（六）人行横道线两侧 5 米范围内区域；

（七）宽度在 5 米以下的人行道；

（八）急救站、加油站、消防队（站）门前、紧急避难场地出入口以及距离上述地点 30 米以内的路段；

（九）附近 200 米范围内有停车场且能满足停车需要的地段；

（十）影响桥梁、隧道等结构设施安全的区域；

（十一）各类地下管道工作井上方 1.5 米范围内；

（十二）其他不宜设置路内停车位的路段。

第十七条　路内停车位按照以下程序设置：

（一）区县（自治县）市政主管部门会同公安、消防、城乡规划、价格等部门提出初步设置方案；

（二）通过政府网站和在设置点周边设公示牌向社会公示初步设置方案，公示期不少于 7 日；

（三）公开征求相关单位和周边社区、居民代表意见；

（四）区县（自治县）市政、公安部门联合向社会公告。

区县（自治县）市政、公安部门应当根据道路交通状况、周边停车场情况等综合因素，及时对路内停车位按照以上程序进行评估调整。

第十八条　住宅区、商业集中区周边道路具备节假日、夜间等时段性停车条件的，区县（自治县）公安机关会同市政主管部门可以设置动态路内停车位。

动态路内停车位应当在现场公示停车时段、允许停放的范围、停车收费标准、违反规则处理等内容。超过规定时间在动态路内停车位停放机动车的，由公安交通管理部门根据道路交通安全规定进行处理。

第十九条　任何单位和个人不得擅自在路内停车位内设置地桩、地锁等障碍物或者以其他方式侵占路内停车设施，影响路内停车设施的正常使用。

路内停车位管理单位不得将路内停车设施固定给任何单位和个人使用。

第二十三条　违反本办法第十四条规定擅自停止使用或者改变公共停车场和建筑物配建停车场用途的，由市政主管部门依法查处；但是其中涉及违法建设或者违法建筑的，由规划、国土等部门依法查处。

第二十四条　违反本办法第十六条、第十七条规定设置路内停车位的，由区县（自治县）人民政府责令限期改正；情节严重的，由有权机关对其主管人员给予行政处分。

违反本办法第十九条第二款规定将路内停车设施固定给单位和个人使用的，由区县（自治县）人民政府责令限期改正；情节严重的，由有权机关对其主管人员给予行政处分。

第五章 市容环卫管理类

佛山市城市市容和环境卫生管理规定（节选）

（本规定自 2016 年 10 月 1 日起施行）

第三条 市住房城乡建设主管部门负责本市城市市容和环境卫生工作，并组织实施本规定。

区市容环境卫生主管部门负责本行政区域内的城市市容和环境卫生管理工作。

镇人民政府（街道办事处）负责本区域内的城市市容和环境卫生管理工作，并协助相关主管部门对本区域内的城市市容和环境卫生工作进行协调、监督和检查。

规划、公安、工商、环境保护、卫生、交通、市政、房管等主管部门按照各自职责，加强协作，相互配合，齐抓共管，共享信息，做好市容环境卫生管理的相关工作。

第四条 本规定所涉及的行政处罚，属于经国务院或者省人民政府批准的相对集中行政处罚权范围的，由市、区城市管理行政执法部门负责实施。

第十一条 市容环境卫生责任区以及责任人，按照下列规定确定：

（一）城市道路、背街小巷、桥梁、人行天桥、人行地下通道等城市公共区域，由镇人民政府（街道办事处）负责，区人民政府另有规定的从其规定；

（二）公路、铁路、机场、轨道交通、隧道、桥下空间、车站、码头、停车场、公交站点及其管理范围，由经营或者管理者负责；

（三）报刊亭、信息亭、电话亭、户外广告、邮政信箱、箱式变电间、通信交接箱、检查井（箱）盖等设施和空中架设的管线，由经营或者管理者负责；

（四）文化娱乐场所、体育场馆、旅游景区、公园、绿地、广场等公共场所，由经营或者管理者负责；

（五）集贸市场、商铺、商场、宾馆、饭店等场所，由经营或者管理者负责；

（六）实行物业管理的住宅小区由物业服务企业负责，没有委托物业服务企业的住宅小区由居民委员会负责；

（七）机关、团体、部队、企事业单位的管理区域，由该单位负责；

（八）建设工地由建设单位负责，待建用地由土地使用权人负责；

（九）公共厕所、垃圾转运站、垃圾收集站以及其他环境卫生设施由管理单位负责；

（十）江、河、湖泊、内河涌等水域及岸线，由管理单位负责。

根据以上规定不能明确责任人的区域，由所在地的镇人民政府（街道办事处）落实责任人，在责任人落实之前，由所在地的镇人民政府（街道办事处）负责。责任区跨行政区域责任不明确的，由共同的上一级市容环境卫生主管部门确定。

第十三条 市容环境卫生责任人的责任如下：

（一）保持责任区内市容整洁，无乱摆卖、乱丢吐、乱张贴、乱涂画、乱开挖、乱堆放、乱拉挂、乱晒晾、乱搭建、违法设置广告、出店经营、店外作业等行为；

（二）保持责任区内环境卫生整洁，无暴露垃圾、粪便、污水和引发病媒生物孳生的其他污染源；

（三）按照规定设置环境卫生设施，保持整洁、完好。

第十四条　市容环境卫生责任人对其责任区内的市容环境卫生负责，可以自行履行，也可以委托其他服务单位履行。

市容环境卫生责任人对责任区内违反市容环境卫生管理规定的行为，有权予以制止、要求行为人清理，并可以向市容环境卫生主管部门或者城市管理行政执法部门投诉或者举报。有关部门接到投诉或者举报后，应当及时处理。

第十五条　市住房城乡建设主管部门、区市容环境卫生主管部门、区城市管理行政执法部门以及镇人民政府（街道办事处）应当建立和完善市容环境卫生责任区的监督检查制度，对责任区的市容环境卫生进行经常性的监督检查。

区市容环境卫生主管部门与区城市管理行政执法部门应当建立负责人联席会议制度，形成协调有序、高效快捷的工作配合机制。

第十七条　城市建筑物、构筑物的外立面应当符合本市城市容貌标准，设计造型、装饰风格应当与周围环境相协调，并保持整洁、完好、美观。建筑物、构筑物的所有者、使用者或者管理者应当定期对建筑物、构筑物的外立面进行清洗、修饰，对破损、污损的外立面进行整修。

外立面确需改变的，建设单位应当向城乡规划主管部门申请办理规划审批或者建设工程规划许可，向住房城乡建设主管部门申请办理建筑工程施工许可，完工后办理竣工验收手续。

第十八条　临街阳台、窗台、景观台、外墙、外走廊、屋顶不得吊挂、晾晒、堆放有碍市容的物品，晾晒物品不得超出建筑外立面。

临街阳台因安全防护需要安置防盗网的，防盗网应当采用不锈材料，且不超出建筑物外墙。窗户防盗网应当安装在窗户内侧。

第十九条　任何单位和个人不得破坏城市道路上设置的各种井盖、沟盖及其他市政设施。

产权单位应当定期检查城市道路上设置的各种井盖、沟盖，保持其完好、正位。井盖、沟盖出现破损、移位或者丢失的，产权单位知悉后应当立即设立警示标志，并及时予以更换、补缺或者正位。

对产权单位不明晰的各类井盖、沟盖，由所在地的镇人民政府（街道办事处）负责监督管理。

第二十条　任何单位和个人不得在街道两侧和公共场地堆放物料，搭建建筑物、构筑物或者其他设施。因建设、装饰、装修、举办活动等需要在街道两侧和公共场地临时堆放物料，搭建临时建筑物、构筑物的，应当征得市容环境卫生主管部门同意后，按照有关规定办理审批手续。堆放的物料应当整齐，搭建的临时建筑物、构筑物或者其他设施应当保持整洁，不得遮盖路标、街牌。占用期满后，应当立即清理现场，恢复原状。

任何单位和个人不得在街道两侧和公共场地设置地锁、地桩等障碍物。

第二十一条　未经市容环境卫生主管部门批准，任何单位和个人不得占用或者利用城市道路、绿化树木、桥梁、隧道、公共场所、建筑物、构筑物、交通标志牌、城市绿地等张挂悬挂宣传品。

第二十三条　城市的工程施工现场必须符合下列条件：

（一）在批准的占地范围内封闭作业；

（二）场内材料、机具堆放整齐，施工实行湿法作业，做好防尘措施；

（三）渣土及时清运，保持整洁，在场地内堆存的，应当采用密闭式防尘网遮盖；

（四）驶离工地的车辆清洗干净，建筑材料和建筑垃圾运输车辆做好密闭，保证车辆不带泥上路，无污水溢流现象；

（五）施工用水、冲洗废水、泥浆水以及作业期间产生的各类废水，不得外泄沾污路面；

（六）施工工地周围应当设置安全护栏和围蔽设施，围蔽设施的高度和围墙的外观应当与环境相协调，施工、拆迁、待建工地应当设置硬质围墙；

（七）工地外墙应当张贴工程概况牌、管理人员名单和监督电话牌、消防保卫牌、安全生产牌、文明施工牌、施工现场总平面布置图以及建设工程规划许可公告牌；

（八）施工工地围墙外侧环境应当保持整洁，不得堆放材料、机具、垃圾等，墙面不得有污迹，无乱张贴、乱涂乱画等现象。靠近围墙处的临时工棚屋顶及堆放物品高度不得超过围墙顶部。围蔽设施以外不准堆放物料；

（九）停工场地及时整理并作必要的覆盖；

（十）工程竣工后，及时清理和平整场地；

（十一）工程施工场地的厨房、厕所必须符合卫生条件。

第二十四条　城市照明的设置单位、管理单位应当保持照明设施的完好、整洁，对污损的应当及时进行清洗、修复或者更换。

第二十六条　任何单位和个人不得擅自拆除公共厕所等环境卫生设施。因建设需要必须拆除的，建设单位应当事先提出拆迁方案，报市容环境卫生主管部门批准，按先建后拆的原则，重建、补建或者提供替代设施。

环境卫生机械化作业车辆非作业时间应当停放在指定的专用停车场所，不得乱停放；环境卫生作业工具和设备非作业时间应当摆放在环境卫生工具房等指定位置，不得随意摆放。

第二十七条　市容环境卫生主管部门负责所在行政区域内的环境卫生清扫清洗保洁作业管理，并按照划分的等级、范围、频次，在规定的作业时间段内组织实施，确保保洁质量符合有关规定。

实行环境卫生服务社会化的，应当由环境卫生服务企业按照合同约定的等级、范围、频次等负责清扫保洁。

环境卫生清扫清洗保洁作业应当做到文明、清洁、卫生和有序，最大限度减少对环境的污染和对市民生活的影响。

第二十八条　任何单位和个人都应当自觉遵守公共环境卫生规定，维护公共环境卫生和卫生设施，做好各自的环境卫生和保洁工作。不得有下列行为：

（一）随地吐痰、便溺；

（二）乱丢弃果皮、纸屑、烟头、饮料罐、口香糖、塑料袋和动物尸体等废弃物；

（三）不按规定的时间、地点和方式倾倒、清扫、抛撒、堆放各类垃圾、污水污油、粪便及其他污物；

（四）运输液体和散体货物不作密封、包扎、覆盖，造成泄漏、遗撒的；

（五）在露天场所和环卫设施内焚烧树叶、木柴、垃圾等产生烟尘污染的物质；

（六）法律、法规、规章规定的其他影响城市环境卫生的行为。

第三十条　公共厕所保洁质量应当达到下列要求：

（一）无蝇，无蛆虫，地面无积水、痰迹或者烟头、纸屑等杂物，便器及时冲刷，无污垢、杂物、积粪、粪疤、尿碱等污物；

（二）墙壁、顶棚、门窗、挡板、隔断板等整洁，无乱写、乱画、乱刻、乱张贴，无积灰、污迹、蛛网或者其他污物污迹等；

（三）清洗冲刷地面时应当设置防滑标志；

（四）空气流通，基本无异味；

（五）室内设施和工具摆放有序、干净整洁；

（六）屋顶及市容环境卫生责任区内环境整洁，无乱搭建、乱堆放；

（七）按照规定进行卫生消毒处理；

（八）按照规定的时间、地点和方式倾倒废弃物。

第三十二条　集贸市场应当有卫生管理组织和管理制度，定期开展卫生检查，有环境卫生负责人。集贸市场内及周边责任区范围的环境卫生保洁应当达到下列要求：

（一）无散落垃圾、成堆垃圾和污水等病媒生物孳生地；

（二）无乱写、乱画、乱刻、乱张贴等污迹；

（三）无蛛网；

（四）每个档口应当配备1个容积适当的垃圾收集容器，垃圾收集容器应当保持完好、整洁，无满溢，不得使用垃圾箩筐；

（五）垃圾房干净整洁，无破损，无污水外流，垃圾日产日清；

（六）应当配备配套公共厕所，配套公共厕所保洁达到公共厕所保洁质量要求。

第三十三条　饲养宠物不得影响环境卫生。对宠物在城市道路和其他公共场所排泄的粪便，饲养人应当即时清除。

第三十五条　违反本规定第十三条第（二）项、第（三）项规定，市容环境卫生责任人不按照要求履行责任的，由城市管理行政执法部门责令限期改正、采取补救措施，并可以处50元以上500元以下罚款，或者建议其上级主管部门对直接负责的主管人员给予处理。

第三十六条　违反本规定第十七条第一款规定，城市建筑物、构筑物的外立面不符合本市城市容貌标准的，由城市管理行政执法部门责令限期改正，逾期未改正的，城市管理行政执法部门可以处1万元以上3万元以下罚款。

第三十七条　违反本规定第十八条第一款规定，在临街阳台、窗台、景观台、外墙、外走廊、屋顶吊挂、晾晒、堆放有碍市容物品的，由城市管理行政执法部门责令限期改正、采取补救措施，并可以处50元以上500元以下罚款。

违反本规定第十八条第二款规定，安装防盗网不符合有关要求的，由城市管理行政执法部门责令有关单位和个人限期改正；逾期未改正的，城市管理行政执法部门可以处1万元以上3万元以下罚款。

第三十八条　违反本规定第十九条第一款、第二款规定，破坏城市道路上设置的井盖、沟盖及其他市政设施或者对城市道路上的井盖、沟盖未及时更换、补缺、正位的，由市政工程主管部门责令限期改正，并可以处每个 1000 元的罚款，但最高不得超过 2 万元；造成损失的，应当依法承担赔偿责任。

第三十九条　违反本规定第二十条第一款规定，未经批准擅自在街道两侧和公共场地堆放物料或者搭建临时建筑物、构筑物的，由城市管理行政执法部门责令停止违法行为、限期清理、拆除或者采取补救措施，并可以处 500 元以上 5000 元以下罚款。

违反本规定第二十条第二款规定，在街道两侧和公共场地设置地锁、地桩等障碍物的，由城市管理行政执法部门责令限期改正，并可以对个人处 100 元以下罚款，对法人或者其他组织处 5000 元以下罚款。

第四十条　违反本规定第二十一条规定，未经批准擅自张挂悬挂宣传品的，由城市管理行政执法部门责令限期改正、采取补救措施，并可以处 50 元以上 500 元以下罚款。

第四十一条　违反本规定第二十二条第一款规定，在城市建筑物、设施以及树木上乱写、乱画、乱刻、乱张贴的，由城市管理行政执法部门责令限期改正、采取补救措施，并可以处 50 元以上 500 元以下罚款。

违反本规定发布广告信息的，对属于法人或者其他组织的广告主，城市管理行政执法部门可以处 1 万元以下的罚款。

第四十二条　违反本规定第二十三条规定，发生各类废水外泄沾污路面的行为，或者存在施工工地未设置安全护栏和围蔽设施、停工场地未及时整理并作必要覆盖、竣工后不及时清理和平整场地的行为，影响市容和环境卫生的，由城市管理行政执法部门责令停止违法行为、限期改正，并可以处 500 元以上 5000 元以下罚款。

第四十三条　违反第二十四条规定，城市照明的设置单位、管理单位未对污损的照明设施及时进行清洗、修复或者更换的，由城市管理行政执法部门责令限期改正；逾期未改正的，城市管理行政执法部门可以处 2000 元以下罚款。

第四十四条　违反本规定第二十六条规定，未经批准擅自拆除公共厕所等环境卫生设施或者未按批准的拆迁方案进行拆迁的，由城市管理行政执法部门责令限期改正，并处原设施造价 1 倍以上 3 倍以下的罚款，但最高不超过 3 万元。

第四十五条　违反本规定第二十八条第（一）项、第（二）项、第（三）项、第（四）项规定的，由城市管理行政执法部门责令限期改正、采取补救措施，并可以处 50 元以上 500 元以下罚款；其中第（二）项属于从高空或者从车内向外乱丢废弃物的，由城市管理行政执法部门处 500 元罚款。

违反本规定第二十八条第（五）项规定的，由城市管理行政执法部门责令改正，并可以处 500 元以上 2000 元以下的罚款。

第四十六条　违反本规定第三十一条第（一）项、第（二）项、第（三）项规定的，城市管理行政执法部门可以责令恢复原状、赔偿损失，并可以处 50 元以上 500 元以下罚款。

违反本规定第三十一条第（五）项规定的，由城市管理行政执法部门责令恢复原状，并可以处重建（置）价 2 倍至 10 倍罚款，但最高不超过 3 万元。盗窃、损坏公共厕所及其附属设施，应当给予治安管理处罚的，依照《中华人民共和国治安管理处罚法》的规定处罚；构成犯罪的，依法追究刑事责任。

第四十七条　违反本规定第三十二条规定，集贸市场环境卫生保洁质量未能达到要求的，城市管理行政执法部门可以责令市场经营者或者管理者限期改正、采取补救措施，并可以处 50 元以上 500 元以下罚款。

第四十八条　违反本规定第三十三条规定，饲养人不及时清除其宠物在城市道路和其他公共场所排泄的粪便的，由城市管理行政执法部门责令限期改正、采取补救措施，并可以处 50 元以上 500 元以下罚款。

第四十九条　市住房城乡建设主管部门、区城市管理行政执法部门可以对损害市容环境卫生并受到行政处罚的单位和个人进行公示。

南京市餐厨废弃物管理办法（节选）

（本办法自 2015 年 6 月 15 日起施行，南京市人民政府 2001 年 6 月 25 日颁布的《南京市废弃食用油脂管理办法》同时废止）

第二条　本市行政区域内居民日常生活以外的食品加工、餐饮服务、集体供餐等活动中产生的食物残余和废弃食用油脂等餐厨废弃物的产生、收运、处置及其相关管理活动，适用本办法。

第三条　餐厨废弃物的治理遵循减量化、资源化、无害化的原则，推行餐厨废弃物分类投放，推进收运、处置一体化运营。

第五条　市城市管理行政主管部门负责本市餐厨废弃物的监督管理工作；区（园区）城市管理行政主管部门负责辖区内餐厨废弃物的监督管理工作。

相关行政主管部门按照各自职责，依照法律、法规和本办法的规定做好餐厨废弃物的监督管理工作。

镇人民政府、街道办事处协助城市管理和相关行政主管部门做好餐厨废弃物的管理工作。

第十一条　餐厨废弃物产生单位应当遵守下列规定：

（一）分类收集、密闭存放餐厨废弃物，不得混入其他垃圾，不得随意倾倒、排放；

（二）保持收集容器完好和使用正常；

（三）与取得餐厨废弃物收运服务许可的单位签订收运协议，协议中应当明确收运时间、地点、频率和处置场所等内容，并报所在区（园区）城市管理行政主管部门备案；

（四）不得将餐厨废弃物提供给未取得收运服务许可的单位和个人，或者放任其他单位和个人收运本单位产生的餐厨废弃物；

（五）不得将未经无害化处理的餐厨废弃物喂养畜禽；

（六）每年度 12 月份向所在区（园区）城市管理行政主管部门申报本单位下一年度餐厨废弃物的种类、产生量、处置方式等情况；新设立的应当自餐厨废弃物首次产生之日起十日内向所在区（园区）城市管理行政主管部门申报；

（七）单位经营场所发生变更时，及时报告所在区（园区）城市管理行政主管部门；

（八）法律、法规和规章规定的其他要求。

第十四条　餐厨废弃物产生单位应当按照有关规定缴纳城市生活垃圾处理费。具体标准由市价格行政主管部门会同财政、城市管理行政主管部门另行制定，报市人民政府批准后实施。

餐厨废弃物收运和处置费用按照相关规定确定的市、区两级事权，在同级城市维护管理费中列支。

第十五条　城市管理行政主管部门通过公开招标等公平竞争方式确定餐厨废弃物的收运单位。

禁止任何单位和个人擅自从事餐厨废弃物的收运活动。

第二十条　餐厨废弃物收运单位应当遵守下列规定：

（一）按照收运协议约定的时间和频次清运餐厨废弃物；

（二）遵守环境卫生作业标准和规范，收集后及时复位餐厨废弃物收集设施，清理作业场地，保持收集设施周边环境干净整洁；

（三）分类收集、运输餐厨废弃物；

（四）运输过程中不得抛洒滴漏；

（五）保持车容整洁，行驶记录仪、装卸计量系统准确可靠，严格执行周期检定，并接受城市管理行政主管部门在线实时监督；

（六）在收集当日内将餐厨废弃物送至处置场地；

（七）建立餐厨废弃物收运台账，每月 10 日前将上月处理的餐厨废弃物的来源、数量、流向、运行数据等情况向所在区（园区）城市管理行政主管部门报送；

（八）编制本单位餐厨废弃物收运应急预案，并报城市管理行政主管部门备案；

（九）法律、法规和规章规定的其他要求。

第二十六条　餐厨废弃物处置单位应当遵守下列规定：

（一）按照处置服务协议接收收运单位收运的餐厨废弃物，不得接收未取得餐厨废弃物收运服务许可的单位或者个人运送的餐厨废弃物；

（二）按照处置服务协议及相关技术标准对餐厨废弃物进行无害化和资源化处置，贮存和处置符合环境保护标准，通过规划、环境保护行政主管部门的审核和验收；

（三）实施病媒生物预防控制措施；

（四）保持场所电子监控设备和信息管理系统运行正常，并接受城市管理行政主管部门监督；

（五）生产的产品出厂前应当取得产品质量检验合格报告，并将销售流向记入台账；

（六）建立餐厨废弃物处置台账，每月 10 日前将上月处理餐厨废弃物的来源、数量、产品流向、运行数据等情况向所在区（园区）城市管理行政主管部门报送；

（七）设备停产检修的，应当提前十五个工作日书面报告城市管理行政主管部门；

（八）编制本单位餐厨废弃物处置应急预案，并报城市管理行政主管部门备案；

（九）法律、法规和规章规定的其他要求。

第二十八条　城市管理行政主管部门应当建立健全餐厨废弃物收运、处置在线监测和电子数据信息报送系统，实行联单管理，强化对餐厨废弃物收运、处置过程的监督，并定期将监测统计数据向社会公布。

城市管理行政主管部门应当会同有关部门建立健全信息共享机制，互相通报有关行政管理信息。经由信息共享机制获得的信息与行政主管部门出具的书面文书具有同等法律效力。

第三十一条　城市管理行政执法部门应当根据辖区内餐厨废弃物管理实际需要，定期牵头组织公安、食品药品监督、环境保护、农业等行政主管部门开展联合执法。

第三十二条第一款　餐厨废弃物收运、处置单位不得擅自停业、歇业。确需停业、歇业的，应当提前六个月书面向城市管理行政主管部门报告，并采取措施防止环境污染，经同意后方可停业或者歇业。

第三十七条　餐厨废弃物产生单位违反本办法规定将餐厨废弃物提供给未取得收运服务许可的单位和个人，或者放任其他单位和个人收运餐厨废弃物的，由城市管理行政执法部门责令改正，并可处五千元以上三万元以下罚款。

第三十八条　餐厨废弃物收运单位在运输过程中抛洒滴漏需要立即清除的，应当及时清理现场、恢复原状；不能及时清理的，城市管理行政执法部门可以依法实施清理，清理费用由收运单位承担，法律另有规定的除外。

深圳市生活垃圾分类和减量管理办法（节选）

（自 2015 年 8 月 1 日起施行）

第三条　本办法所称生活垃圾，是指单位和个人在日常生活中或者在为日常生活提供服务的活动中产生的固体废物，包括餐厨垃圾、建筑垃圾、可回收物、有害垃圾及其他垃圾。

餐厨垃圾、建筑垃圾另有规定的，从其规定。

第四条　生活垃圾分类和减量管理工作，遵循政府主导、属地管理、公众参与、市场运作、社会监督的原则。

生活垃圾实行分类投放、分类收集、分类运输和分类处理。

第五条　本市建立生活垃圾分类和减量推进工作联席会议制度，协调解决生活垃圾分类和减量工作中的重大事项。

区人民政府（含新区管委会，下同）负责组织实施辖区内生活垃圾分类和减量工作，建立资金投入和保障机制。

街道办事处负责具体落实所辖区域内生活垃圾分类和减量工作。

第六条　市城市管理行政主管部门（以下简称市主管部门）是全市生活垃圾分类和减量工作的主管部门，组织制订生活垃圾分类和减量管理目标，负责生活垃圾分类和减量工作的组织推进、检查指导和监督考核。

区城市管理行政主管部门（以下简称区主管部门）负责辖区内生活垃圾分类和减量工作的指导和监督管理。

第十条　本市生活垃圾按照以下标准分为三类：

（一）可回收物，是指可循环利用和资源化利用的废纸、废塑料、废玻璃、废金属、废弃织物、废弃电子产品等；

（二）有害垃圾，是指对人体健康或者自然环境造成直接或者潜在危害应当专门处置的废电池、废灯管、弃置药品、废杀虫剂、废油漆、废日用化学品、废水银产品等；

（三）其他垃圾，是指除可回收物、有害垃圾之外的其他废弃物。

鼓励有处理条件的住宅区等场所将生活垃圾分为四类：可回收物、有害垃圾、厨余垃圾和其他垃圾。厨余垃圾可以纳入餐厨垃圾的收运、处理系统进行收运和处理。

第三十九条　行政管理部门及其工作人员不依法履行生活垃圾分类和减量管理职责的，依法追究行政责任；涉嫌犯罪的，依法移送司法机关处理。

第四十条　生活垃圾分类投放管理责任人违反本办法第十二条规定，有下列行为之一的，由主管部门责令限期改正，逾期不改正的，处以罚款：

（一）未按规定对生活垃圾分类投放工作进行指导的，处 3000 元罚款；

（二）未公示生活垃圾分类投放时间或者地点的，处 2000 元罚款；

（三）未记录或者未如实记录责任范围内生活垃圾排放情况的，处 2000 元罚款；

（四）未按规定设置生活垃圾分类收集容器的，处 3000 元罚款；

（五）未将分类投放的生活垃圾交由符合规定的单位分类收集、运输的，处 5000 元罚款。

第四十一条　单位或者个人违反本办法第十四条、第十五条规定，未分类投放或者未按规定分类投放生活垃圾的，由主管部门责令改正。拒不改正的，对个人处 50 元罚款，情节严重的，处 100 元罚款；对单位处 1000 元罚款。

个人受到罚款处罚的，可以申请参加主管部门安排的社会服务以抵扣罚款。

第四十二条　生活垃圾收集企业违反本办法第二十条规定，混合收集已分类投放的生活垃圾的，由主管部门处 10000 元罚款。

第四十三条　生活垃圾运输企业违反本办法第二十一条规定，有下列行为之一的，由主管部门处以罚款：

（一）运输车辆未标示明显的生活垃圾分类标识的，处 2000 元罚款；

（二）运输车辆未保持密闭、整洁、完好的，处 3000 元罚款；

（三）运输车辆在运输过程中随意倾倒、丢弃、堆放、遗漏生活垃圾或者滴漏污水的，处 5000 元罚款；

（四）混合运输已分类收集的生活垃圾的，处 10000 元罚款。

第四十四条　生活垃圾处理企业违反本办法第二十二条规定，违法处理其他垃圾或者未采取有效污染防治措施产生二次污染的，由主管部门责令改正，处 3 万元罚款。累计处罚 3 次或者 3 次以上的，取消其生活垃圾处理资格。造成损失的，依法承担赔偿责任。

生活垃圾处理企业违反本办法第二十二条规定，违法处理有害垃圾的，由环境保护部门依法处理。

第四十六条　本办法所称厨余垃圾，是指居民在家庭生活或者消费过程中产生的易腐性垃圾，包括剩菜剩饭、菜梆菜叶、瓜果皮核、废弃食物、废弃蔬菜、盆景植物、残枝落叶等。

广州市户外广告和招牌设置管理办法（节选）

（2013 年 12 月 30 日广东省人民政府第 14 届 97 次常务会议讨论通过，2014 年 3 月 8 日公布，2014 年 5 月 1 日起实施）

第三条　本办法所称户外广告设置，是指以发布商业性或者公益性广告内容为目的，利用户外场地、建（构）筑物等设置广告的行为，包括：

（一）利用户外场地，道路、隧道等市政设施，或建（构）筑物，设置展示牌、霓虹灯、发光字体、电子显示屏、电子翻板装置、公共广告栏（包括宣传栏、启示栏、警示栏、布告栏、招贴栏等）、实物模型等广告设施的行为；

（二）利用公交站场、候车亭、报刊亭、电话亭等公共设施设置展示牌、灯箱、橱窗等广告设施或者利用工地围墙绘制、张贴广告的行为；

（三）以布幅、气球、充气装置等其他形式在户外设置广告设施的行为。

本办法所称招牌设置，是指机关、团体、企事业单位和其他组织及个体工商户在经营地、办公地，设置表明单位名称、字号、标志的标牌、灯箱、霓虹灯、文字符号的行为。

第四条　市城市管理行政主管部门是本市户外广告和招牌设置的主管部门，负责户外广告和招牌设置的监督管理及综合协调，组织实施本办法。区、县级市城市管理行政主管部门依照职权划分，负责本辖区内户外广告和招牌设置的监督管理。

工商行政管理部门履行广告监督管理机关的法定职责，负责户外广告内容发布的审查和监督管理，并对招牌内容实施监督管理。

城市管理综合执法机关负责查处违反本办法设置户外广告和招牌的行为。

第十条　有下列情形之一的，不得设置户外广告和招牌：

（一）在国家机关、学校、住宅、名胜风景点、文物保护单位、纪念性建筑、有代表性的近代建筑或市人民政府确定的标志性建筑的建筑控制地带内的（招牌除外）；

（二）利用城市桥梁和立交桥的；

（三）利用建筑物屋顶的；

（四）危及建筑物安全或者利用危房、违章建筑的；

（五）利用交通安全设施、交通标志的；

（六）影响市政公共设施、交通安全设施、交通标志使用的；

（七）延伸扩展至道路上方或者跨越道路的；

（八）妨碍无障碍设施使用的；

（九）利用行道树或者侵占、损毁绿地的；

（十）妨碍居民正常生活，损害城市容貌或者建筑物形象的；

（十一）法律、法规、规章规定的其他情形。

第十五条　设置和发布户外广告应当向城市管理行政主管部门申请办理《户外广告设置证》，并向工商行政管理部门申请办理《户外广告登记证》。未办理《户外广告设置证》，任何单位和个人不得设置户外广告，工商行政主管部门不予核发《户外广告登记证》。

利用工地围墙、烂尾楼设置公益广告免予办理《户外广告设置证》，但应当严格按照设置技术规范设置。利用工地围墙设置商业广告应当申请办理《户外广告设置证》。利用烂尾楼设置商业性户外广告的，其位置使用权应当公开出让，并应当申请办理《户外广告设置证》。

第十九条 《户外广告设置证》批准的设置期限自批准之日起最长不得超过3年，电子显示牌（屏）类户外广告可以适当延长，但最长不得超过6年。

第二十五条 设置户外广告应当遵守下列规定：

（一）严格按照批准的地点、具体位置、形式、规格、数量、制作材质、灯饰配置、结构图、全景电脑设计图等要求设置，不得擅自变更；确需变更的，应当按照原审批程序办理设置变更手续；

（二）设计应当符合国家建（构）筑物结构荷载、防雷、防风、抗震、防火、电气安全要求，符合设置规范；使用电子显示装置的，应科学控制其亮度，避免对周边环境造成光污染；

（三）施工应当严格执行有关安全技术规范和标准，保证施工安全和设施牢固；

（四）设施上标明《户外广告设置证》的文件号等审批辨别标识；

（五）自批准设置之日起60日内（LED户外电子显示屏自批准设置之日起90日内）设置完毕；逾期未设置完毕的，其《户外广告设置证》即行失效；

（六）设置完毕后，版面空置（不包括已发布招租广告）不得超过20日。

第二十六条 设置招牌除遵守本办法第二十五条第（二）、（三）项规定以外，还应当遵守下列规定：

（一）内容仅限于本单位的名称、字号、标识，不得含有推介产品或者经营服务的信息；

（二）地点仅限于在本单位办公地或者经营地；

（三）多个单位共用一个场所或者一个建筑物内有多个单位的，应当先由该场所或者建筑物的所有人或者管理人整体规划设计、制作；

（四）体量、规格与所附着的建筑物大小比例适当，与相邻招牌的高度、形式、造型、规格、色彩等和谐统一。

第二十八条 户外广告和招牌设置人应当加强日常维护管理，保证户外广告和招牌整洁、完好、美观。户外广告和招牌出现画面污损、严重褪色、字体残缺等影响市容市貌情形的，应当及时维修、更新；配置夜间照明设施的，应当保持照明设施功能完好；设置霓虹灯、电子显示装置、灯箱等设施的，应当保持画面显示完整；出现断亮、残损的，应当及时维护、更换，并在修复前停止使用。

城市管理综合执法机关应当加强对户外广告和招牌设施的巡查监管，发现户外广告和招牌出现画面污损、显示不全、严重褪色、字体残缺等影响市容市貌情形的，应当责令设置人及时维修、更新；霓虹灯、电子显示装置、灯箱等出现断亮、残损的，责令设置人在修复前停止使用。

第三十三条 违反本办法第十五条第二款、第十六条第一款规定，不按照设置规范设置围墙、烂尾楼公益广告或者招牌的，由城市管理综合执法机关责令限期改正、清理或者拆除；逾期未改正、清理或者拆除的，予以强制清理或者拆除，并可处以1万元以上2万元以下罚款。

第三十六条　违反本办法第二十五条第（一）项规定，户外广告未按照批准的地点、具体位置、形式、规格、数量、制作材质、灯饰配置、结构图、全景电脑设计图等要求设置的，由城市管理综合执法机关责令限期改正、清理或者拆除；逾期不改正、清理或者拆除的，予以强制清理或者拆除，并可处以1万元以上2万元以下的罚款。

第三十八条　违反本办法第二十七条规定，户外广告和招牌设施存在安全隐患或者有钢结构牌位的户外广告设施经具有结构安全资质的检测机构检测为不合格，经责令限期整修或者拆除，设置人逾期未整修或者拆除的，由城市管理综合执法机关处以2万元以上5万元以下的罚款。

第四十一条　户外广告或者招牌设施倒塌、坠落造成他人人身或者财产损失的，设置人应当依法承担民事责任；构成犯罪的，依法追究刑事责任。

南京市店招标牌设置管理办法（节选）

（2014年5月8日南京市人民政府第31次常务会议审议通过，2014年5月12日南京市人民政府令第304号发布，自2014年5月12日起施行）

第三条　本办法所称店招标牌设置，是指公民、法人或者其他组织（以下称设置人），在其办公地或者经营地设置表明其名称、字号、标志的室外标牌、灯箱、LED灯、文字符号的行为。

第四条　市城市管理行政主管部门是本市店招标牌设置的主管部门，负责店招标牌设置的指导、协调和监督考核。区城市管理行政主管部门负责辖区内店招标牌设置的监督管理工作。

住房和城乡建设、规划、工商、质量技术监督、公安消防、环境保护等行政主管部门按照各自职责，负责店招标牌相关管理工作。

第六条　设置店招标牌的位置、形式、尺寸、色彩、图案等应当与所依附的载体以及周边环境相协调，不得影响、破坏依附载体的整体效果和街景特征。

不得利用建筑物屋顶、消防登高面、住宅建筑（含商住混合类建筑的住宅部分）、写字楼外立面设置店招标牌。

第八条　建筑物一层采取外框支架方式设置店招标牌的，应当符合下列规定：

（一）不得重迭设置；

（二）在一层门檐以上、二层窗檐以下设置；

（三）厚度一般不得超过六十厘米，长度不得超过房屋权属登记证列明的长度。

第九条　建筑物二层及以上不得采取外框支架方式设置店招标牌。

第十条　店招标牌版面和造型应当与建（构）筑物风格、自身店（门）面装修和设计相协调，色彩搭配合理，字体规范完整。

历史风貌区、特色街区的店招标牌设置应当与历史风貌、街区特色、传统格局相协调。

鼓励采取挂设牌匾方式设置店招标牌。

第十三条　店招标牌应当采用坚固耐用、不易褪色的材料,设计和安装应当符合国家建(构)筑物结构荷载、防风、抗震、防火、电气安全要求。

第十四条　设置人是店招标牌维护、管理的责任人,应当加强日常检查、维护,保持其整洁、完好、安全、美观。发现画面污损、严重褪色、字体残缺、断亮的,应当及时维修或者更新;发现安全隐患的,应当立即采取措施,消除安全隐患。

店招标牌达到设计使用年限的,设置人应当予以更新。建设、整修、更新或者拆除期间,应当采取安全措施并在现场明显位置设置警示标识。

店招标牌因设置或者维护不当,造成人身伤害或者财产损失的,设置人应当依法承担责任。

第十七条　禁止利用店招标牌发布或者变相发布广告。

有下列情形之一的,按照户外广告设置相关规定管理:

(一)店招标牌设置地点不在设置人办公地、经营地的;

(二)店招标牌内容超出工商注册登记的名称、字号、标识,附带商业内容的。

第十八条　区城市管理行政执法部门应当加强对店招标牌的巡查,发现画面污损、显示不全、严重褪色、字体残缺等影响城市容貌的,应当责令设置人及时维修、更新;发现灯箱、LED灯等出现断亮、残损的,应当责令设置人在修复前停止使用。

第十九条　店招标牌设置人搬迁、变更、歇业、解散或者被注销的,应当自行拆除原设置的店招标牌。

第二十一条　违反本办法第六条第二款、第八条、第九条、第十九条规定的,由区城市管理行政执法部门责令限期改正,并处以二千元以上五千元以下罚款;逾期未改正的,由区城市管理行政执法部门责令限期自行拆除;逾期未拆除的,依法强制拆除。

第二十二条　违反本办法规定,有下列情形之一的,由区城市管理行政执法部门责令限期改正,并按照下列规定予以处罚:

(一)违反第十六条规定的,处以五百元以上二千元以下罚款;

(二)违反第十七条规定的,按照户外广告设置管理相关规定予以处罚;

(三)其他未按照设置标准设置店招标牌的,每项处以五百元以上一千元以下罚款,最高不超过五千元。

第六章　园林绿化管理类

广东省生态景观林带建设管理办法(节选)

(本办法自 2016 年 2 月 1 日起施行)

第三条　本办法所称生态景观林带,是指在江河两岸、沿海海岸以及交通干线两侧的一定范围内,规划建设的具有生态保护和观赏功能的森林绿化带。

生态景观林带的具体范围由生态景观林带建设规划确定。

第四条　生态景观林带的建设、管理，应当遵循下列原则：

（一）政府主导、社会共建；

（二）因地制宜、突出特色；

（三）整合资源、优化提升；

（四）统筹规划、强化管理。

第五条　省人民政府负责统筹全省生态景观林带的建设、管理。

市、县（区）人民政府是建设、管理生态景观林带的责任主体，负责生态景观林带的土地供给和资金筹措，并建立相关部门、乡镇政府、村民委员会共同参与的生态景观林带管理工作机制。

鼓励公民、法人和其他组织参与生态景观林带的建设、管理，认种、认养生态景观林带的林地、林木。

第六条　省绿化委员会负责指导、协调和监督全省生态景观林带的建设、管理。

市、县（区）人民政府设立的绿化委员会负责指导、协调本行政区域内生态景观林带的建设、管理。

第七条　林业行政主管部门负责林业用地范围内生态景观林带的建设、管理。

水行政主管部门负责水利工程管理范围内生态景观林带的建设、管理。

土地行政主管部门负责生态景观林带范围内废弃矿山、采石场的复绿。

公路管理机构、铁路监督管理机构负责公路、铁路建设用地范围内生态景观林带的建设、管理。

第八条　省绿化委员会编制全省生态景观林带建设规划，应当征求相关部门和各地级以上市人民政府的意见，并报省人民政府审批。

市、县（区）人民政府应当按照全省生态景观林带建设总体规划，结合当地实际制定本地区的生态景观林带建设规划，并组织实施。

生态景观林带建设规划应当向社会公布。

第九条　生态景观林带建设规划不得擅自修改。确需修改的，不得减少生态景观林带的总长度和总面积，并参照规划编制、审批的程序进行。

第十条　林业行政主管部门和相关部门应当确定生态景观林带的管护单位，并与其签订管护责任书。

生态景观林带管护单位应当落实抚育管护措施，及时做好除草、割灌、松土、扩穴、排水、追肥等抚育管护工作，确保生态景观林带的整体效果。

第十一条　生态景观林带管护单位应当建立森林消防和安全巡查制度，配备护林员。

护林员应当巡护生态景观林带，及时制止未经批准擅自野外用火和破坏生态景观林带的行为，并报告当地林业行政主管部门。

第十二条　严格控制占用、征收生态景观林带的林地。建设项目确需占用、征收生态景观林带林地的，应当依法办理占用、征收林地手续。

第十三条　对生态景观林带的林木进行更新、抚育采伐或者采挖的，应当按照国家规定的程序进行，并遵守森林采伐作业规程。

第十六条　林业行政主管部门应当加强对生态景观林带建设、管理情况的监督检查，并向本级人民政府报告年度检查结果。

生态景观林带的建设、管理情况纳入森林资源保护和发展目标责任制考核。

第十七条 未经批准擅自野外用火或者破坏生态景观林带的，依照《中华人民共和国森林法》《森林防火条例》等法律、法规的规定予以处罚。

第十八条 生态景观林带管护单位未按照本办法规定落实抚育管护措施的，由有关主管部门责令限期改正；逾期未改正的，处 1000 元以上 10000 元以下罚款；造成损失的，依法承担赔偿责任。

无锡市公园管理办法（节选）

（本办法自 2015 年 8 月 1 日起施行）

第三条 本办法所称公园，是指具有良好园林绿化环境和相应的配套设施，具备改善生态、美化环境、游览休憩、文娱健身、科普教育等功能，向公众开放的公共场所。

公园的具体名录由市、市（县）人民政府确定并公布。

第四条 公园建设和管理应当突出公益属性，坚持统一规划、政府主导、分级管理、公众参与、社会监督的原则。

第六条 市、市（县）园林绿化行政管理部门是本行政区域内公园行政主管部门，负责公园的监督管理工作，其所属的公园管理机构，根据委托具体负责公园的监督管理工作。

区人民政府确定的公园行政主管部门根据职责分工，负责辖区内公园的有关管理工作。

城乡规划、建设、公安、文物、林业、质量技术监督、城管等部门按照各自职责，共同做好公园的相关管理工作。

第七条 公园管理单位具体负责公园的日常管理工作。

第十二条 编制公园规划和公园建设工程设计方案应当遵循下列原则：

（一）因地制宜，科学利用原有地形、地貌、水体、植被等自然景观，突出公园地域特色；

（二）合理保护和利用遗址、遗迹等人文条件，体现公园历史文化内涵；

（三）以植物造景和乡土植物为主，并综合考虑防灾避险等需要，提升公园品质和功能。

鼓励利用荒滩、荒地、废弃地、生态岸线、垃圾填埋场等建设公园。

第十四条 在公园内新建、改建、扩建建（构）筑物的，公园管理单位应当征求公园行政主管部门意见，并按照基本建设程序办理工程安全、质量监督、施工许可、竣工验收备案等手续。

第十五条 公园内新建、改建、扩建建（构）筑物的体量、外形、高度、色彩，应当与周围景观、环境相协调，不得损害公园景观。

公园内绿地面积比例未达到规定标准的，不得新建、扩建建（构）筑物。

第十七条 公园建设项目竣工后，建设单位应当组织竣工验收，并通知公园行政主管部门参加；未经验收或者验收不合格的，不得交付使用。

公园建设项目竣工验收后，建设单位应当将园林绿化工程验收情况报市、市（县）公园行政主管部门备案。

第二十条 任何单位和个人不得改变公园用地性质，不得擅自占用公园用地或者砍伐、迁移、修剪公园树木。

确需临时占用公园用地或者需要砍伐、迁移、修剪公园树木的，应当征得公园管理单位同意，并按照城市绿化有关规定办理相关许可手续。

第二十一条 公园内的建（构）筑物应当按照规划设计功能使用，维持其原有风貌、风格和布局。

禁止利用公园内的建（构）筑物或者其他场所设置私人会所等与公园服务功能无关的商业经营场所。

第二十三条 在公园内举办展览、庙会、演出或者拍摄电影、电视剧等活动的，应当征得公园管理单位同意，并且遵守下列规定：

（一）依法办理相关审批手续；

（二）不得破坏公园景观环境；

（三）不得影响正常游览秩序；

（四）活动结束后，及时清理活动场所并恢复原状。

第二十四条 公园内游乐设施的设置应当符合公园设计规范；新增大型游乐设施的，公园管理单位应当组织进行公园景观、环境影响和安全技术条件论证。

第二十六条 发生地震等突发事件需要进入公园避险的，公园管理单位应当及时、有序引导避险人员进入应急避护场所。

因避险对公园环境造成影响的，突发事件消除后，公园管理单位应当及时恢复原状。

第二十七条 公园管理单位应当履行下列服务与管理职责：

（一）按照公园规划和管理规范进行建设和管理；

（二）健全公园内部管理制度；

（三）保持公园设备设施和园容园貌良好，维护正常游览秩序；

（四）管理公园内文娱健身、商业经营等活动；

（五）制止破坏公园财产和景观的行为，依法要求责任人赔偿；

（六）执行安全管理规范，保障公园经营、游览等活动安全；

（七）协助公园行政主管部门对违法行为进行调查或者检查；

（八）法律法规规定的其他职责。

第三十一条 公园园容园貌应当符合下列要求：

（一）环境整洁卫生；

（二）绿化植物长势良好，造型美观；

（三）水体清洁、符合观赏标准；

（四）建（构）筑物和其他设施外观完好、相互协调；

（五）法律法规和有关技术规范规定的其他标准。

第三十六条 在公园内从事群体性健身、娱乐等活动，应当遵守下列规定：

（一）服从公园管理单位管理；

（二）在指定的区域和时间内进行；

（三）遵守环境、噪声、安全等管理规定。

第三十七条　公园内禁止下列行为：

（一）捕捉、伤害动物；

（二）损毁草坪、花卉、树木和设施；

（三）倾倒、焚烧垃圾等废弃物，乱扔果皮、纸屑、烟蒂、口香糖等物品；

（四）随意堆放物料、拉绳挂物，随地吐痰、便溺；

（五）在建（构）筑物、自然景物等物体上攀爬、涂写、刻画、张贴；

（六）在亭、廊、座椅、护栏等设施上践踏、躺卧；

（七）燃放孔明灯、在禁火区吸烟、擅自营火；

（八）在非指定的区域内游泳、垂钓、烧烤、露宿；

（九）擅自摆摊设点、搭建棚舍；

（十）流动兜售物品，散发商业广告宣传品；

（十一）从事封建迷信活动；

（十二）法律法规规定的其他禁止行为。

第三十八条　公园行政主管部门和公园管理机构，应当加强对公园设施、园容园貌、服务质量、安全管理等的监督检查，公园管理单位应当予以配合，并如实提供有关材料，不得拒绝、阻碍和隐瞒。

第三十九条　违反本办法第十七条规定，公园建设项目竣工后未经验收或者验收不合格交付使用的，由公园行政主管部门责令改正，并可处以一万元以上三万元以下罚款。

第四十条　违反本办法第二十一条规定，利用公园内的建（构）筑物或者其他场所设置私人会所等与公园服务功能无关的商业经营场所，由公园行政主管部门责令限期改正；逾期不改正的，处以五千元以上三万元以下罚款。

第四十一条　违反本办法第三十八条规定，未如实提供相关材料，或者拒绝、阻碍监督检查的，由公园行政主管部门责令改正；逾期不改正的，对单位处二万元以上五万元以下的罚款。

第四十二条　违反本办法规定的行为，法律、法规和规章已有处罚规定，或者城市管理相对集中行政处罚权已明确行政执法主体的，从其规定。

无锡市古树名木保护办法（节选）

（2012 年 11 月 14 日无锡市人民政府第 8 次常务会议审议通过，2012 年 11 月 27 日无锡市人民政府令第 131 号公布，自 2013 年 1 月 1 日起施行）

第三条　本办法所称古树，是指树龄在 100 年以上的树木。

本办法所称名木，是指树种珍贵、稀有或者具有历史、文化、科研价值和纪念意义的树木。

第四条　市和市（县）、区绿化委员会负责本辖区内古树名木保护的指导和协调工作。

第五条　市和市（县）、区城市园林绿化行政主管部门和林业行政主管部门（以下统称古树名木保护主管部门），按照职权分工，负责辖区内古树名木的保护工作。

国土、城乡规划、建设、城管、环保、文物等部门按照各自职责，共同做好古树名木保护工作。

第八条　古树名木分为一级和二级。

树龄在 300 年以上，或者树种特别珍贵稀有，具有重要历史、文化、科研价值和纪念意义的古树名木，为一级古树名木；其余为二级古树名木。

第九条　市、市（县）古树名木保护主管部门应当定期对本辖区内的古树名木进行调查登记，在统一鉴定、定级、编号后报本级人民政府确认。经人民政府确认的古树名木应当向社会公布。

市（县）古树名木保护主管部门应当将经本级人民政府确认的古树名木及时报市古树名木保护主管部门备案。

第十条　市、市（县）古树名木保护主管部门应当按照统一标准建立古树名木档案、设立标志。

第十一条　市、市（县）古树名木保护主管部门应当加强古树名木的养护管理，制定古树名木养护管理技术规范；当古树名木长势不良时，应当及时制定复壮方案并组织抢救。

第十二条　市（县）、区古树名木保护主管部门应当加强日常巡查，及时掌握古树名木生长状况；委托具有园林绿化施工资质的专业绿化养护单位进行古树名木专业养护，并与其签订养护责任书，明确养护责任和要求。

第十三条　专业绿化养护单位实施古树名木专业养护主要包括下列内容：

（一）按照养护管理技术规范分株制定养护管理措施；

（二）进行施肥、修剪和病虫害防治；

（三）按照复壮方案对长势不良的进行复壮；

（四）对生长异常或者环境状况影响生长的，及时上报古树名木保护主管部门处理。

区古树名木保护主管部门接到前款第（四）项情况报告后，应当及时报市古树名木保护主管部门处理。

第十四条　古树名木保护实行看护责任人制度。市、市（县）古树名木保护主管部门应当分株确定看护责任人。

古树名木看护责任人按照下列规定确定：

（一）生长在机关、部队、团体、企业、事业等单位用地范围的古树名木，其生长地的所属单位为看护责任人；

（二）生长在城市道路两侧及其周围的古树名木，其生长地的所属绿化养护单位为看护责任人；

（三）生长在风景名胜区内景点、景区、保护带范围的古树名木，其生长地的管理机构为看护责任人；

（四）生长在私人庭院内的古树名木，其生长地的住户居民为看护责任人；

（五）生长在列入征收范围地域的古树名木，其生长地的土地使用单位或者管理单位为看护责任人。

按照前款规定无法确定看护责任人的，由市、市（县）古树名木保护主管部门指定看护责任人。

第十七条 死亡的古树名木，应当经市、市（县）古树名木保护主管部门确认，查明原因、明确责任后方可注销。死亡的古树名木未经注销不得处理。

第十八条 古树名木应当确定保护范围，并根据需要设置保护设施。古树名木的保护范围一般不得小于树冠垂直投影外 5 米。

对古树名木保护范围的土壤，应当采取措施保持透水、透气性。

第十九条 禁止下列损害古树名木的行为：

（一）利用树干支撑物体；

（二）在树干上刻划、钉钉或者缠绕绳索、铁丝等；

（三）淹渍树根、封砌地坪；

（四）在保护范围内擅自搭建构（建）筑物、埋设管道、挖坑取土、焚烧、堆放物料或者倾倒有害污水污物；

（五）擅自采摘果、种，或者擅自进行修剪；

（六）污损、移动标志和保护设施；

（七）其他损害古树名木的行为。

第二十条 严禁擅自买卖或者转让古树名木。严禁砍伐和擅自移植古树名木。

因特殊原因确需移植古树名木的，移植申请人应当制定移植保护方案，经市、市（县）古树名木保护主管部门审查、论证后，报本级人民政府批准。

第二十六条 违反本办法第十七条规定，未经市、市（县）古树名木保护主管部门确认并注销登记，擅自处理死亡的古树名木的，由古树名木保护主管部门处以 2000 元以上 1 万元以下罚款。

第二十七条 违反本办法第十九条第（一）、（二）、（五）、（六）项规定，利用树干支撑物体，在树干上刻划、钉钉或者缠绕绳索、铁丝，擅自采摘果、种、进行修剪，或者污损、移动标志和保护设施的，由古树名木保护主管部门给予警告，并可处以 5000 元以下罚款。

第二十八条 违反本办法第十九条第（三）、（四）项规定，淹渍树根、封砌地坪，在保护范围内擅自搭建构（建）筑物、埋设管道、挖坑取土、焚烧、堆放物料或者倾倒有害污水污物，致使古树名木损伤或者死亡的，由古树名木保护主管部门责令停止侵害，并可处以损失费 1 倍以上 5 倍以下的罚款；构成犯罪的，依法追究刑事责任。

第七章 社会治安管理类

上海市公共场所人群聚集安全管理办法（节选）

（2015 年 5 月 15 日上海市人民政府令第 29 号公布，2015 年 7 月 1 日起施行）

第三条（定义）

本办法所称人群聚集公共场所，是指下列场所：

（一）景区（点）、公园、轨道交通站点、机场航站楼、客运车站、客运码头、展览场馆、体育场馆、文化娱乐场所、商场、集贸市场；

（二）医院、学校、宗教活动场所；

（三）人群经常聚集的广场、道路等其他公共场所。

本办法所称人群聚集活动，是指下列活动：

（一）按照《条例》规定，法人或者其他组织面向社会公众举办的每场次预计参加人数1000人以上的大型群众性活动；

（二）法人或者其他组织面向社会公众举办的每场次预计参加人数不足1000人的小型群众性活动；

（三）人群自发聚集达到一定密度的其他群众性活动。

第四条 （政府职责）

市和区（县）人民政府应当按照"分级管理、属地为主"的原则，加强对人群聚集公共场所和人群聚集活动的领导，组织、督促相关部门依法履行安全管理职责。

市和区（县）公安部门负责本行政区域内大型群众性活动的安全管理工作，按照职责对人群聚集活动进行应急处置。

安全生产监管、建设、交通、商务、旅游、卫生计生、教育、文广影视、体育、民政、民族宗教、绿化市容、质量技监、食品药品监管等相关部门，按照各自职责负责与人群聚集相关的安全管理工作。

第八条 （单位的安全责任）

人群聚集公共场所的经营、管理单位应当履行下列责任：

（一）设置应急广播、应急照明等应急救援设施和安全提示设施，并定期维修保养，确保其正常运行；

（二）设置必要的监控设施，对场所内人员流动、聚集情况进行监测；

（三）显著标明安全撤离的通道、路线，并保证安全通道、出口的畅通；

（四）经常性巡查场所，采取相应的安全防范措施；

（五）制定应急预案，并结合实际情况开展应急演练。

第九条 （日常监测）

区（县）人民政府应当将人群经常聚集的广场、道路等公共场所纳入监测网络，确定监测点，明确监测项目，组织公安、建设、交通等部门设置必要的监控设施，配备专门人员进行监测。

第十七条 （突发事件的预防性处置和预警）

公安部门接到报告或者监测发现人群聚集可能发生突发事件的，应当立即研判风险，及时采取预防性处置措施；对需要发布预警的，应当立即报告本级人民政府。

安全生产监管、建设、交通、商务、旅游、卫生计生、教育、文广影视、体育、绿化市容、民政、民族宗教等相关部门接到报告或者监测发现人群聚集可能发生突发事件的，应当立即研判风险，及时采取预防性处置措施，同时通报同级公安部门；对需要发布预警的，应当立即报告本级人民政府。

市或者区（县）人民政府接到报告后，应当按照规定的权限和程序发布预警信息。

第十九条　（突发事件的应急处置）

公安、安全生产监管、建设、交通、商务、旅游、卫生计生、教育、文广影视、体育、绿化市容、民政、民族宗教等相关部门接到报告或者监测发现人群聚集活动已经发生突发事件的，应当立即按照应急预案开展先期处置，同时报告本级人民政府。

市或者区（县）人民政府接到报告后，应当组织相关部门按照突发事件应急联动的有关规定进行处置。

第二十二条　（大型群众性活动的安全许可）

公安部门依据《条例》的相关规定，对大型群众性活动实施安全许可。

大型群众性活动的预计参加人数在 1000 人以上 5000 人以下的，由活动所在地的区（县）公安部门实施安全许可；预计参加人数在 5000 人以上的，由市公安局实施安全许可；跨区（县）举办的大型群众性活动，由市公安局实施安全许可。

第二十三条　（大型群众性活动的安全责任主体）

大型群众性活动的承办者（以下简称承办者）对其承办活动的安全负责，承办者的主要负责人为大型群众性活动的安全责任人。

前款所称承办者，是指负责筹备、举办大型群众性活动并申请安全许可的法人或者其他组织。

第二十六条　（受理）

承办者应当在活动举办日的 20 日前提出安全许可申请。公安部门收到申请后，应当当场或者在 3 日内做出受理或者不予受理的决定。不予受理的，应当书面说明理由。

第二十八条　（审查）

对受理的大型群众性活动申请，公安部门应当自受理之日起 7 日内进行审查，对活动场所、设施进行现场查验，评估活动安全风险，核定活动参加人数，做出许可或者不予许可的决定。

大型群众性活动情况复杂、影响重大，公安部门不能在 7 日内做出安全许可决定的，经本级公安部门负责人批准，可以延长 7 日，并以书面形式告知承办者。

同一承办者申请在本年度内举办相同地点、相同内容的多场次大型群众性活动的，公安部门可以一次性许可。

第三十二条　（现场检查）

对有下列情形之一的大型群众性活动，公安、安全生产监管、建设、交通、质量技监、文广影视、食品药品监管等相关部门应当按照各自职责，在大型群众性活动举办前以及活动期间进行现场检查；发现安全隐患的，及时责令改正：

（一）活动现场搭建大规模临时设施的；

（二）活动现场安装、使用特种设备的；

（三）活动现场使用烟花爆竹等易燃易爆物品的；

（四）活动现场制售食品或者提供餐饮服务的；

（五）活动可能对交通秩序、社会公共秩序造成较大影响的。

第三十六条　（现场处置）

大型群众性活动举办期间，发生危及公共安全的突发事件的，承办者应当立即启动应急预案，并报告公安部门。公安部门应当立即采取相应处置措施，维护现场秩序；对没有消除安全风险的活动，应当责令承办者立即停止活动。

第三十九条 （擅自转让的法律责任）

承办者违反本办法第二十九条第二款规定，将已经取得安全许可的大型群众性活动转由他人承办的，由公安部门对承办者处 10 万元以上 20 万元以下罚款；造成严重后果的，处 20 万元以上 30 万元以下罚款。

上海市实有人口服务和管理若干规定（节选）

（2012 年 9 月 10 日上海市人民政府第 152 次常务会议审议通过，2012 年 9 月 12 日上海市人民政府令第 86 号公布，自 2012 年 11 月 1 日起施行）

第二条 （适用范围）

本规定适用于本市行政区域内实有人口的服务和管理。

本规定所称实有人口，是指在本市居住的本市户籍人员、外省（自治区、直辖市）户籍人员（以下称来沪人员）。

第三条 （服务和管理机制）

本市实有人口服务和管理实行市级综合协调、区级综合管理、社区具体实施的体制。

市和区（县）人民政府设立人口综合服务和管理领导小组，负责协调、指导、督促有关部门开展实有人口服务和管理工作。人口综合服务和管理领导小组办公室设在市和区（县）公安部门，负责实有人口服务和管理工作的具体实施。

发展改革、公安、人力资源社会保障、住房保障房屋管理、人口计划生育、经济信息化、卫生、教育、税务、民政、工商行政管理等部门按照各自职责，做好实有人口服务和管理的相关工作。

第四条 （信息系统建设）

本市建立实有人口服务和管理信息系统。公安、人力资源社会保障、住房保障房屋管理、人口计划生育、卫生、教育、税务、民政、工商行政管理等部门按照各自职责负责相关信息的录入和更新，实现信息共享。

第五条 （社区综合协管队伍）

社区综合协管队伍由乡（镇）人民政府、街道办事处负责组建，由公安派出所负责日常管理，并接受住房保障房屋管理、人口计划生育等部门的业务指导和培训。社区综合协管员根据公安、住房保障房屋管理等部门的要求，开展实有人口信息采集等工作。

乡（镇）人民政府、街道办事处也可以根据本辖区实有人口服务和管理工作需要，探索由政府购买服务、公益性社会组织具体实施的工作方式。

第六条 （信息采集制度）

本市实行实有人口信息采集制度。

实有人口信息包括实有人口的身份信息和居住信息。

第七条 （信息采集的方式）

实有人口信息采集工作，采用社区综合协管员上门询问、当场填报的方式进行，社区综合协管员应当按照规范格式的信息采集表逐项填写，做到不重不漏、准确无误。

社区综合协管员上门采集信息时，必须佩戴统一制发的工作证件。

第十条　（居住证件办理）

来沪人员应当按照国家和本市有关规定，持有效身份证明等到现居住地的社区事务受理中心办理居住登记，领取《上海市临时居住证》；符合本市有关规定条件的，可以申领《上海市居住证》。

《上海市居住证》的办理及使用，按照《上海市居住证暂行规定》等有关规定执行。

第十一条　（证照办理服务）

持有《上海市临时居住证》的来沪人员，可以在本市办理下列事务：

（一）申领机动车驾驶证、办理机动车和非机动车登记；

（二）办理港澳商务签注、边境通行证件；

（三）申请出具在沪无犯罪记录证明。

第十三条　（公共卫生服务）

持有《上海市临时居住证》的来沪人员，可以在本市享受下列公共卫生服务：

（一）在指定医疗机构接受实行限价收费的产前检查、住院分娩服务；

（二）同住的未成年子女接受儿童预防接种、计划免疫等传染病防治服务。

第十四条　（子女教育服务）

持有《上海市临时居住证》的来沪人员，其同住的适龄子女需要在本市接受义务教育的，可以按照本市有关规定到现居住地所在区（县）教育行政部门申请就读，由区（县）教育行政部门统筹解决。

第十五条　（持有《上海市居住证》人员的待遇）

持有《上海市居住证》的来沪人员，可以按照国家和本市有关规定享受子女就读、计划生育、公共卫生、社会保险、证照办理、科技申报、资格评定、考试和鉴定、相关荣誉称号评选等公共服务方面的待遇和便利。

第二十一条　（居住房屋租赁信息备案）

居住房屋租赁当事人应当持有效身份证件、房地产权利证明和租赁合同等有关材料，到房屋所在地的社区事务受理中心办理居住房屋租赁信息备案。

居住房屋出租人应当依法办理纳税申报。

第二十七条　（对违反单位登记信息规定的处罚）

用人单位、职业中介服务机构、市场和超市的经营管理者以及房地产中介服务机构违反本规定第十七条、第十八条、第二十三条规定，不按规定登记相关信息的，由公安部门责令改正，处 200 元以上 1000 元以下罚款或者警告。

第二十八条　（对违反房屋租赁信息管理规定的处罚）

居住房屋出租人违反本规定第二十二条第一款、第二款规定，不按照规定登记承租人姓名、身份证件种类和号码的，或者将房屋出租给无身份证件的人居住的，由公安部门按照《中华人民共和国治安管理处罚法》第五十七条第一款规定予以处罚。

居住房屋出租人违反本规定第二十二条第三款规定，明知承租人利用出租房屋进行犯罪活动，不向公安部门报告的，由公安部门按照《中华人民共和国治安管理处罚法》第五十七条第二款规定予以处罚。

无锡市车站地区管理规定（节选）

（本规定自 2015 年 8 月 1 日起施行）

第二条 本规定适用于车站地区的管理以及相关活动。

本规定所称车站地区，是指无锡火车站南广场、北广场、中央汽车站及其周边和地下区域，具体范围为：通江大道勤俭桥至高墩桥以西，高墩桥至亮坝桥河道以北，亮坝桥至兴昌桥河道以东，兴昌路（不含）兴昌桥至惠勤路口以南，惠勤路兴昌路口至丰运桥以东，丰运桥至勤俭桥河道以南区域，以上区域不含水面。

第三条 市人民政府建立车站地区管理联席会议制度，协调、解决车站地区管理中的重要问题。

市人民政府设立的车站地区综合管理机构是联席会议的办事机构，具体工作由市公安机关承担。

第四条 公安、城市管理、交通运输、工商、旅游、食品药品监督、市政和园林、民政等部门以及车站地区属地政府应当按照各自职责，共同做好车站地区管理工作，并接受车站地区综合管理机构的统筹协调和监督考核。

第五条 车站地区综合管理机构应当建立车站地区社会治理机制，鼓励和吸纳车站地区公共设施、物业管理、经营者等单位和个人参与车站地区管理。

第十条 禁止下列违反城市市容管理规定的行为：

（一）在临街建（构）筑物的屋顶、阳台外、平台外、窗外等吊挂、晾晒、堆放影响市容的物品；

（二）擅自设置户外广告设施；

（三）擅自占用道路、广场、绿地、停车场等公共场所堆放物料、搭建建（构）筑物、摆摊设点或者超出门窗经营、作业；

（四）擅自散发商业广告，在树木、地面、建筑物以及其他设施上刻画、涂写、喷涂或者擅自张贴、悬挂宣传品；

（五）其他违反城市市容管理规定的行为。

第十二条 禁止下列违反环境卫生管理规定的行为：

（一）随地吐痰、便溺，乱扔果皮、纸屑、烟头、口香糖、玻璃瓶、动物尸体等废弃物；

（二）乱倒垃圾、渣土、污水、污油、粪便等废弃物；

（三）焚烧树叶、垃圾等废弃物；

（四）其他违反环境卫生管理规定的行为。

第十三条 禁止下列违反道路交通秩序管理规定的行为：

（一）不按交通标志通行或者在禁止通行的路段内通行；

（二）在禁止停车或者妨碍交通的地点停车；

（三）在车行道上招呼车辆、停留和兜售财物、散发宣传品等；

（四）其他违反道路交通秩序管理规定的行为。

第十四条　任何单位和个人不得擅自占用、挖掘道路；确需临时占用和挖掘道路的，应当按照规定经公安交通管理部门和有关管理部门批准，并按照规定采取交通安全措施。

第十五条　禁止下列违反道路运输经营秩序管理规定的行为：

（一）非营运车辆从事道路运输经营活动；

（二）客运班车不按照规定的客运站点停靠，或者在站点外上下旅客、装卸行包；

（三）客运包车招揽包车合同以外的旅客乘车；

（四）出租车不遵守停车候客站点管理规定或者甩客、拒载、未经乘客同意搭载其他乘客；

（五）其他违反道路运输经营秩序管理规定的行为。

第十六条　禁止下列违反商业经营秩序管理规定的行为：

（一）无证无照经营；

（二）强买强卖商品，强迫他人提供或者接受服务；

（三）不明码标价或者不执行政府定价、指导价；

（四）使用高音广播喇叭或者采用其他发出高噪声的方法招揽顾客；

（五）其他违反商业经营秩序管理规定的行为。

第十七条　禁止下列妨碍社会管理秩序的行为：

（一）伪造、变造、倒卖车票、发票或者其他有价票证、凭证；

（二）出售、出租淫秽书刊、图片、影片、音像制品等淫秽物品；

（三）住宿、餐饮、旅游、客运等经营单位或者个人违反规定揽客、兜售财物；

（四）散布谣言或者以其他方式煽动闹事；

（五）胁迫、诱骗、利用他人乞讨或者以反复纠缠、强行讨要等滋扰他人的方式乞讨；

（六）其他妨碍社会管理秩序的行为。

第二十一条　违反本规定，法律法规已有处罚规定的，从其规定；法律法规没有规定的，按照下列规定处罚：

（一）违反本规定第十六条第四项，在商业活动中使用高音广播喇叭或者采用其他发出高噪声的方法招揽顾客的，由城市管理部门责令改正，并给予警告；警告后不改正的，处二百元以上五百元以下罚款；

（二）违反本规定第十七条第三项，住宿、餐饮、旅游、客运等经营单位或者个人以揽客、兜售财物等方式扰乱车站地区公共秩序，经教育拒不改正的，由公安部门依照《中华人民共和国治安管理处罚法》第二十三条规定予以处罚。

武汉市公共信用信息管理办法（节选）

（本办法自 2016 年 9 月 1 日起施行）

第三条　本办法所称公共信用信息，是指本市行政机关（含依据法律法规行使公共事务管理职能的组织，下同）、群团组织等（以下统称信源单位），在履行职责过程中形成的反映自然人、法人和其他组织信用状况的数据和资料。

本市司法机关在履行职责过程中形成的反映自然人、法人和其他组织信用状况的数据和资料，参照公共信用信息进行管理。

第四条　公共信用信息的归集、披露、使用和监督管理，应当遵循合法、安全、及时、准确、公正的原则，不得泄露国家秘密，不得侵犯商业秘密和个人隐私。

第六条　市发展改革部门是本市公共信用信息的主管部门，负责全市公共信用信息归集、披露、使用的统筹协调和监督管理。

各区人民政府确定的公共信用信息主管部门负责本区域公共信用信息归集、披露、使用的统筹协调和监督管理。

第七条　本市建立市信用信息公共服务平台，作为全市公共信用信息归集、披露、使用的载体，提供公共信用信息查询、异议处理等服务，实现公共信用信息跨区域、跨部门、跨系统共享。

第八条　信源单位应当制定公共信用信息管理制度，明确本单位负责公共信用信息工作的机构和责任，建立本单位公共信用信息数据库，负责记录、汇集、整理、保存、报送本单位在履行职责过程中产生和掌握的公共信用信息。

第九条　本市公共信用信息实行目录管理。市公共信用信息主管部门应当按照本市政务数据目录编制标准和规范以及国家、省信用信息有关标准和规范，组织编制武汉市公共信用信息目录，制定公共信用信息的分类方式、披露方式、归集时限、交换方式、数据标准格式等规范要求。

信源单位应当按照武汉市公共信用信息目录和相关规范要求，制定本单位的公共信用信息目录。

第十一条　公共信用信息包括法人和其他组织（以下统称单位）、年满18周岁自然人的基本信息、失信信息和其他信息。

第十二条　单位基本信息包括下列内容：

（一）名称、统一社会信用代码、分支机构等登记注册信息；

（二）法定代表人或者负责人及其他主要经营管理者信息；

（三）取得的资格、资质等行政许可信息；

（四）产品、服务、管理体系认证认可信息；

（五）年检、年度报告、年审、检验、检疫及备案信息；

（六）行业主管部门认定的信用等级信息；

（七）其他反映单位基本情况的信息。

自然人基本信息包括下列内容：

（一）姓名、身份证号码；

（二）学历、就业状况；

（三）取得的职称、资格、资质等信息；

（四）其他反映自然人基本情况的信息。

第十三条　单位失信信息包括下列内容：

（一）税款、社会保险费欠缴信息；

（二）行政事业性收费、政府性基金欠缴信息；

（三）提供虚假材料、违反告知承诺制度的信息；

（四）适用一般程序作出的行政处罚信息，行政强制执行信息；

（五）发生产品质量、安全生产、食品安全、环境污染等责任事故被监管部门处理的信息；

（六）被监管部门处以行业禁入的信息；

（七）法定代表人或者负责人及其他主要经营管理者在履行职责过程中受到刑事处罚、行政处罚、行业禁入处理的信息；

（八）监管部门在监督检查过程中确定的失信信息，被纳入经营异常名录和严重违法失信企业名单等信息；

（九）国家、省和本市规定的其他失信信息。

自然人失信信息包括下列内容：

（一）提供虚假材料、违反告知承诺制度的信息；

（二）适用一般程序作出的行政处罚信息，行政强制执行信息；

（三）被监管部门处以行业禁入的信息；

（四）监管部门在监督检查过程中确定的失信信息；

（五）税款欠缴信息；

（六）国家、省和本市规定的其他失信信息。

第十五条　市信用信息公共服务平台不得归集自然人的宗教信仰、基因、指纹、血型、疾病和病史以及法律、法规规定禁止采集的其他信息。

第十六条　公共信用信息应当以产生法律效力的文书为依据，主要包括：

（一）行政机关依法作出的行政许可、资质审核文件；

（二）行政机关依法作出的行政处罚决定、行政强制执行文书等处理文书；

（三）有关单位发布或者公告的等级评价、表彰奖励决定；

（四）司法机关或者仲裁机构作出的已经产生法律效力的法律文书；

（五）其他合法有效的证明文件。

前款规定的产生法律效力的文书由信源单位负责核实。

第十九条　单位公共信用信息通过公开、共享或者查询方式披露。

自然人公共信用信息通过共享或者查询方式披露，法律、法规另有规定的，从其规定。

公共信用信息的具体披露方式，依照武汉市公共信用信息目录确定的披露方式执行。

第二十条　失信信息和其他信息中的不良记录披露期限为 5 年，自不良记录形成之日起算。

第二十一条　下列公共信用信息属于公开信息，市信用信息公共服务平台应当通过"信用武汉"网向社会予以公布：

（一）信源单位已经依法通过政务网站、政府公报、新闻发布会、互联网以及报刊、广播、电视等方式发布的；

（二）依据法律、法规和规章规定应当主动公开的其他信息。

前款规定以外的公共信用信息，属于非公开信息。

第二十四条　信源单位在履行职责时，应当将单位或者自然人的信用状况作为实施管理活动的重要参考依据，执行信用评价制度，拓展信用评价结果的应用范围，提高社会管理和公共服务水平。

鼓励自然人和单位在开展金融活动、市场交易、行业管理、社会公益等活动中使用公共信用信息，防范交易风险，促进行业自律；鼓励信用服务机构使用公共信用信息，加工信用产品，为社会提供信用服务；鼓励跨区域公共信用信息交换、共享和应用。

第二十六条　对于信用状况不良的单位、自然人，行政机关可以依法采取下列惩戒措施：

（一）在日常监管中列为重点监管对象，增加检查频次，加强现场核查等；

（二）在行政许可、年检验证等工作中，列为重点核查对象；

（三）取消或者减少已经享受的行政便利化措施；

（四）限制申请财政性资金项目，限制参与有关公共资源交易活动，限制参与基础设施和公用事业特许经营；

（五）限制参加各类表彰奖励活动；

（六）限制担任企业法定代表人、负责人或者高级管理人员；

（七）国家、省和本市规定可以采取的其他惩戒措施。

市公共信用信息主管部门应当组织相关部门通过信息共享，对严重失信的单位、自然人采取联合惩戒措施。联合惩戒制度的具体管理办法由市公共信用信息主管部门会同相关部门制定，报市人民政府批准后实施。

第二十七条　建立跨地区的信用体系建设合作机制，对诚信典型和严重失信主体，实施跨地区联合激励和惩戒。

第三十条　单位、自然人认为市信用信息公共服务平台披露的公共信用信息与事实不符，或者依照有关法律、法规、规章规定不得披露的，可以向市信用信息公共服务平台提出书面异议，并提供相关证明材料。

第三十四条　公共信用信息主管部门、网络信息主管部门、信源单位、市信用信息公共服务平台、"云端武汉"平台及其工作人员不得实施下列行为：

（一）越权查询公共信用信息；

（二）篡改、虚构、违规删除公共信用信息；

（三）泄露未经授权公开的公共信用信息；

（四）泄露涉及国家秘密、商业秘密、个人隐私的公共信用信息；

（五）法律、法规和规章禁止的其他行为。

公共信用信息主管部门、网络信息主管部门、信源单位、市信用信息公共服务平台、"云端武汉"平台应当建立公共信用信息安全管理制度，采取有效措施，确保公共信用信息的安全。

第八章　行政执法管理类

湖北省行政权力清单管理办法（节选）

（本办法自 2016 年 1 月 1 日起施行）

第二条　本省行政区域内县级以上人民政府工作部门和法律法规授权的具有管理公共

事务职能的组织（以下简称法律法规授权的组织）的行政权力清单的制定、运行与监督管理，适用本办法。

本省行政区域内各级人民政府按照国家和省有关规定，适时推行行政权力清单制度。

第三条　县级以上人民政府工作部门和法律法规授权的组织，应当将其行使的各项行政职权及其法定依据、实施主体、运行流程、职责权限、监督方式、救济渠道和追责情形等事项，以清单形式明确列示，并向社会公布。

第四条　推行行政权力清单制度，应当遵循职权法定、简政放权、公开透明、便民高效的原则，建立边界清晰、分工合理、权责一致、运转高效、依法保障的政府职能体系和科学有效的权力监督、制约、协调机制。

第五条　县级以上人民政府统一领导本级人民政府工作部门和法律法规授权的组织推行行政权力清单制度，并做到与深化行政体制改革、转变政府职能统筹推进。

县级以上人民政府机构编制管理机关具体负责本级人民政府推行行政权力清单制度的日常管理工作，并对下级人民政府推行行政权力清单制度工作进行指导和监督。

县级以上人民政府法制机构负责本级人民政府工作部门和法律法规授权的组织行政权力清单的合法性审查工作。

各级人民政府工作部门和法律法规授权的组织，具体负责本部门和单位行政权力清单的制定与运行。

第七条　行政权力清单所列行政职权按照行政许可、行政处罚、行政强制、行政征收、行政给付、行政检查、行政确认、行政奖励、行政裁决和其他类等十大类别进行分类。

其他类行政职权包括行政备案、行政征用等。

第十条　行政职权运行流程图应明确各个办理环节的承办机构、办理要求、办理时限等。同类行政职权运行流程基本相同的，可绘制通用流程图。

第十三条　对工作内容相同或相近，具有前后环节的审查、核准、确认等情况的行政职权事项，应当按照简化办事环节、优化办事流程、提高管理效率的要求进行整合。

行政职权事项的整合、调整和职权行使部门存在争议的，由同级机构编制管理机关牵头协调处理。

第十七条　机构编制管理机关应当将本级人民政府常务会议审议通过的行政权力清单通过政府公报、政府网站公示，涉及保密的事项除外。公示期满，按规定程序予以公布。

机构编制管理机关、政府工作部门、法律法规授权的组织和相关部门应当通过政府网站登载、政务服务办事大厅张贴以及便于公众知晓的其他方式，将行政权力清单依法向社会公布，接受社会监督。

第十八条　县级以上人民政府及其工作部门和法律法规授权的组织，应当加强行政职权信息化管理，推行行政职权网上运行、网上办理、网上监管，提高行政效能和服务质量。

县级以上人民政府工作部门和法律法规授权的组织，应当结合行政权力清单制定工作，开展行政职权流程再造，减少办事环节，优化内部流程，建立统一受理、统一办理、统一送达的工作机制。

第十九条　对涉及多部门或跨层级办理的行政职权领域，政府及其相关部门应加强统筹，推进部门工作协作，实现信息数据共享，以行政相对人办理需求为导向，实行一门受理、联合办理、并联审批，明晰牵头部门、并联审批部门以及各个审批环节的具体职责，实现流程最优化。

第二十三条　发生行政职权增加、取消和下放、变更情形，需要调整权力清单的，县级以上人民政府工作部门和法律法规授权的组织，应当在调整事由发生之日起 20 个工作日内向同级机构编制管理机关提交调整申请，说明调整的依据和理由。该行政职权事项涉及其他部门和单位的，还需要提供所涉及部门和单位的意见。

机构编制管理机关应当在收到调整申请 15 个工作日内，商政府法制机构提出审核意见。需变更行政职权要素的，经机构编制管理机关审核后即可对权力清单予以调整；增加、取消和下放行政职权的，经审核后还需报同级人民政府同意，方可调整权力清单。

第二十四条　建立推行权力清单工作评估机制。县级以上人民政府工作部门和法律法规授权的组织，可根据需要委托高等院校、科研机构等第三方机构对推行权力清单工作进行评估，广泛听取专家、学者、法律工作者和社会公众对推行权力清单工作的意见和建议。

第二十六条　县级以上人民政府工作部门和法律法规授权的组织应当建立健全监督管理制度，建立健全问责机制，对本部门和单位推行权力清单工作进行全程监管，对下级部门和单位推行权力清单工作进行指导和监督，对擅自扩大行政职权或者不按行政权力清单履行职责义务的工作人员，依法追究其责任或报请相关部门依法追究其责任。

第二十七条　县级以上人民政府机构编制管理机关、法制机构应当定期对同级人民政府推行权力清单工作进行监督检查，发现有违反本办法规定行为的，及时提出处理意见，并制作处理意见书。相关人民政府工作部门和法律法规授权的组织应当自收到处理意见书之日起 15 日内纠正违法行为，并向有关部门书面报告。

第二十八条　县级以上人民政府工作部门和法律法规授权的组织及其工作人员违反本办法规定，有下列情形之一的，由监督管理机关责令改正；拒不改正的，对该部门和单位给予通报批评；情节严重的，对负有直接责任的主管人员和其他直接责任人员依法给予行政处分：

（一）编制权力清单存在隐瞒、故意遗漏或擅自增加行政职权事项的；

（二）行政职权的设定依据已经发生变化，部门、组织怠于申请调整行政权力清单，由公民、法人和其他组织提出或者由监督管理机关审查提出的；

（三）违反法律法规和规章的规定，擅自扩大、创设、缩小、放弃行使行政职权的；

（四）其他违反本办法应予处理的行为。

上海市城市管理行政执法条例（2015 版全文）

（2012 年 4 月 19 日上海市第十三届人民代表大会常务委员会第三十三次会议通过，2012 年 7 月 15 日起施行；2015 年 6 月 18 日修正）

第一章　总　　则

第一条　为加强城市管理行政执法工作，规范行政执法行为，提高行政执法效率和水平，保护公民、法人和其他组织的合法权益，根据《中华人民共和国行政处罚法》、《中华人民共和国行政强制法》等有关法律、行政法规的规定，结合本市实际，制定本条例。

第二条　本条例适用于本市行政区域内的城市管理行政执法活动。

前款所称的城市管理行政执法是指市和区、县城市管理行政执法部门（以下简称城管执法部门）以及乡、镇人民政府依法相对集中行使有关行政管理部门在城市管理领域的全部或部分行政处罚权及相关的行政检查权和行政强制权的行为。

第三条　市和区、县人民政府应当加强对城市管理行政执法工作的领导。

市和区、县以及乡、镇人民政府应当根据区域面积、人口数量、管理需求等状况，合理配置城市管理行政执法人员（以下简称城管执法人员）和执法装备，并将城市管理行政执法工作所需经费纳入同级财政预算，保障城市管理行政执法部门依法履行职责。

第四条　市城管执法部门是本市城市管理行政执法工作的行政主管部门，负责本条例的组织实施。

区、县城管执法部门负责本辖区内城市管理行政执法工作，并接受市城管执法部门的业务指导和监督。

区、县城管执法部门应当在街道派驻城管执法机构，以区、县城管执法部门的名义，具体负责本区域内的城市管理行政执法工作。街道办事处应当组织协调城管执法机构在辖区内开展城市管理行政执法活动。

乡、镇人民政府负责本辖区内城市管理行政执法工作，其所属城管执法机构以乡、镇人民政府名义，具体承担本辖区内的城市管理行政执法工作，并接受区、县城管执法部门的业务指导和监督。

市和区、县城管执法部门根据需要可以在特定区域派驻城管执法机构，以市或区、县城管执法部门的名义，具体负责本区域内的城市管理行政执法工作。

第五条　建设、交通、绿化市容、水务、环保、工商、房屋管理、规划国土资源、公安、财政等行政管理部门按照各自职责，协同做好城市管理行政执法的相关工作。

第六条　城市管理行政执法工作遵循合法、公正、公开的原则，坚持以人为本，执法与教育、疏导、服务相结合，文明执法、规范执法，注重法律效果与社会效果的统一。

第七条　本市应当加强城市管理行政执法队伍建设，完善执法制度和监督机制，促进执法水平的提高。

第八条　各级人民政府和相关行政管理部门以及广播电台、电视台、报刊和互联网站等新闻媒体应当加强城市管理法律法规的宣传，增强市民自觉遵守城市管理规定的意识，营造社会共同维护城市管理秩序的氛围。

第九条　城管执法人员依法执行职务，受法律保护。

公民、法人或者其他组织应当支持城管执法部门以及乡、镇人民政府的工作，协助城管执法人员依法行使职权。

城管执法部门以及乡、镇人民政府应当听取公民、法人或者其他组织的意见，不断改进和完善执法方式和方法。

第十条　对在实施城市管理行政执法活动中作出突出贡献或者取得显著成绩的单位和个人，市和区、县人民政府及有关部门可以予以表彰奖励。

第二章　执法权限

第十一条　市和区、县城管执法部门以及乡、镇人民政府实施城市管理行政执法的范围包括：

（一）依据市容环境卫生管理方面法律、法规和规章的规定，对违反市容环境卫生管理的违法行为实施行政处罚。

（二）依据市政工程管理方面法律、法规和规章的规定，对违反非市管城市道路（含城镇范围内的公路）、桥梁及其附属设施管理的违法行为实施行政处罚。

（三）依据绿化管理方面法律、法规和规章的规定，对除绿化建设外的违反绿化管理的违法行为实施行政处罚。

（四）依据水务管理方面法律、法规和规章的规定，对倾倒工业、农业、建筑等废弃物及生活垃圾、粪便；清洗装贮过油类或者有毒有害污染物的车辆、容器；以及擅自搭建房屋、棚舍等建筑物或者构筑物等违反河道管理的违法行为实施行政处罚。

（五）依据环境保护管理方面法律、法规和规章的规定，对道路运输、堆场作业、露天仓库等产生扬尘，污染环境；单位未按照规定对裸露土地进行绿化或者铺装；任意倾倒或者在装载、运输过程中散落工业废渣或者其他固体废物；违反安装空调器、冷却设施的有关规定，影响环境和他人生活；未经批准或者未按批准要求从事夜间建筑施工，造成噪声污染；露天焚烧秸秆、枯枝落叶等产生烟尘的物质，以及露天焚烧沥青、油毡、橡胶、塑料、垃圾、皮革等产生有毒有害、恶臭或强烈异味气体的物质等不需要经过仪器测试即可判定的违法行为实施行政处罚。

（六）依据工商管理方面法律、法规和规章的规定，对占用道路无照经营或者非法散发、张贴印刷品广告的违法行为实施行政处罚。

（七）依据建设管理方面法律、法规和规章的规定，对损坏、擅自占用无障碍设施或者改变无障碍设施用途的违法行为实施行政处罚。

（八）依据城乡规划和物业管理方面的法律、法规和规章的规定，按照市人民政府确定的职责分工，对擅自搭建建筑物、构筑物的违法行为和物业管理区域内破坏房屋外貌的违法行为实施行政处罚。

（九）本市地方性法规和市政府规章规定由城管执法部门实施的其他行政处罚。

城管执法部门以及乡、镇人民政府按照前款规定实施行政执法的具体事项由市人民政府确定，并向社会公布。

第十二条　本市地方性法规或者政府规章可以对城市管理行政执法的范围进行调整。

除前款规定外，其他任何单位和个人不得擅自变更城市管理行政执法的范围。

第十三条　已由市和区、县城管执法部门以及乡、镇人民政府依法行使的城市管理相对集中行政处罚权及相关的行政检查权和行政强制权，有关行政管理部门不得再行使；有关行政管理部门履行的其他行政管理和监督职责，应当依法继续履行。

第十四条　区、县城管执法部门以及乡、镇人民政府负责本辖区内违法行为的查处。

管辖区域相邻的区、县城管执法部门对行政辖区接壤地区流动性违法行为的查处，可以约定共同管辖。共同管辖区域内发生的违法行为，由首先发现的城管执法部门查处。管辖权发生争议的，由市城管执法部门指定管辖。

第十五条　市城管执法部门对区、县城管执法部门未予查处的违法行为，应当责令其查处，也可以直接查处。

区、县城管执法部门对乡、镇城管执法机构未予查处的违法行为，应当责令其查处，也可以直接查处。

市城管执法部门可以对社会影响重大的违法行为直接进行查处；必要时，也可以组织相关区、县城管执法部门共同进行查处。

区、县城管执法部门在开展重大执法行动时，可以对街道、乡、镇城管执法机构进行调动指挥。

第三章　执法规范

第十六条　城管执法人员实行全市统一招录制度，公开考试、严格考察、择优录取。城管执法人员经法律知识和业务知识的统一培训并考试合格具备行政执法资格的，方可取得行政执法证件。未取得行政执法证件的人员，不得从事行政执法活动。

城管执法人员从事行政执法活动，应当着统一识别服装，佩戴统一标志标识，做到仪容严整、举止端庄、语言文明、行为规范。

城管执法人员从事行政执法活动时，应当向当事人出示行政执法证件；除法律另有规定外，必须两人以上共同进行。

第十七条　城管执法部门以及乡、镇人民政府应当建立和完善城管执法巡查机制，并可以利用城市网格化管理系统，及时发现、制止和查处违反城市管理法律、法规和规章规定的行为。

本市举办重大活动时，市城管执法部门可以组织区、县城管执法部门进行集中巡查。

第十八条　城管执法部门以及乡、镇人民政府可以根据违法行为的性质和危害后果，采取不同的行政执法方式。

城管执法部门以及乡、镇人民政府查处违法行为时，对情节较轻或者危害后果能够及时消除的，除法律、法规、规章规定直接给予行政处罚外，城管执法部门以及乡、镇人民政府应当先对当事人进行教育、告诫、引导，并责令其改正；对拒不改正的，依法给予行政处罚。违法行为轻微并及时纠正，没有造成危害后果的，不予行政处罚。

第十九条　城管执法人员在查处违法行为时，可以采取以下措施：

（一）依法进入发生违法行为的场所实施现场检查，并制作检查笔录；

（二）以勘验、拍照、录音、摄像等方式进行现场取证；

（三）询问案件当事人、证人，并制作询问笔录；

（四）查阅、调取、复印与违法行为有关的文件资料；

（五）法律、法规规定的其他措施。

城管执法人员、当事人、证人应当在笔录上签名或者盖章。当事人拒绝签名、盖章或者不在现场的，应当由无利害关系的见证人签名或者盖章；无见证人的，城管执法人员应当注明情况。

第二十条　城管执法人员调查取证时，应当全面、客观、公正，符合法定程序，不得以利诱、欺诈、胁迫、暴力等非法手段收集证据，不得伪造、隐匿证据。

通过非法手段获取的证据不能作为认定违法事实的依据。

第二十一条　城管执法部门以及乡、镇人民政府查处违法行为时，可以依法扣押与违法行为有关的物品。

城管执法部门以及乡、镇人民政府实施扣押措施，应当遵守法律、法规规定的条件、程序和期限。

城管执法部门以及乡、镇人民政府实施扣押措施后，应当及时查清事实，在法定期限内作出处理决定。对于经调查核实没有违法行为或者不再需要扣押的，应当解除扣押，返还物品。

城管执法部门以及乡、镇人民政府查处违法行为时，对违法事实清楚的，依法应当没收的非法物品，予以没收。城管执法部门以及乡、镇人民政府对依法没收的非法物品，除依法应当予以销毁的外，应当按照国家规定公开拍卖或者按照国家有关规定处理，所得款项应当依照规定上缴国库。

第二十二条　城管执法部门以及乡、镇人民政府应当妥善保管扣押物品，不得使用或者损毁，属非法物品的，移送有关部门处理。

被扣押的物品易腐烂、变质的，城管执法部门以及乡、镇人民政府应当通知当事人在二日内到指定地点接受处理；逾期不接受处理的，可以在登记后拍卖、变卖；无法拍卖、变卖的，可以在留存证据后销毁。

解除扣押后，城管执法部门以及乡、镇人民政府应当通知当事人及时认领。当事人逾期不认领或者当事人难以查明的，城管执法部门以及乡、镇人民政府应当及时发布认领公告，自公告发布之日起六十日内无人认领的，城管执法部门以及乡、镇人民政府可以采取拍卖、变卖等方式妥善处置，拍卖、变卖所得款项应当依照规定上缴国库。

第二十三条　城管执法部门以及乡、镇人民政府在行政执法活动中，对当事人弃留现场的物品，应当按照本条例第二十二条的规定处理。

第二十四条　城管执法部门以及乡、镇人民政府作出具体行政行为，应当告知当事人作出具体行政行为的事实、理由、依据，并告知当事人依法享有陈述、申辩、要求听证以及申请行政复议或者提起行政诉讼的权利。

当事人进行陈述和申辩时提出的事实、理由或者证据成立的，城管执法部门以及乡、镇人民政府应当采纳，不得因当事人申辩而加重处罚。对符合听证条件的，城管执法部门以及乡、镇人民政府应当组织听证。

第二十五条　城管执法部门以及乡、镇人民政府应当依照法律规定采用直接送达、留置送达、邮寄送达和公告送达等方式送达法律文书。采用公告送达的，城管执法部门以及乡、镇人民政府可以通过其政府网站和公告栏进行。自发出公告之日起，经过六十日，即视为送达。

城管执法部门以及乡、镇人民政府应当向社会公布其网址和公告栏地址。

第二十六条　城管执法部门以及乡、镇人民政府应当建立违法行为举报制度，并向社会公布全市统一的举报电话及其他联系方式。

城管执法部门以及乡、镇人民政府收到举报后，应当及时核查，并在五个工作日内将核查情况告知举报人；对不属于本单位职责范围的，应当向举报人说明情况，并在三个工作日内移送有关部门处理。

城管执法部门以及乡、镇人民政府应当为举报人保密。

第四章　执法协作

第二十七条　有关行政管理部门应当履行管理职责，与城管执法部门以及乡、镇人民政府加强协作，采取疏导措施，从源头上预防和减少违法行为的发生。

第二十八条　城管执法部门以及乡、镇人民政府在执法活动中发现应当由有关行政管理部门处理的违法行为的，应当及时移送有关行政管理部门处理。有关行政管理部门在执法活动中发现应当由城管执法部门以及乡、镇人民政府处理的违法行为的，应当及时移送城管执法部门以及乡、镇人民政府处理。移送案件涉及的非法物品等相关物品应当一并移送。

城管执法部门以及乡、镇人民政府和有关行政管理部门无正当理由，不得拒绝接受移送的案件和相关物品，并应当在作出处理决定后，及时通报移送部门。

第二十九条　城管执法部门以及乡、镇人民政府查处违法行为需要向有关行政管理部门查询有关资料的，有关行政管理部门应当依照相关法律、法规规定予以配合。

城管执法部门以及乡、镇人民政府查处违法行为时，需要有关行政管理部门认定违法行为和非法物品的，应当出具协助通知书。有关行政管理部门应当自收到协助通知书之日起十日内出具书面意见；如情况复杂需要延期的，应当以书面形式向城管执法部门以及乡、镇人民政府说明理由并明确答复期限。

第三十条　在城市管理中开展重大专项执法行动时，城管执法部门以及乡、镇人民政府需要有关行政管理部门协助的，有关行政管理部门应当在职责范围内依法协助；有关行政管理部门需要城管执法部门以及乡、镇人民政府协助的，城管执法部门以及乡、镇人民政府应当在职责范围内依法协助。

第三十一条　公安机关与城管执法部门以及乡、镇人民政府应当建立协调配合机制。

公安机关应当依法保障城管执法部门以及乡、镇人民政府的行政执法活动，对阻碍城管执法人员依法执行职务的行为，应当及时制止；对违反《中华人民共和国治安管理处罚法》的行为，依法予以处罚；使用暴力、威胁等方法构成犯罪的，依法追究刑事责任。

区、县公安机关应当确定专门力量、明确工作职责、完善联勤联动机制，在信息共享、联合执法和案件移送等方面配合本区域内城管执法机构开展行政执法工作。

第三十二条　市和区、县人民政府应当采取措施推动城管执法部门以及乡、镇人民政府和有关行政管理部门建立健全城市管理与执法信息共享机制，促进信息交流和资源共享。

城管执法部门以及乡、镇人民政府应当将实施行政处罚的情况和发现的问题通报有关行政管理部门，提出管理建议；有关行政管理部门应当将与城市管理行政执法有关的行政许可和监督管理信息及时通报城管执法部门以及乡、镇人民政府，保障城市管理行政执法工作的有效开展。

第三十三条　市和区、县人民政府应当不断加大城市管理行政执法科学技术的研发投入，推广先进科学技术手段在调查取证、检查检测等方面的普及运用。

第五章　执法监督

第三十四条　市和区、县人民政府应当加强对城市管理行政执法工作的监督，对城管执法部门以及乡、镇人民政府不依法履行职责的行为,应当责令其改正并追究行政责任。

第三十五条 市城管执法部门应当建立全市统一的执法培训、岗位交流、督察考核、责任追究和评议考核等制度。

市和区、县城管执法部门以及乡、镇人民政府应当落实行政执法责任制,加强执法队伍规范化、制度化的建设和管理。评议考核不合格的城管执法人员,不得从事行政执法工作。

市城管执法部门对区、县城管执法部门及其执法人员发生的情节严重、社会影响较大的违法违纪行为,可以向区、县人民政府提出查处建议。

区、县城管执法部门对乡、镇城管执法机构及其执法人员发生的情节严重、社会影响较大的违法违纪行为,可以向乡、镇人民政府提出查处建议。

第三十六条 有关行政管理部门发现城管执法部门以及乡、镇人民政府有违法执法行为的,可以向其提出书面建议。城管执法部门以及乡、镇人民政府收到书面建议后,应当及时调查核实;情况属实的,应当予以纠正并告知有关行政管理部门。

第三十七条 城管执法部门以及乡、镇人民政府应当将城管执法职责范围、执法依据、执法程序以及监督电话等事项向社会公开,接受社会监督。

公民、法人和其他组织发现城管执法人员有违法执法行为或者行政不作为的,可以向城管执法人员所在单位、上级主管部门或者监察部门检举、控告。接到检举、控告的部门应当按照法定权限及时核实处理,并及时反馈处理意见。

第三十八条 市和区、县城管执法部门以及乡、镇人民政府应当定期对本单位的行政执法情况组织社会评议;有关部门对城管执法部门以及乡、镇人民政府的行政执法情况组织社会评议的,城管执法部门以及乡、镇人民政府应当予以配合。评议结果应当向社会公开。

区、县城管执法部门应当加强对街道、乡、镇城管执法工作的监督检查,组织评议,并将评议结果报告区、县人民政府,作为街道办事处和乡、镇人民政府绩效考核的依据。

第六章 法 律 责 任

第三十九条 城管执法部门以及乡、镇人民政府及其执法人员有下列情形之一的,对直接负责的主管人员和其他直接责任人员,由其所在单位、上级主管部门或者监察部门依法给予行政处分;构成犯罪的,依法追究刑事责任:

(一)对发现的违法行为不依法查处,情节严重的;

(二)超越职权或者违反法定程序执法,情节严重的;

(三)擅自变更已经作出的行政处罚决定的;

(四)使用暴力、威胁等手段执法的;

(五)故意损坏或者擅自销毁当事人财物的;

(六)截留、私分罚款或者扣押的财物的,以及使用扣押的财物的;

(七)索取或者收受他人财物的;

(八)其他玩忽职守、滥用职权、徇私舞弊的行为。

第四十条 有关行政管理部门违反本条例的规定,拒不履行执法协作职责的,由本级人民政府或者上级主管部门责令改正,通报批评;情节严重的,对直接负责的主管人员和其他直接责任人员依法给予行政处分。

第四十一条　城管执法部门以及乡、镇人民政府及其执法人员违法行使职权，对公民、法人或者其他组织的合法权益造成损害的，应当依法承担赔偿责任。

第七章　附　　则

第四十二条　本条例自 2012 年 7 月 15 日起施行。

合肥市行政处罚案件群众公议办法（节选）

（本办法自 2015 年 6 月 1 日起施行；2011 年 5 月 27 日合肥市人民政府办公厅发布的《关于印发合肥市行政处罚案件群众公议办法的通知》同时废止）

第二条　本市行政处罚案件群众公议活动，适用本办法。

本办法所称行政处罚案件群众公议，是指行政机关将作出行政处罚的事实、理由、依据提交群众公议员进行评议并形成公议意见的活动，包括实施行政处罚的行政机关（含依法授权和受委托行使行政处罚权的组织，以下简称行政机关）组织的群众公议活动和市、县（市）、区政府法制工作机构（以下简称政府法制机构）组织的群众公议活动。

本办法所称群众公议员，是指由政府法制机构选聘，参与行政处罚案件群众公议的人员。

第四条　市、县（市）、区政府法制工作机构具体负责行政处罚案件群众公议组织协调、指导、监督、考核以及群众公议员的选聘、培训和日常管理等工作。

监察、财政、国有资产管理等部门按照各自职责，做好责任追究、经费保障、信息化项目管理等相关工作。

行政机关按照本办法规定，做好行政处罚案件群众公议工作。

第六条　适用一般程序的行政处罚案件，行政机关应当实行群众公议。有下列情形之一的，可以不实行群众公议：

（一）案情简单、事实清楚、证据确凿的；

（二）涉及国家秘密、商业秘密或者个人隐私的；

（三）行政机关依法组织听证的；

（四）上级部门交办、督办的紧急案件；

（五）其他不宜实行群众公议的案件。

第八条　行政处罚案件需要进行群众公议的，应当在案件调查终结后，将拟作出行政处罚决定的事实、理由、依据提交群众公议员进行评议，并形成公议意见。

有下列情形之一的，政府法制机构可以组织群众公议活动：

（一）行政机关应当开展而未开展群众公议的行政处罚案件；

（二）行政相对人投诉的行政处罚案件；

（三）执法检查中发现问题的行政处罚案件；

（四）新闻媒体曝光的行政处罚案件；

（五）政府法制机构认为有必要组织群众公议的其他行政处罚案件。

第十一条　群众公议员通过下列方式产生：

（一）从党代会代表、人大代表、政协委员中选聘；

（二）由民主党派、社会团体、企事业单位组织推荐；

（三）向社会公开招聘。

群众公议员聘期两年。

第十七条　行政处罚案件群众公议可以通过举行群众公议会议的方式进行，也可以通过群众公议信息平台进行。

市政府法制机构应当推进群众公议信息平台建设，探索建立通过信息平台开展群众公议活动。

第十八条　行政机关拟将案件提交群众公议的，应当提前三个工作日向同级政府法制机构提出申请。

政府法制机构应当从群众公议员库中抽选三至七人的单数，组成本期群众公议团，并提前两个工作日将群众公议方式、时间、地点通知群众公议团成员；群众公议团应当至少有一名相关专业人员或者具备法律知识的人员。

一次群众公议活动一般可以对三件以下行政处罚案件进行公议。

第二十一条　群众公议活动开始前，群众公议团成员应当自行推选一名成员主持本次公议活动。

第二十二条　群众公议活动一般按照下列程序进行：

（一）陈述案情。案件承办人员对拟作出行政处罚决定的事实、理由、依据、自由裁量标准等向群众公议团作出说明；行政处罚相对人参加公议活动的，可以陈述案件事实和申辩理由。

（二）询问案情。群众公议团成员可以询问到场的案件承办人员、行政处罚相对人、证人、鉴定人。

（三）评议案件。群众公议团成员就是否应当给予处罚、给予何种处罚以及处罚幅度，发表明确具体的意见。

（四）表决意见。群众公议团按照少数服从多数的原则，形成公议意见；群众公议团成员有不同意见的，应当予以记录。

（五）提交意见。群众公议意见形成后，应当及时填写《合肥市行政处罚案件群众公议意见表》，经群众公议团成员签字确认后，由主持人公开宣读，并提交行政机关；政府法制机构启动公议活动的，直接提交政府法制机构。

群众公议团提出的规范行政处罚行为的工作建议，应当一并填入《合肥市行政处罚案件群众公议意见表》。

第二十三条　群众公议团评议案件、表决意见时，案件承办人员、行政处罚相对人等相关人员应当回避。

第二十五条　群众公议意见应当作为行政机关作出行政处罚决定和行政执法监督意见的重要参考。

行政机关作出行政处罚决定时，未采纳群众公议意见的，应当在十个工作日内向群众公议团作出书面说明，并将处罚决定和群众公议意见报同级政府法制机构备案。

第二十八条 行政机关未按照本办法规定开展群众公议工作的,由政府法制机构责令改正;拒不改正的,取消依法行政考核评优资格,并提请监察机关或者有权机关依法追究负有责任的领导人员和直接责任人员责任。

上海市城市网格化管理办法(2013版全文)

(2013年7月29日上海市人民政府第18次常务会议审议通过,2013年8月5日上海市人民政府令第4号公布,2013年10月1日起施行)

第一章 总 则

第一条 (目的)

为了加强城市综合管理,整合公共管理资源,提高管理效能和公共服务能力,根据本市实际,制定本办法。

第二条 (定义)

本办法所称的城市网格化管理,是指按照统一的工作标准,由区(县)人民政府设立的专门机构委派网格监督员对责任网格内的部件和事件进行巡查,将发现的问题通过特定的城市管理信息系统传送至处置部门予以处置,并对处置情况实施监督和考评的工作模式。

责任网格是指按照标准划分形成的边界清晰、大小适当的管理区域,是城市网格化管理的地理基本单位。

部件是指窨井盖、消火栓、电力杆、电话亭、防汛墙、道路护栏、公交站亭、交通信号灯、道路指示牌、垃圾箱、行道树、加油站等与城市运行和管理相关的公共设施、设备。

事件是指占道无照经营、非法占道堆物、毁绿占绿、违法搭建、非法客运、无证掘路、餐饮油烟污染、非法行医、非法食品加工等正在发生的影响公共管理秩序的行为,以及暴露垃圾、道路破损、墙面污损等影响市容环境的状态。

第三条 (管理原则)

本市城市网格化管理遵循"条块联动、资源整合、重心下移、实时监督"的原则。

第四条 (部门和单位职责)

市数字化城市管理联席会议负责本市城市网格化管理重大事项的综合协调。

市建设交通行政管理部门是本市城市网格化管理的行政主管部门,其所属的市数字化城市管理机构负责本市城市网格化管理的具体工作。

区(县)人民政府是所辖区域内城市网格化管理的责任主体,其所属的城市网格化管理机构承担具体实施工作。

本市城管执法、交通港口、规划国土、房屋、路政、环保、水务、公安、消防、安全生产监管、食品药品监管、卫生等有关行政管理部门以及环卫、道路和绿化养护、燃气、供水、排水、电力、通信等承担公共服务的单位(以下简称"公共服务单位")负责各自职责范围内城市网格化管理的处置工作。

第五条　（信息共享和执法对接）

本市城市网格化管理信息系统应当预留接口，逐步与其他管理领域实现信息共享。

区（县）人民政府应当建立城市网格化管理与现有的联合执法体系的对接机制；城市网格化管理中发现的疑难问题，可以根据实际需要，通过联合执法体系予以处置。

第六条　（经费保障）

相关行政管理部门因承担城市网格化管理相关工作所需要的经费，由市和区（县）财政予以保障。

公共服务单位因承担城市网格化管理的处置工作所需要的经费，应当纳入本单位现有的经费渠道予以解决。

城市管理信息系统中的相关工作量数据，可以作为所需经费的测算依据。

第二章　规划、工作标准与信息系统建设

第七条　（规划）

市建设交通行政管理部门应当会同相关行政管理部门根据国家数字化城市管理模式建设的要求和本市实际情况，组织编制本市城市网格化管理发展规划。

城市网格化管理发展规划应当明确本市城市网格化管理的对象、区域、标准、流程以及信息系统建设等内容。

市数字化城市管理机构应当根据城市网格化管理发展规划，制定相应的实施计划。

区（县）人民政府应当根据城市网格化管理发展规划和实施计划，制定本行政区域城市网格化管理的具体实施方案，并报市建设交通行政管理部门备案。

本市新城、新市镇建设应当同步建立城市网格化管理体制。

第八条　（网格化管理内容）

对公用设施、建设管理、道路交通、交通运输、市容环卫、环境保护、园林绿化、工商行政、食品药品监督、安全生产监督、公共卫生等管理领域内可以通过巡查发现的部件、事件问题，应当纳入城市网格化管理的内容。

第九条　（工作标准的制定）

市建设交通行政管理部门应当会同有关行政管理部门和公共服务单位制定本市城市网格化管理工作标准和城市网格化管理信息系统技术标准，并向社会公布。

城市网格化管理工作标准应当明确纳入城市网格化管理的部件和事件的具体类别、名称及其说明、责任分工、案件分派规则、处置要求、处置流程、处置时限等内容。

城市网格化管理信息系统技术标准应当明确系统功能与性能、运行环境、编码体系和基础数据管理等内容。

第十条　（信息系统建设）

市数字化城市管理机构应当根据国家、本市信息化工程建设规划以及城市网格化管理发展规划的要求，建立市级城市网格化管理信息平台，用于记录、监管全市城市网格化管理的运行情况。

区（县）人民政府应当根据本行政区域城市网格化管理具体实施方案的要求，建立区（县）城市网格化管理信息平台，用于部件和事件问题的受理、分派以及处置情况的监督，

并可以根据所辖区域实际情况，要求乡（镇）人民政府或者街道办事处建立城市网格化管理信息分平台。

本市有关行政管理部门、公共服务单位应当配备本部门、本单位的城市网格化管理处置信息终端，用于接收部件、事件问题的分派信息和反馈处置情况。

市数字化城市管理机构应当对区（县）城市网格化管理信息平台的建设提供技术支持。

第十一条 （信息系统维护要求）

本市城市网格化管理信息系统的运行维护，应当遵守全市统一的要求。

市数字化城市管理机构应当制定本市城市网格化管理信息系统运行维护方案，明确维护要求、维护方式等内容。

第三章 管理流程

第十二条 （巡查、发现和立案）

区（县）城市网格化管理机构应当安排网格监督员对责任网格进行日常现场巡查。

网格监督员对于巡查中发现的部件、事件问题，应当通过拍照或者摄像等方式，即时将相关信息报送区（县）城市网格化管理机构予以立案。对于巡查中发现的能够当场处理的轻微问题，网格监督员应当当场处理，并即时将处理信息报送区（县）城市网格化管理机构。

对于本市相关服务热线等渠道转送的市民投诉、举报问题，区（县）城市网格化管理机构应当安排网格监督员进行现场核实；经核实属于城市网格化管理的部件或者事件范围的，应当予以立案。

第十三条 （网格监督员的管理）

区（县）城市网格化管理机构应当负责本行政区域网格监督员的管理，并为网格监督员配备必要的工作设备、交通工具和休息场所。

市数字化城市管理机构应当制定全市统一的网格监督员工作规范和实务操作流程，并组织实施网格监督员的培训。

第十四条 （案件分派）

区（县）城市网格化管理机构应当根据案件内容和职责分工，在规定的时限内将案件分派至相关行政管理部门或者公共服务单位。相关行政管理部门和公共服务单位应当落实专门人员负责接收区（县）城市网格化管理机构分派的案件信息。

案件涉及多个行政管理部门或者公共服务单位的，区（县）城市网格化管理机构可以指定一个行政管理部门或者公共服务单位负责接收分派的案件信息。

第十五条 （案件处置和反馈）

相关行政管理部门或者公共服务单位收到区（县）城市网格化管理机构分派的案件信息后，应当在规定的时限内完成案件处置工作，并将案件处置结果反馈至区（县）城市网格化管理机构；未在规定的时限内完成案件处置工作的，应当及时告知区（县）城市网格化管理机构并说明理由。

对于需要给予行政处罚的案件，区（县）城市网格化管理机构传送的照片、录像等信息经相关行政管理部门核实后，可以作为行政处罚的证据。

第十六条　（核查和结案）

区（县）城市网格化管理机构收到反馈的案件处置结果后，应当安排网格监督员对案件处置结果进行现场核查。经核查，案件处置结果符合处置要求的，区（县）城市网格化管理机构应当予以结案；不符合处置要求的，应当将案件退回并要求重新处置。

第十七条　（案件信息管理）

区（县）城市网格化管理机构应当及时将案件的巡查、立案、分派、处置、核查、结案、督办等信息如实录入城市网格化管理信息系统，不得擅自修改、删除和泄露。

相关行政管理部门、公共服务单位应当定期分析城市网格化管理信息系统中的相关案件信息，并作为提高城市网格化管理效率、改进行业管理水平、加强城市综合管理科学决策的依据之一。

第四章　特殊案件的处理

第十八条　（联合执法）

对于网格监督员发现或者现场核实的情况复杂、需要多个行政管理部门共同处置的案件，区（县）网格化管理机构可以将该案件信息及时上报区（县）人民政府；区（县）人民政府可以组织相关行政管理部门采用联合执法等方式对案件进行处置。

第十九条　（特殊案件的分派和处置）

对于属于跨区（县）行政区域或者市级有关部门管理情形的案件，区（县）城市网格化管理机构应当及时将该案件上报市数字化城市管理机构予以分派。

对案件处置存在争议的，市建设交通行政管理部门应当负责案件处置的协调；必要时，可以直接指定相关行政管理部门或者公共服务单位进行处置。

第二十条　（案件督办）

相关行政管理部门或者公共服务单位未按照本办法的规定完成案件处置工作，且未说明理由或者理由不成立的，市建设交通行政管理部门或者区（县）人民政府可以对案件进行督办。

第五章　评价和考核

第二十一条　（监督检查）

市数字化城市管理机构应当对区（县）城市网格化管理工作进行监督、检查。

第二十二条　（评价）

区（县）城市网格化管理机构应当对本行政区域行政管理部门和公共服务单位的处置工作定期进行评价，并将评价结果报区（县）人民政府。

市数字化城市管理机构应当对区（县）城市网格化管理工作情况以及市级行政管理部门和公共服务单位的处置工作定期进行评价；评价结果经市建设交通行政管理部门审核后，报市数字化城市管理联席会议。

第二十三条　（考核）

本办法第二十二条规定的评价结果，应当作为下列考核的依据之一：

（一）市人民政府对各区（县）人民政府、市级相关行政管理部门和公共服务单位的城市管理目标考核；

（二）区（县）人民政府对乡（镇）人民政府、街道以及区（县）相关行政管理部门和公共服务单位的城市管理目标考核；

（三）相关的行业管理考核。

第二十四条　（社会监督）

任何单位和个人发现城市网格化管理工作有违反本办法规定的情形的，有权向市建设交通行政管理部门或者相关区（县）人民政府举报。市建设交通行政管理部门或者相关区（县）人民政府应当对举报及时进行核实和处理，并将处理结果予以反馈。

经核实的举报，应当作为本办法第二十二条规定的评价的依据之一。

第六章　法　律　责　任

第二十五条　（阻挠网格化管理行为的处理）

任何单位或者个人有下列行为之一的，由公安机关依照《中华人民共和国治安管理处罚法》等相关规定予以处理；构成犯罪的，依法追究刑事责任：

（一）恐吓、威胁或者伤害网格监督员的；

（二）破坏、抢夺网格监督员的工作装备、交通工具的；

（三）阻挠网格监督员正常履行巡查、发现职责的其他行为，依法应予处罚的。

第二十六条　（网格监督员的违规处理）

网格监督员未遵守本办法规定的网格监督员工作规范和实务操作流程，致使部件或者事件重大问题未及时发现造成不良后果的，区（县）城市网格化管理机构应当对其作出处理。

第二十七条　（公共服务单位违规处置行为的处理）

公共服务单位未按照本办法的规定进行处置的，市数字化城市管理机构或者区（县）城市网格化管理机构应当告知相关行业主管部门；由相关行业主管部门依照行业法律、法规、规章的规定予以处理。

第二十八条　（行政责任）

违反本办法规定，本市相关行政管理部门、城市网格化管理机构有下列行为之一的，由上级主管部门依据职权责令限期改正、通报批评，并可以对直接责任人员依法给予警告、记过或者记大过处分；情节严重的，给予降级、撤职或者开除处分：

（一）未按照规定安排网格监督员进行巡查的；

（二）未按照规定予以立案的；

（三）案件处置不及时，造成不良后果的；

（四）怠于履行特殊案件的上报或者处置协调职责的。

第七章　附　　则

第二十九条　（专业网格化）

本市尚未纳入城市网格化管理的专业管理领域，可以按照本办法的有关规定，建立专业网格化管理平台，并接入城市网格化管理信息系统。

第三十条　（施行日期）

本办法自 2013 年 10 月 1 日起施行。

深圳市行政电子监察工作规定（2013 版节选）

（自 2013 年 7 月 1 日起施行）

第二条 本市监察机关运用行政电子监察（以下简称"电子监察"）系统，按照设定的监察规则和监察点，对行政机关及其工作人员的履职情况进行监察的活动适用本规定。

本规定所称电子监察系统，是指监察机关运用现代信息技术采集、分析行政事项办理数据，对行政机关及其工作人员的履职情况进行监察的网上工作平台。

第四条 市监察机关统筹、指导全市电子监察工作。

各区监察机关负责本区域内的电子监察工作。

监察机关应当指定专门机构、配备专职人员开展电子监察工作。

第五条 监察机关依法对下列行政事项实施电子监察：

（一）行政审批程序、目录执行情况；

（二）行政执法的实施情况；

（三）政府信息公开及信息资源共享的实施情况；

（四）财政性资金的管理使用情况；

（五）政府投资项目、建设工程招标投标、土地出让、政府采购的实施情况；

（六）其他应当实施电子监察的行政事项。

第十七条 监察机关在核查中有权采取下列措施：

（一）要求行政机关及其工作人员提供与电子监察事项有关的文件、资料、财务账目及其他有关材料，进行查阅或者予以复制；

（二）要求行政机关及其工作人员就电子监察事项涉及的问题作出解释和说明。

第二十条 监察机关经核查确认行政机关存在违规行为的，应当责令行政机关限期整改，并按照绩效评价有关规定，扣减其绩效评价分值；需要追究行政责任的，按有关法律、法规、规章规定的程序办理；涉嫌犯罪的，移送司法机关处理。

第二十一条 监察机关在电子监察工作中发现行政机关需要完善廉政、勤政制度等情形的，应当及时提出监察建议，行政机关无正当理由，应当采纳并反馈整改情况。

第二十四条 行政机关及其工作人员有下列情形之一的，由监察机关责令限期改正，按照绩效评价的有关规定，扣减单位的绩效评价分值；限期未予整改的，依法追究行政责任：

（一）不按本规定要求将行政事项纳入电子监察的；

（二）不如实完整填录电子监察事项办理数据的；

（三）不实时传送电子监察事项办理数据的；

（四）不按本规定配合建设电子监察系统的；

（五）不配合监察机关开展核查工作的；

（六）其他违反本规定情形的。

第二十五条 监察机关及其工作人员在开展电子监察工作中，不履行职责或者不正确履行职责的，依法追究行政责任；涉嫌犯罪的，移送司法机关依法处理。

第二十六条　对法律法规授权的具有公共事务管理职能的组织及其从事公务的人员和行政机关依法委托从事公共事务管理活动的组织及其从事公务的人员的电子监察活动适用本规定。

第九章　其　　他

杭州市电梯安全管理办法（节选）

（本办法自 2016 年 12 月 1 日起施行；2011 年 1 月 10 日杭州市人民政府令第 263 号公布的《杭州市电梯安全监察办法》同时废止）

第二条　本市行政区域内从事电梯生产（包括设计、制造、安装、改造、修理）、经营、使用、维护保养、检验、检测、安全风险评估、监督管理，应当遵守本办法。

第四条　市特种设备安全监督管理部门负责全市电梯安全监督管理工作；各区、县（市）特种设备安全监督管理部门按照规定的职责分工负责本行政区域内的电梯安全监督管理工作。

建设、规划、房产、交通运输、市场监管、卫生、旅游、教育、安全监管、公安等行政管理部门应当按照各自职责，协同做好电梯安全监督管理的相关工作。

第十一条　电梯制造单位对电梯安全性能负责，并应当履行下列义务：

（一）确定的质量保证期符合法律的规定，在质量保证期内提供免费维护保养，电梯出现质量问题的，予以免费修理；

（二）在电梯投入使用前，为电梯使用管理单位提供技术培训；

（三）对电梯安全运行情况进行跟踪调查和了解，发现电梯存在事故隐患的，及时告知使用管理单位，及时消除隐患；

（四）因生产原因造成电梯存在危及安全的同一性缺陷的，立即停止生产，实施召回，并及时告知使用管理单位，向特种设备安全监督管理部门报告；

（五）对发生周期性、重复性停梯等各类疑难故障提供技术支持并协助排除故障；

（六）在本市行政区域内建立服务体系，设立服务机构提供服务；

（七）建立完善的电梯零部件供应渠道；

（八）按照年度将电梯主要零部件销售价格报市特种设备安全监督管理部门备案。

第十二条　电梯经营单位应当协助使用管理单位与制造单位协调解决电梯存在的制造安装质量问题。

第十三条　建设单位应当按照有关规定和标准设置电梯；不符合有关规定和标准的，施工图设计文件审查不得通过，建设行政主管部门不予发放施工图审查备案证明文件。

车站、轨道交通站、行人过街设施、机场、客运码头等公共交通场所的自动扶梯和自动人行道，应当选用符合相关标准要求的公共交通型电梯。

建设单位与使用管理单位不一致的，建设单位向使用管理单位移交的电梯应当符合安全技术规范的要求，并同时移交完整的安全技术档案、警示标志以及电梯使用标志。

第十四条　电梯的安装、改造、修理，应当由电梯制造单位或者其委托的依法取得相应许可的单位进行。受托单位不得转委托或者变相转委托其电梯安装、改造、修理业务。

第十六条　在本市新安装使用的乘客电梯，制造单位应当配备具有运行参数采集和网络远程传输功能的监测装置。

鼓励使用管理单位、维护保养单位建立电梯远程监测系统，对电梯运行情况实施远程监测。

电梯远程监测的标准规范由市特种设备安全监督管理部门制定。

第十七条　全部或者部分使用财政性资金建设的学校、幼儿园、医院、车站、轨道交通站、行人过街设施、机场、客运码头、商场、体育场馆、展览馆、公园等公众聚集场所以及新建住宅的电梯，应当安装视频监控设施，并保证正常运行。

第十八条　电梯的所有权人为电梯的使用管理单位。所有权人委托物业服务企业或者他人管理电梯的，受托人为使用管理单位。

第二十条　电梯使用管理单位应当履行下列安全管理职责：

（一）配备取得特种设备作业人员证书的安全管理人员，企业不同厂区、物业服务企业不同的物业管理项目，均应当配备专门的安全管理人员；

（二）建立电梯安全运行管理制度，建立完整、真实的电梯安全技术档案；

（三）确保应急救援通道畅通，紧急报警装置有效，通话装置完好；

（四）在电梯显著位置张贴使用安全注意事项、警示标志、应急救援电话和电梯使用标志；

（五）设置视频监控系统的，将电梯轿厢出入口作为监控重点区域；

（六）监督电梯日常维护保养，安排安全管理人员对维护保养单位的维保工作情况进行现场监督、确认，配合做好现场安全工作；

（七）发现非正常使用电梯的，予以劝阻；

（八）发现电梯出现故障或者发生异常情况的，应当进行全面检查，事故隐患消除前，暂停使用电梯；

（九）发生电梯乘客被困事件时，迅速组织救援，并对被困乘客进行抚慰；

（十）配合通信运营企业做好电梯轿厢移动通信信号覆盖工作。

第二十八条　从事电梯维护保养的单位，应当具备相应资质，并符合国家、省相关电梯维护保养规范的规定。

维护保养单位在本市开展业务前，应当将单位名称、主要负责人、资质、住所、作业人员、应急救援电话等信息报所在地的区、县（市）特种设备安全监督管理部门备案。相关信息发生变更的，应当自变更之日起 30 日内，报区、县（市）特种设备安全监督管理部门备案。

第三十一条　维护保养单位应当对其维护保养的电梯安全性能负责，并遵守下列规定：

（一）按照电梯安全技术规范、相关标准和使用维护保养说明的要求，制定安全管理制度、维护保养计划；

（二）维护保养现场作业人员应当具有相应资格，并落实现场安全防护措施，防护围栏不足以保障安全的，应当派专人保护现场施工安全；

（三）在电梯显著位置标示本单位的名称、应急救援电话、投诉电话；

（四）在电梯轿厢内或者出入口处公布最近一次维护保养信息；

（五）更换的电梯零部件应当具有产品质量合格证明，属安全保护装置的还应当具有型式试验证明；

（六）发现故障或者接到故障通知后，及时排除故障；故障暂时难以排除的，将解决方案书面通知使用管理单位，并告知使用管理单位在故障排除前停止使用电梯；

（七）至少每年对电梯进行 1 次自行检查，并向使用管理单位出具自检报告；

（八）如实记载维护保养和故障处置的情况，建立维护保养和故障处置记录，并至少保存 5 年；

（九）电梯使用年限超过 15 年的，在年度自检中进行功能性试验和制停距离检查；

（十）电梯配备具有运行参数采集和网络远程传输功能的监测装置的，应当将监测装置纳入维护保养范围。

第三十五条　检验机构依法从事电梯监督检验、定期检验，并履行下列职责：

（一）督促使用管理单位按期申请检验；对逾期未申请检验的，应当及时报告电梯所在地的区、县（市）特种设备安全监督管理部门；

（二）在电梯轿厢内、出入口处或者采取其他方式公布最近一次电梯检验信息；

（三）在检验活动中，对电梯生产、使用管理、维护保养单位执行法律法规和标准、落实安全责任的相关工作情况进行核查；

（四）将监督检验、定期检验结果报送电梯所在地的区、县（市）特种设备安全监督管理部门。

第三十八条　特种设备安全监督管理部门在履行职责过程中，发现违反法律、法规、规章和安全技术规范及相关标准要求的行为或者电梯存在事故隐患的，应当以书面形式发出特种设备安全监察指令，责令有关单位及时采取措施予以改正或者消除事故隐患。

对逾期未整改的电梯生产、使用管理、维护保养单位以及检验、检测机构，特种设备安全监督管理部门可以约谈其主要负责人。

特种设备安全监督管理部门可以对不符合安全技术规范要求或者存在严重事故隐患的电梯依法实施查封、扣押。

第四十二～四十六条　电梯生产、管理、维护保养单位，以及检验机构、物业服务企业违反本办法规定的，分别可处以 5000～10 万元不等的罚款（具体见全文条款）。

上海市食品安全信息追溯管理办法（节选）

（2015 年 7 月 27 日上海市人民政府令第 33 号公布，自 2015 年 10 月 1 日起施行）

第二条　（追溯类别与品种）

本市对下列类别的食品和食用农产品，在本市行政区域内生产（含种植、养殖、加工）、流通（含销售、贮存、运输）以及餐饮服务环节实施信息追溯管理：

（一）粮食及其制品；（二）畜产品及其制品；（三）禽及其产品、制品；（四）蔬菜；（五）水果；（六）水产品；（七）豆制品；（八）乳品；（九）食用油；（十）经市人民政府批准的其他类别的食品和食用农产品。

市食品药品监管部门应当会同市农业、商务、卫生计生等部门确定前款规定的实施信息追溯管理的食品和食用农产品类别的具体品种（以下称追溯食品和食用农产品）及其实施信息追溯管理的时间，报市食品安全委员会批准后，向社会公布。

第四条　（政府职责）

市和区（县）人民政府领导本行政区域内的食品安全信息追溯工作，将食品安全信息追溯工作所需经费纳入同级财政预算，并对相关部门开展食品安全信息追溯工作情况进行评议、考核。

第五条　（市食品药品监管部门的职责）

市食品药品监管部门负责本市食品安全信息追溯工作的组织推进、综合协调，具体承担下列职责：

（一）在整合有关食品和食用农产品信息追溯系统的基础上，建设全市统一的食品安全信息追溯平台（以下简称食品安全信息追溯平台）；

（二）负责食品生产、餐饮服务环节信息追溯系统的建设与运行、维护；

（三）会同相关部门拟订本办法的具体实施方案、相关技术标准；

（四）对食品生产、流通、餐饮服务环节和食用农产品流通环节的信息追溯，实施监督管理与行政执法。

第六条　（市农业行政主管部门的职责）

市农业行政主管部门承担下列职责：

（一）负责食用农产品种植、养殖、初级加工环节信息追溯系统的建设与运行、维护；

（二）对食用农产品种植、养殖、初级加工环节和畜禽屠宰环节的信息追溯，实施监督管理与行政执法。

第七条　（市商务主管部门的职责）

市商务主管部门承担下列职责：

（一）负责食品和食用农产品流通环节、畜禽屠宰环节信息追溯系统的建设与运行、维护；

（二）对食品和食用农产品流通环节的生产经营者履行信息追溯义务，进行指导、督促。

第八条　（区县相关部门的职责）

区（县）市场监管、农业、商务等部门按照各自职责，负责本辖区内食品和食用农产品信息追溯的监督管理与行政执法，以及有关信息追溯系统的运行、维护等具体工作。

第十条　（系统与平台的对接）

市食品药品监管、农业、商务部门负责建设的信息追溯系统应当与食品安全信息追溯平台进行对接。

鼓励有条件的生产经营者、行业协会、第三方机构建立食品和食用农产品信息追溯系统，并与食品安全信息追溯平台进行对接。

市食品药品监管部门应当会同市农业、商务等部门制定政府部门、生产经营者、行业协会、第三方机构信息追溯系统与食品安全信息追溯平台对接的技术标准。

第十三条 （追溯食品生产企业的信息上传义务）

追溯食品的生产企业应当将下列信息上传至食品安全信息追溯平台：

（一）采购的追溯食品的原料、食品添加剂、食品相关产品的名称、规格、数量、生产日期或者生产批号、保质期、进货日期以及供货者名称、地址、联系方式等；

（二）出厂销售的追溯食品的名称、规格、数量、生产日期或者生产批号、保质期、检验合格证号、销售日期以及购货者名称、地址、联系方式等。

第十四条 （追溯食用农产品生产企业等的信息上传义务）

追溯食用农产品的生产企业、农民专业合作经济组织、屠宰厂（场）应当将下列信息上传至食品安全信息追溯平台：

（一）使用农业投入品的名称、来源、用法、用量和使用、停用的日期；

（二）动物疫情、植物病虫草害的发生和防治情况；

（三）收获、屠宰或者捕捞的日期；

（四）上市销售的追溯食用农产品的名称、数量、销售日期以及购货者名称、地址、联系方式等；

（五）上市销售的追溯食用农产品的产地证明、质量安全检测、动物检疫等信息。

第十五条 （批发经营者的信息上传义务）

追溯食品和食用农产品的批发经营企业、批发市场的经营管理者以及兼营追溯食品和食用农产品批发业务的储运配送企业应当将下列信息上传至食品安全信息追溯平台：

（一）追溯食品和食用农产品的名称、数量、进货日期、销售日期，以及供货者和购货者的名称、地址、联系方式等；

（二）追溯食品的生产企业名称、生产日期或者生产批号、保质期；

（三）追溯食用农产品的产地证明、质量安全检测、动物检疫等信息。

第十六条 （零售经营者的信息上传义务）

标准化菜市场的经营管理者、连锁超市、中型以上食品店应当将下列信息上传至食品安全信息追溯平台：

（一）经营的追溯食品和食用农产品的名称、数量、进货日期、销售日期，以及供货者的名称、地址、联系方式等；

（二）经营的追溯食品的生产企业名称、生产日期或者生产批号、保质期；

（三）经营的追溯食用农产品的产地证明、质量安全检测、动物检疫等信息。

第十七条 （餐饮服务提供者的信息上传义务）

集体用餐配送单位、中央厨房、学校食堂、中型以上饭店及连锁餐饮企业应当将下列信息上传至食品安全信息追溯平台：

（一）采购的追溯食品和食用农产品的名称、数量、进货日期、配送日期，以及供货者的名称、地址、联系方式等；

（二）采购的追溯食品的生产企业名称、生产日期或者生产批号、保质期；

（三）直接从食用农产品生产企业或者农民专业合作经济组织采购的追溯食用农产品的产地证明、质量安全检测、动物检疫等信息。

集体用餐配送单位、中央厨房还应当将收货者或者配送门店的名称、地址、联系方式等信息上传至食品安全信息追溯平台。

第二十四条　（追溯食品和食用农产品的生产经营者违反有关规定的法律责任）

违反本办法第十二条至第十七条、第十八条第一款规定，追溯食品和食用农产品的生产经营者有下列行为之一的，由食品药品监管、市场监管、农业等部门按照各自职责，责令改正；拒不改正的，处以 2000 元以上 5000 元以下罚款：

（一）未按照规定上传其名称、法定代表人或者负责人姓名、地址、联系方式、生产经营许可等资质证明材料，或者在信息发生变动后未及时更新电子档案相关内容的；

（二）未按照规定及时向食品安全信息追溯平台上传相关信息的。

违反本办法第十八条第二款规定，追溯食品和食用农产品的生产经营者故意上传虚假信息的，由食品药品监管、市场监管、农业等部门按照各自职责，处以 5000 元以上 2 万元以下罚款。

违反本办法第二十一条第二款规定，追溯食品和食用农产品的生产经营者拒绝向消费者提供追溯食品和食用农产品来源信息的，由食品药品监管、市场监管、农业等部门按照各自职责，责令改正，给予警告。

第二十六条　（有关用语含义）

本办法所称的中型以上食品店，是指经营场所使用面积在 200 平方米以上的食品商店。

本办法所称的中型以上饭店，是指经营场所使用面积在 150 平方米以上，或者就餐座位数在 75 座以上的饭店。

本办法所称的标准化菜市场，是指符合本市有关菜市场设置和管理规范，专业从事食品和食用农产品零售经营为主的固定场所。

天津市高层建筑消防安全管理规定（节选）

（2014 年 1 月 23 日经市人民政府第 24 次常务会议通过，2014 年 2 月 8 日天津市人民政府令第 6 号公布，自 2014 年 4 月 1 日起施行）

第二条　本规定所称高层建筑，是指符合国家工程建设消防技术标准规定高度的居住建筑和公共建筑。

第三条　市和区县公安机关对本行政区域内高层建筑消防安全工作实施监督管理，并由本级公安机关消防机构负责实施。公安派出所按照国家和本市的有关规定负责高层建筑的日常消防监督检查、消防宣传教育等工作。

第六条　市和区县建设交通行政管理部门应当督促建设、设计、施工图审查、施工、工程监理等单位严格执行国家工程建设消防技术标准和相关管理规定，落实建设工程消防安全责任。

依法应当进行消防设计审核的高层建筑建设工程，未经依法审核或者审核不合格的，市和区县建设交通行政管理部门不得给予施工许可。

依法应当进行消防验收的高层建筑建设工程，未经消防验收或者消防验收不合格的，市和区县建设交通行政管理部门不得办理竣工验收备案。

第七条　市和区县市容园林行政管理部门审批高层建筑户外广告设置、审查高层建筑景观照明设置方案时，应当要求设置的户外广告和景观照明不得妨碍消防排烟、灭火救援和人员逃生。

第九条　高层建筑业主、物业使用人、物业服务企业依照法律、法规、规章的规定和合同约定履行高层建筑消防安全义务。

同一高层建筑有 2 个或者 2 个以上业主、物业使用人的，业主、物业使用人应当确定消防安全管理者或者委托物业服务企业负责高层建筑共用消防设施的维护以及共用疏散通道、安全出口、消防车通道的管理等消防安全相关工作。

第十五条　任何单位和个人不得擅自变更高层建筑的用途，不得擅自改动防火分区、消防设施或者降低装修材料燃烧性能等级，不得占用避难间。

高层建筑业主、物业使用人对高层建筑进行内部装修或者明火作业的，应当事先告知管理者。管理者应当与业主、物业使用人、施工单位书面约定消防安全责任和义务，明确禁止行为和注意事项。

第十七条　任何单位和个人不得占用、堵塞、封闭高层建筑疏散通道、安全出口和消防车通道。划定停车泊位、设置固定隔离桩等设施，不得妨碍高层建筑消防水源使用，不得占用高层建筑消防扑救场地。

第二十条　高层建筑内宾馆、酒店、餐饮场所的经营者应当至少每季度对集烟罩、排油烟管道等设施进行一次检查、清洗或者保养，并做好记录，保留 2 年备查。

第二十二条　经市公安机关消防机构确定高层建筑为火灾高危单位的，应当按照国家和本市的有关规定，定期委托具有相应资质的机构进行消防设施检测和消防安全评估，检测报告和评估报告报当地公安机关消防机构备案。

第二十三条　违反本规定，单位聘用未取得相应证书的人员从事高层建筑消防设施的安装、调试、检测工作或者操作高层建筑自动消防系统的，由公安机关消防机构责令限期改正；逾期不改正的，处 5000 元以下罚款。

第二十四条　违反本规定，划定停车泊位、设置固定隔离桩等设施妨碍高层建筑消防水源使用或者占用高层建筑消防扑救场地的，由公安机关消防机构责令限期改正；逾期不改正的，对单位处 1000 元以上 1 万元以下罚款，对个人处警告或者 1000 元以下罚款。

第二十五条　违反本规定，高层建筑内的宾馆、酒店未在客房内设置应急疏散路线图或者未配备手电筒、防烟面具等逃生器材及其使用说明的，由公安机关消防机构责令限期改正；逾期不改正的，处 1000 元以上 1 万元以下罚款。

第二十六条　违反本规定，未对高层建筑消防控制室每日设 24 小时专人值班或者每班值班人数少于 2 人的，由公安机关消防机构责令改正，对单位处 1000 元以上 1 万元以下罚款。

第五篇 其他法规参阅目录

一、法律

1. 中华人民共和国公务员法
2. 中华人民共和国行政监察法
3. 中华人民共和国行政诉讼法
4. 中华人民共和国环境影响评价法
5. 中华人民共和国消防法
6. 中华人民共和国网络安全法
7. 中华人民共和国食品安全法
8. 中华人民共和国消费者权益保护法
9. 中华人民共和国老年人权益保障法

二、行政法规

10. 行政监察法实施条例
11. 住房公积金管理条例
12. 规划环境影响评价条例
13. 道路交通安全法实施条例
14. 道路运输条例
15. 收费公路管理条例
16. 国内水路运输管理条例
17. 内河交通安全管理条例
18. 通用航空飞行管制条例

三、部门规章

（一）规划土地管理类

19. 城市规划编制办法
20. 城市、镇详细规划编制办法
21. 国家级风景名胜区规划编制审批办法
22. 省域城镇体系规划编制审批办法
23. 国土资源行政处罚办法
24. 节约集约利用土地规定
25. 闲置土地处置办法
26. 协议出让国有土地使用权规定

（二）住房建设管理类

27. 住宅室内装饰装修管理办法

28. 建设工程消防监督管理规定

29. 建设工程质量检测管理办法

30. 住房城乡建设行政复议办法

31. 安全生产行政处罚自由裁量适用规则

32. 房地产广告发布规定

33. 房屋建筑和市政基础设施工程质量监督管理规定

34. 建设项目安全设施三同时监督管理暂行办法

35. 建设项目环境影响评价分类管理名录

36. 建设项目使用林地审核审批管理办法

37. 建筑施工企业安全生产许可证管理规定

38. 物业管理企业资质管理办法

（三）市政交通管理类

39. 路政管理规定

40. 公路工程建设项目招标投标管理办法

41. 公路工程施工招标投标管理办法

42. 公路建设项目代建管理办法

43. 公路工程质量监督规定

44. 城市桥梁检测和养护维修管理办法

45. 基础设施和公用事业特许经营管理办法

46. 市政公用设施抗灾设防管理规定

47. 天然气基础设施建设与运营管理办法

48. 公路水路交通实施《中华人民共和国节约能源法》办法

49. 城市公共汽电车客运管理办法

50. 出租汽车经营服务管理规定

51. 国内水路运输管理规定

（四）环境水务管理类

52. 环境行政处罚办法

53. 环境监察办法

54. 环境监测管理办法

55. 危险废物经营许可证管理办法

56. 民用建筑节能管理规定

57. 取水许可管理办法

58. 城市排水许可管理办法

59. 水利工程建设监理规定

60. 防治船舶污染内河水域环境管理规定

（五）市容林绿管理类

61. 城市动物园管理规定

62. 国家级森林公园管理办法

63. 户外广告登记管理规定

（六）其他城市管理类

后　记

本书的选编，涉及现代城市管理和行政综合执法诸多领域对法制的综合考量、现实需求、未来引领。其可谓是一个对现代城市管理和行政综合执法依法践行的理论与实证的再学习、新认识和深思考的过程；也是一个学习法制文件、了解法理内涵、对接司法实践、服务一线用法的过程。从中，进一步明了解国家有关现代城市管理和行政综合执法规范化、法制化的新战略、新方针；认识了新常态下现代城市管理和行政综合执法实践的新特点、新目标；明确了未来城市管理和行政综合执法的新趋势、新路径。

本书由曾任《上海城市管理杂志》总编，现任上海市城市科学研究会秘书长的王震国统筹选编；同济大学硕士王宇辰参与了部分本作。整个选编过程得到了包括住建部、中国社科院、复旦大学、上海交通大学、同济大学、扬州大学，以及上海市委党校及其第三分校、原上海市建设交通党校、原上海城市管理学院，乃至诸多一线城市管理和行政综合执法单位诸多专家、学者的鼓励、支持和帮助，在此一并表示感谢。

本书虽然选编法律、法规、规章数量不少、类别众多、涵盖面广，但限于水平、止于学识，节选内容难免顾全不周，敬请广大读者不吝赐教、大雅斧正。

作　者

2017.4